东北师范大学哲学社会科学校内重大培育项目【编号：17ZD010】的结项成果

第 2 辑

近代中国东北与日本研究

THE STUDIES OF
MODERN NORTHEAST CHINA
AND **JAPAN**

东北师范大学日本研究所
主　编／陈秀武
副主编／付丽颖　冯　雅

社会科学文献出版社
SOCIAL SCIENCES ACADEMIC PRESS (CHINA)

目录
CONTENTS

张作霖与日本的田中义一[*]

——为金先生的《张作霖别传》作补注

邹有恒[**]

张作霖以一介草莽而成为"东北王",再三问鼎中原,在军阀混战中,搅乱了半个中国,没有日本帝国主义的扶植是办不到的。他是怎样和日本勾结起来的,在国内几乎没有人能道出原委了。幸而在日本的资料中可以找到他受日本赏识的详细过程,足以填补其发迹史的一段空白。

张作霖是在 1903 年"改邪归正",投入新民府知府部下巡防马步游击队,被委为营管带[①]的。据说在日俄战争之初,张作霖曾以日军的别动队,扰乱俄军的后方,以后又以通俄军的嫌疑被日军逮捕。[②] 时为 1905 年 3 月、4 月,即日俄奉天会战后,俄军北逃,日军进入新民府时之事。

这时日军违反清朝将辽河以西定为中立地带的公约,擅自在新民屯设立军政署,以井户川辰三大尉为署长。当其检点以俄探"罪名"而被日军宪兵队逮捕的中国犯罪嫌疑人时,发现名单中有新民府营长张作霖的名字。据

---

* 本文是邹有恒先生生前未刊手稿。

** 邹有恒(1912 年 1 月 4 日至 2005 年 7 月 5 日),原名邹文,于 1932 年东渡日本留学,先就读于东京第一高等学校,继而升入东京帝国大学,在文学部学习西洋史,1937 年毕业后再入大学院,专攻日本明治维新史。1946 年 8 月至 1949 年 1 月,在国立东北大学历史系任教。1978 年,出任东北师范大学日本研究所所长。

① 1902 年 11 月,张作霖所部 250 人被编为"新民府巡警前营马队",共有五哨人马,张作霖被任命为马队帮带(管带空缺),成了这支队伍的实际控制人。参见赵菊梅、曲香昆《从奉系军阀档案解读张作霖被清政府招抚之相关问题》,《历史档案》2015 年第 3 期,第 118 页。——编者注

② 福田実『満洲奉天日本人史:動乱の大陸に生きた人々』謙光社、1976、94 頁。

宪兵队长说："张原为绿林出身，非一般人物可比，从开战之初就命其部下马贼大肆侦探我军行动，报告给俄军，已有确凿证据，应当枪毙。"井户川立即将张提出审问，"见张风采柔和，宛如妇女，言语态度颇为精悍俊敏"。井户川认为张作霖是个有用的人物，如能饶他一命，令其立功赎罪，对日军有利。于是他第二天去奉天满洲军司令部见主任参谋福岛安正少将，报告详细情况之后，请求赦张一死。福岛立即带领他见总参谋长儿玉源太郎大将，说明来意之后，请求特赦。儿玉不等说完，就说："张作霖不是好东西，他把我军的行动告诉俄军，使我军蒙受很大损害，必须杀了他才能对不逞的中国人起杀一警众的作用。"井户川再三为之辩解，说："如能饶他一死，让他立功赎罪是合算的。"由于井户川连连请求，儿玉大怒，斥责井户川说："你到底是日本人，还是'支那人'，若是日本人，就应按我的命令速回任地枪毙张作霖，热心也得看是什么事，太执拗了，就应当谨慎。"

当时井户川因为触怒了儿玉大将，非常懊恼，如果这样回去，后果不堪设想。于是去见儿玉最信任的作战参谋田中义一中佐，述说了触怒儿玉大将的原委，请求田中助一臂之力。据田中回忆，他先请示福岛将军同意饶张一死，保证立功赎罪，然后去见儿玉，费了一夜工夫恳求才得到允许。儿玉说："井户川认为日本军骑兵少，不饶恕张作霖，是很不利的。这种提法是本末倒置的，替张请赦的态度也是错误的，由于福岛也主张赦免，所以才同意。但是必须对张严加训诫，要他写出保证书，为我军尽最大努力。"

井户川回到新民之后，立即宣告张死刑。为防其自杀，在以后的三天中严加监视，然后再提出来宣告："经过福岛将军的请求，决定予以赦罪释放，今后应为我军粉身碎骨，立功赎罪。"张在感激之余涕泣地说："深感救命之恩。"当令其写保证书时，张说："我有生以来没有写过字，我虽然不写保证书，从今天起将为日军舍出性命。"据井户川说："果然以后张确实是粉身碎骨般地为日军效力。当永沼挺进队深入'北满'时，他的部下充当向导立下殊勋。以后米希瑟科骑兵军团来袭时，张也大为尽力。"①

井户川为什么这样热衷于为张求情呢，可以从他在日俄战争时的一段经历中找出答案。日本在开战之初，就派青木宣纯大佐赴天津，勾结直隶总督袁世凯，组织第二期谍报班，当时称特别任务班，下分五个班。其成员只有

---

① 高倉徹一『田中義一伝記』（上卷）、原書房、1981、324～330 頁。

少数是日本军人，其余多为袁的部下细作，以及他们所联系的东北地方的绿林马胡子帮。井户川时为第三班长，以内蒙彰武为据点，破坏长春以南的铁路，进行游击活动。1905年9月，日军又重新组织第二期特别任务班，以东北各地的马胡子和乡团为基干，号称"东亚义勇军"，已升为少佐的井户川所率领的就是以巴布永为首的马胡子队。可见井户川是个陆军特务高手，在利用中国人绿林胡子为其爪牙，帮助日军作战上得到了很大的好处。因此像张作霖这样既有军籍护身，又在绿林中有广泛联系的人物，是他们最好的"豢养对象"。①

张作霖后来知道田中义一为其说情的事，常对其日本顾问町野武马等人说："田中的恩情忘不了。"而田中则说："我绝对没有示恩于张的想法。使张尊重我国权益，是为了他，也是为日华两国的利益。张不失为一种人物，可惜他直到最后都没有改变绿林气质。"田中的话只有一半是对的，只要张尊重日本的所谓权益。违背了这一点，就要给他点颜色看看。这是日本帝国主义拉拢各地军阀的一贯伎俩，对张也毫无例外。1915年田中任陆军参谋次长时，为了在中国各地煽动反袁活动，派土井市之进大佐和小矶国昭大尉来旅顺，指使以川岛浪速为首的宗社党匪徒与巴布扎布袭取奉天，田中是军事方面的指挥者。由于袁世凯的死亡，中国的形势发生了变化，日本政府改变了政策，田中乃下令制止了宗社党的活动，解散了川岛所勾结的匪帮。而巴布扎布不甘罢手，日本乃按原订计划以借刀杀人的手法，借张作霖和吴俊升之力，予以歼灭，摆脱了此次政治阴谋所造成的困境。

1916年4月19日，张作霖被任为盛威将军兼东三省巡按使，控制了东三省。宗社党余孽、日本陆军预备役少尉三村丰等二人，趁张外出，分别在小西关和大南门里，怀揣炸弹以身撞张马车，行刺未遂。张在脱险之后，悻悻地说："先是让我赞成复辟，现在又要我的命，真意到底何在。"这是现场执行者对幕后指挥者出尔反尔的一种抗议。这种历史丑剧不期在十二年之后又来一次重演，不过后台指挥者田中义一已经爬上了内阁总理大臣的宝座，而现场的知情者也代之以关东军的高级军官了。

1927年4月20日，田中义一内阁成立。他是以对中国实行强硬外交，企图彻底解决满蒙问题为目的，以总理大臣兼外务大臣的。他为了"分离

---

① 土肥原贤二刊行会『秘録土肥原贤二：日中友好の捨石』芙蓉书房、1972。

满蒙"而召开了臭名昭著的"东方会议"。会议中对谋得中国东北有"外科手术"和"内科手术"等两种方法。前者是以陆军中央部的铃木贯一、关东军的武藤信义司令官和参谋河本大作以及外务省政务次官森格为主的。后者主张让张作霖退回关外，实行东三省的独立，日本乘张作霖的失败，实现"二十一条"要求中没有落实的"修建五权"，实行高租权和扩大经济权益，以及通过顾问制控制东北的军事、政治实权。田中是这一主张的首唱者。满铁总裁山本条太郎、驻华公使芳泽谦吉和驻奉天总领事吉田茂等都是执行者。但田中不仅不反对"外科手术"，而且公然支持答应武藤实行武力解决满蒙，甚至说为此打起世界战争也在所不惜。但是一旦山本条太郎迫使张作霖签署"新五路密约"，芳泽公使便迫使张作霖放弃北京退回关外，田中认为他的计划已很成功，加之害怕使用武力会遭到美国的反对，使其改变了主意，拒不发布让关东军发动的敕令，已经出动到奉天的关东军计划就完全落空了。关东军为了破坏田中的"内科手术"路线，竟然下毒手炸死了张作霖。时为 1928 年 6 月 4 日事。田中既不能向日皇和元老西园寺保证的那样，公布肇事真相，也不能按军法制裁肇事凶手，导致田中内阁的垮台。如果用春秋笔法来说，田中杀死了张作霖。对张作霖来说，生之者田中，杀之者亦田中。

1987 年 7 月 20 日

近代以来日本"满蒙"调查述论

王铁军[*]

【内容提要】 始于近代的日本对"满蒙"的综合调查大体上经历了 1872～1905 年、1906～1931 年和 1931～1945 年的发端、发展和高峰期三个历史时期。在这三个历史时期中,日本对"满蒙"综合调查的调查机构、调查重点、调查背景和动机以及所涉及的成果运用也不尽相同。本文基于上述三个历史时期的划分,以同时期公开刊行的"满蒙"调查报告、调查机构和调查重点为研究线索,探讨了近代以来日本对"满蒙"地区进行各种调查的机构、动机和主要调查内容,并以此为基础分析和探讨近代以来日本对"满蒙"进行调查的成果运用与日本在东北地区发动九一八事变,继而武装占领东北全境进行殖民统治之间的内在关联。

【关键词】 近代日本 "满蒙"调查 东北地区

近几年有关日本近代以来对"满蒙"地区的各种调查成为学术界的研究热点课题之一。这些研究中,以单体的日本调查机构或专题调查为分析对象的研究不仅缺乏从整体上对近代以来日本在"满蒙"地区所进行的调查的把握,而且在近代日本侵华的研究视野的调查动机论上也很难厘清近代以来日本对"满蒙"地区进行势力渗透到最后进行武装侵略的动态

---

* 王铁军,辽宁大学日本研究所教授。主要从事近代中日关系及军事史研究。

过程①。

有鉴于此，本文以近代以来日本关于中国"满蒙"的各种调查资料和文献为研究线索，梳理这一时期日本对"满蒙"进行调查的调查机构、调查内容，并以此为基础探讨日本对"满蒙"地区进行调查的动机和目的，以期从整体上把握近代以来日本对"满蒙"地区的调查情况。

从目前所能够查阅到的文献资料看，近代以来日本对"满蒙"地区的调查最早始于 1872 年营口开港，日本商人和商社人员为打开在"满洲"腹地的海产品市场而对辽西及内蒙古东部地区的物产和物价进行调查，以及以日本军官曾根俊虎、福岛安正等人对"满蒙"地区的调查为代表。由此日本对"满蒙"地区的调查从 1872 年起至 1945 年止，调查时间横跨清末以及民国两个时期的 70 余年。

为了调查近 70 余年日本对"满蒙"地区的调查脉络，我们依据近代以来日本对"满蒙"地区的调查重点、调查机构等情况发展，将日本对"满蒙"的调查分成了 1872～1905 年、1906～1931 年以及 1931～1945 年三个历史时期。

一 营口开港至日俄战争结束期的日本"满蒙"调查

从 1872～1905 年的营口开港至日俄战争结束的这一时期中，主要以将营口开埠地作为据点的日本商社人员对周边地区的调查以及早期到"满蒙"地区进行军事调查的池上四郎、曾根俊虎、福岛安正的调查为主。按照目前的学术研究，最早进入中国东北地区进行秘密调查的是 1872 年 8 月，由日本军方秘密派遣的日本陆军少佐池上四郎、陆军大尉武市雄吉以及外务省官

---

① 有关近代以来日本对"满蒙"地区的调查研究的代表作主要有：王铁军《日本关东都督府的东北调查》，《日本研究》2013 年第 1 期；王韧《关东军对东北的军事调查研究》，辽宁大学历史学院，硕士学位论文，2015；冯其坤等《20 世纪前期日本对中国东北地区森林调查历史研究》，《佳木斯大学社会科学学报》2016 年第 2 期；李雨桐《日本对中国东北矿产资源调查与掠夺（1905～1931）》，东北师范大学历史学院，博士学位论文，2015；阿拉腾《二战前日本人对东北的人类学调查研究》，《文化学刊》2012 年第 1 期；曹雯《日本早期的对华策略：甲午战争前后日本对东北地区的调查状况》，《江海学刊》2011 年第 4 期；王秀丽等《满铁对我国东北煤资源调查过程探析》，《吉林省教育学院学报》2014 年第 2 期；等等。

僚彭城中三人组成的秘密调查组。上述三人中,两名军人为掩盖军人身份被日本外务省委以外务省官员的身份,并乔装成商人,取道营口登陆后,经营口、牛庄和当时的盛京城,对辽东半岛、周边的地理兵备、政情以及辽河解冻期等进行了秘密调查。1873 年三人回国后,还撰写了《满洲视察复命书》上呈陆军中央①。

近代以来,早期从事对东北调查的日本军人中,最引人注目的当属时任海军中尉的曾根俊虎。出身于日本东北山形县的曾根俊虎在日本明治维新后,先后担任了军舰"东京丸"的海军军官和当时的海军本部海军少尉,后又调任"龙骧丸"担任该军舰的海军少尉,其后于 1873 年随副岛种臣赴上海②。1874 年曾根俊虎参与了"征讨台湾"的战役③后,又于当年 9 月由日本海军本部派驻上海,负责收集当时清政府的政治军事情报④,1875 年12 月回到日本。1876 年 2 月,曾根俊虎被日本海军本部再次派到了中国。以此为契机,在其后的近 10 年间,曾根俊虎多次出入中国的上海、南京、汉口、福建、北京、牛庄等地,并对上述地区进行了多方面的军事调查,成为日本早期熟知清政府军事政情,尤其是清海军军情的"中国通"。1888 年曾根俊虎因受海军行贿事件牵连,入狱后被解除了海军现役。其后还一度赴台担任台湾"总督府"台东抚垦署的署长。曾根俊虎的相关著述有《北支那纪行》(前篇出版于 1875 年,后篇刊行于 1876 年,出版社不祥)、《清国各港便览》(1882,日本海军军务局出版)以及《清国漫游志》(1883,日本织文舍出版)等。曾根俊虎的上述三部著述中均提及当时"满洲"的开埠港牛庄及石桥、辽阳、盛京沿途的旗兵兵力、炮台、道路里程、营舍军备等情况。其中在《北支那纪行》前篇中详细记述了从 1875 年 7 月 4 日至同年 8 月 9 日从天津启程,经由滦县过山海关后牛庄、凌河、辽阳、太子河、浑河、盛京沿途的清政府旗兵、炮台、营舍、道路里程、河流摆渡,以及辽阳和盛京城防等军备情况。

被称为"情报将军"的福岛安正早年就是从收集当时清政府和沙皇俄

---

① 张明杰:《近代日本人涉华边疆调查及其文献》,《国际汉学》2016 年第 1 期,第 179 页。

② 河村一夫「陸軍大尉曽根俊虎の清国視察について(資料)」『軍事史学』第 12 号、1974、45 頁。

③ 黒竜会編纂『東亜先覚志士記伝』(下巻)、黒竜会出版部、1936、316 頁。

④ 秦郁彦『日本陸海軍総合事典』東京大学出版会、1991、222 頁。

国的军事情报开始步入日本陆军精英行列的。福岛安正在日本军方的安排下从 1879 年开始多次出入中国的上海、天津、北京、汉口，其后又凭借日本驻德国公使馆武官身份开始了"西伯利亚远征"，从沙皇俄国的符拉迪沃斯托克入境黑河，对"满洲"北部地区的黑河、瑷珲、齐齐哈尔、吉林、宁古塔和珲春等地进行了军事调查。1893 年 6 月回到日本的福岛安正根据对中国和俄国多年的调查，撰写了《邻国兵备略》，并草拟了《清国兵制集》。《邻国兵备略》和《清国兵制集》也成为日本陆军内部研究当时清政府兵制，尤其是日本发动中日甲午战争时的重要参照资料。

除曾根俊虎、福岛安正外，这一时期日本还先后派遣了梶上鼎介、古川宣誉、山本清坚、菊池节藏、长冈护美、铃木敏、神保小虎等军人和政治家分别对鸭绿江流域、中朝边界、金州、辽东半岛等地进行了多方面的调查①。

在日本军方派出人员对"满洲"港口、重要城市、边界、土地、河流及道路交通进行调查的同时，日本陆军参谋本部还于 1877 年和 1879 年先后派遣岛弘毅、伊集院兼雄等人秘密潜入"满洲"要地，通过对东北各要地的实地测绘完成了盛京地图的修订和勘误。此后，日本陆军参谋本部利用日军甲午战争中占领辽东半岛之机，成立了由 417 人组成的临时测量部，完成了盛京省三十万分之一的军事地图测绘②。

这一时期日本对"满洲"的军事调查不仅仅局限于派遣军事人员进行实地调查和地图盗测。通过 1894 年 11 月日本陆军参谋本部编写的《满洲地志》以及《蒙古地志》也可以看出，当时的日本陆军参谋本部不仅通过军事人员的派遣对当时"满洲"各地的道路里程、物产、主要城市、地矿分布、周边贸易、水运等有大体上的掌握，而且还通过相关文献的调查及比对，完成了对"满蒙"地区兵地要志的调查。

在早期日本民间人士对东北的调查中，主要的调查来自 1873 年《中日修好条规》生效后，先期乘坐美国太平洋邮轮公司邮轮通过横滨—上海航线，并取道天津至营口开埠港登陆的日本商人，为了打开"满洲"腹地的

---

① 张明杰：《近代日本人涉华边疆调查及其文献》，第 179 页。
② 许金生：《盗测中国——近代日本在华秘密测量史概述》，《抗日战争研究》2012 年第 1 期，第 46～47 页。

海鲜品市场先后对营口周边以及辽北蒙古王公旗地进行了游历，并调查了沿途的物产、物价及日本商人的"荒漠车道"里程。这是目前为止我们所能查阅到的日本商人登陆营口地区并对辽北地区进行商业调查的最早的零星记录。此外，在1891年夏，三井物产会社上海支店的山本条太郎受命登陆营口，对营口港及周边物产进行了商业调查。其后，三井物产会社根据山本的商业调查报告向营口地区派驻了办事员并开始在营口地区收购东北地区的大豆，进行了早期日本对东北的大豆贸易。

由此可见，虽然这一时期日本调查的重点目标是对当时开港开埠的中国内地城市的贸易、军备、政情等方面的情报收集，但对于当时的东北和内蒙古地区也有一定的实地军备调查与地图测绘以及相关文献方面的调查和收集。

二 "关东都督府"成立后至九一八事变前的大规模调查

1906年"关东都督府"成立后至1931年日军发动九一八事变前的这一段时间是日本对东北进行各种调查的发展时期。有关这一时期日本对"满蒙"地区的调查，学者们多有论述。1905年日俄战后，日本获得了长春至大连之间铁路经营权及辽东半岛租借地是其进行大规模"满蒙"调查的主要背景。从调查机构看，主要有经营辽东半岛租借地的"关东都督府"及其下辖的民政部、陆军部和1919年从"关东都督府"分立出来的"关东厅"、"关东厅"警务局，1919年成立的关东军司令部及所辖参谋部、宪兵司令部，满铁公司及所辖满铁公司调查部，朝鲜总督府及所辖机构，日本陆军省与陆军参谋本部所派出的机构和人员，以及属于外务省系统的大使馆、总领事馆和领事分馆等。此外，1908年1月满铁东京支社成立的"满洲和朝鲜历史地理调查部"、同年11月由后藤新平在东京主持成立的"东亚经济调查局"以及1927年7月由满铁社长山本条太郎主持成立的"临时经济调查委员会"等先后进行了"满蒙"地区的经济、历史和地理等方面的研究。上述机构对"满蒙"的调查虽然在内容上多有交叉重复，但基本上有各自的调查领域。按照日本"满蒙"调查机构，其中的"关东都督府"自1906年设立以来，其下辖的"民政部"和"陆军部"就着手对"满蒙"地区的调查。在"关东都督府"的调查中，"民政部"和"陆军部"先后派出调查人员，对奉天地区、吉林、黑龙江以及内蒙古东部地区的产业、人口、农业、房屋产权、农耕地、草场、土地租用关系、物价、租税等进行了广泛调查。在此基础上，"关东都督府"编写了《关于金州附近苇席生产流通调查报告书》、《瓦房店地区果业流通组合调查报告书》、《关东都督府内简易人口调查统计书》以及《满洲大豆调查书》（1909 年 7 月刊行，1912 年再版）、《满洲棉布调查书》（1908 年刊行）、《满洲纸类调查书》（1916 年刊行）、《满洲柞蚕调查书》（1917 年刊行）、《满鲜葡萄业视察报告书》（1914 年撰写）等。尤其是 1914 年第一次世界大战爆发后，日本利用欧美无暇顾及中国市场之机大幅扩张在华的经济利益。为此，"关东都督府"从 1915 年开始有计划、分步骤地对"满蒙"地区进行了长时期、大规模的经济调查。按照从 1915 年"关东都督府"编写的《满蒙经济调查复命书》统计，"关东都督府"在这一时期里先后对洮南、郑家屯、巴林府、林西县、赤峰、开鲁县、通辽县、哲里木盟西北、黑龙江省及索伦南部、农安、扶余、齐齐哈尔、旧海龙府辖下的西丰、西安、东安、海龙、辉南、柳河、吉林中部等地进行了长达五年的调查，内容涉及上述地区的交通、物价、畜牧业、土地规模、产权、民族、风俗、产业、手工业、加工业、城镇、定期集市、钱铺、大车店、蒙古族购买力、河流走向、森林、木材加工、农具、驻军、官衙、零售店、皮革流通、烧酒、大豆面积等。在以"关东都督府"民政部主导的上述"满蒙"地区调查的基础上，"关东都督府"陆军部也同时派出调查人员对"满蒙"地区的地形地势进行测绘和测量，还编纂了《满洲志稿草稿》、《东部蒙古志稿草稿》、《东部蒙古志补修草稿》以及《满洲产业志》等兵要地志。

1919 年从"关东都督府"陆军部分离出来的关东军司令部也秉承了"关东都督府"的"满蒙"调查方式，在其内部专门设立了参谋部第 2 课，下设军情班、兵要地志班和宣传谋略班以及防谍班。按照关东军司令部的分工，军情班主要负责收集和整理中国与苏联远东地区的兵力配置及编制、军官姓名、军队内部动向情报；兵要地志班则主要负责收集"满蒙"及苏联远东地区的兵要地理、经济资源、铁路交通、通信和气象等情报。此外，关东军司令部内还在哈尔滨、奉天、齐齐哈尔等地分设了特务机关，专门负责收集东北各地及内蒙古东部地区的各种军事战略情报。有关关东军对"满蒙"地区的军事调查情况，虽然由于相关文献在日本战败投降后被关东军有计划地销毁，目前尚没有进一步的文献资料来佐证，但我们从日本国立公文书馆、防卫省防卫研究所等的相关档案文献中仍然能够查阅到不少这一时期日本关东军对"满蒙"地区进行各种兵要地志、政情人物的调查报告，只不过相对于"关东都督府"的《满洲志稿草稿》《东部蒙古志稿草稿》等"满蒙"地区兵要地志的编纂，关东军司令部下辖的参谋部第2课和特务机关更关注东北地区及苏联远东地区的兵力调动、军政人物等方面。尤其是在1931年九一八事变爆发之前，关东军对东北地区的政情和军情动向的调查更显得突出。

1906年成立的满铁公司中主要从事"满蒙"地区调查的是其下辖的调查部和调查部在各地分设的调查分支机构。满铁公司调查部从设立到1945年日本战败投降的近40年里，对"满蒙"地区、苏联远东地区以至于中部蒙古、华北等地进行了政治、经济、历史等各个方面的研究。其调查的范围之广、涉及领域之多是同时期任何日本调查机构都无法比拟的。由此，满铁公司调查部也被称为"近代日本最大的满蒙调查机构"。由于有关满铁公司调查部的"满蒙"调查活动在国内外学术界多有研究，在此不赘述。我们仅仅从辽宁、吉林省档案馆最近解密的满铁公司调查部资料股整理的满铁剪报资料就可以看出，满铁公司调查部为了调查"满蒙"周边的各种信息和情报，订阅和购买的来自苏联远东地区、日本国内、中国东北与华北及华东地区出版的各种俄文、英文、中文和日文报纸、杂志达1000余种。满铁公司调查部资料股组织人员对上述这些报刊按照交通、物价、政情、民俗、产业、矿业、农产品、船舶、历史（含地理）等进行分类剪报，形成了近万卷的剪报资料。由此可见，满铁公司调查部在"满蒙"地区的调查上所花费的人力和物力有多么庞大。

日本驻奉天总领事馆始设于1906年，其后，日本外务省先后在哈尔滨、吉林和延吉、新民屯、营口等地开设了领事馆和领事馆分馆。日本外务省管辖的在东北各地的总领事馆及领事馆除不定期向日本外务省报告当地政情、军情动向外，其各地领事馆和领事分馆内负责经济通商的经济领事还要定期向日本外务省通商局提交辖地内包括物价、交通、运输、物产等事项事务的"通商报告书"。这些"通商报告书"最初登载于日本内阁官报局每月发行的《官报》上。从1911年3月起至1924年，日本外务省通商局将东北各地领事馆报告的有关东北各地的"通商报告书"按照地域进行分类，分两次结集出版了《满洲事情》。其中，在1911年3月至1915年11月第一次陆续刊行的《满洲事情》中，日本外务省通商局按照"奉天、新民府"，"牛庄、安东"，"辽阳、铁岭、长春"，"吉林、间岛、哈尔滨"和"齐齐哈尔、头道沟、局子街、珲春"体例编辑了 5 辑；在 1920 年至 1924 年第二次陆续刊行的《满洲事情》中，则按照"吉林、长春、农安"，"间岛、局子街、头道沟、珲春"，"铁岭、掏鹿、海龙"，"牛庄"，"齐齐哈尔"，"郑家屯"，"哈尔滨"，"辽阳"等体例编辑了 8 辑。从上述两次合计 13 辑的《满洲事情》中可以看到，日本外务省在东北各地设立的总领事馆、领事馆和领事分馆关于东北的调查事项，主要包括上述地区的地势、人口分布及职业构成、当地的主要产业、卫生气象、贸易、国内商业流通及市场、农业及畜产业、水产业、林业、交通及通信、工业及矿业、税收以及辖区内土地所有权及房屋价格等事项。由此，我们通过《满洲事情》可以看出，从 1906 年开始的日本外务省系统的总领事馆、领事馆和领事分馆几乎调查了同时期满铁沿线几乎所有大中型城市及周边地区的经济及社会情况。

"满洲和朝鲜历史地理调查部"以及属于满铁系统的"东亚经济调查局"和"临时经济调查委员会"也参与了对东北经济社会的调查。其中，东亚经济调查局为首任满铁总裁后藤新平于 1908 年 11 月在满铁公司东京支社内设立，其业务内容为"收集可作为日本及满铁参考的全世界的经济材料及就这类事项的相关方面的咨询"①。为此，满铁公司投入巨额资金，订购了欧美各国的相关杂志和图书，并进行分类整理。其中"东亚经济调查局"资料室还组织人员对订购的世界各国的报纸进行分类剪报，并从各类剪报中分析出对日本有用的各种信息。"东亚经济调查局"为此定期发行《经济资料》和各种丛书资料。从这些文献资料中也可以看出，收集东北地区的社会经济信息也是当时"东亚经济调查局"的主要工作内容之一，同属于满铁公司系统的"临时经济调查委员会"为 1927 年 7 月山本条太郎出任满铁公司社长时成立的。按照山本条太郎的意图，该调查委员会主要是为整顿满铁公司，对满铁公司内部进行业务合理化和经济化而设立的机构，故此在山本辞去满铁公司社长职务后，该调查委员会便自行解散。不过"临时经济调查委员会"在存续的三年时间里也对东北地区的交通、工厂、金融、内蒙古东部地区的畜牧业、大豆、森林、矿山等进行了详细的调查。

"满洲和朝鲜历史地理调查部"则成立于 1908 年 1 月，虽然最初也设

---

① 转引自苏崇民《满铁史》，中华书局，1990，第 416 页。

立在满铁公司东京支社内,作为满铁公司成立的调查机构之一,但是由于其大部分的调查与满铁公司的铁路和交通经营关联不大,长时期以来没有得到学者们的足够重视。实际上,"满洲和朝鲜地理历史调查部"以貌似学术研究的姿态进行了东北地区、内蒙古东部地区以及朝鲜半岛的考古、民俗、文化地理和历史的研究,出版了不少所谓"满鲜地理和历史"调查报告和旅行记、随笔、漫画等。同时,其所创建的"满鲜地理历史观"不仅作为战前的东洋史学派误导了日本东洋史研究的东亚国际关系,而且也为日本扶植伪满洲国制造了史学上的所谓根据。其中,如主持"满洲和朝鲜地理历史调查部"的日本东京大学教授白鸟库吉等人在其相关论著中都或隐或暗地提出"满蒙"是满蒙人的"满蒙",强烈否定东北在历史上与中原王朝的从属关系,进而还扭曲古代朝鲜史和中朝边疆史。白鸟库吉的这些理论为九一八事变后日本提出的"满洲民族自决论",进而扶植伪满洲国脱离中国制造了舆论根据。

1906 年至 1931 年九一八事变爆发前这一时期是日本各种调查机构对"满蒙"地区进行调查的发展期。这一时期里不仅有满铁公司、关东军及关东军的前身"关东都督府",而且还有日本外务省系统的总领事馆、领事馆和领事分馆以及与满铁公司相关联的日本本土调查机构参与了对"满蒙"地区的调查。就其调查内容而言,这些调查不仅涉及当时"满蒙"地区的社会、经济、交通、产业、气象、政治和军事,而且还涉及"满蒙"地区的历史、民俗和民族等各个方面,几乎囊括了当时东北和内蒙古东部地区的各个方面。

三 1931 年后日伪对东北进行的"国防资源"调查

1931 年九一八事变后,日本对东北地区的调查,从原来使用各种手段进行秘密调查转而肆无忌惮地进行公开调查。故此,这一时期的调查资料反映在资料文献上最多的当属日本知识分子和学者们对"满蒙"地区所进行的文化考古,以及矿业、石油、地质、煤矿勘察以及森林调查等方面的资料。其中,村田治郎的《满洲的史迹》(1944,座右宝刊行会)以及《满洲之风俗和传说》、《满蒙历史考古》等就是这一时期日本文化学者进行考古调查和地理历史调查的结果。此外,东京大学和京都大学的考古学者在继1931 年前对"满蒙"地区的考古调查,在 1933 年和 1934 年先后两次对位于黑龙江省牡丹江附近的渤海国上京龙泉府遗址进行考古调查。此后，朝阳、内蒙古东部以及赤峰等地也遭到了日本考古队的野蛮调查。在这些考古调查中，日本国内各考古机构打着受伪满洲国委托的形式进行考古调查，除一部分不太重要的出土文物被"捐赠"给伪满洲国的各个博物馆外，其余考古出土的文物精华大部分被这些考古机构擅自运回了日本，被展示在日本国内各地的大学博物馆和公立博物馆中。按照此前国际考古学会的规定，国际合作的考古队对其出土文物有进行学术研究的权利，但不具有对出土文物的持有权和管理权。换言之，国际考古队需要将考古文物归还给文物所在国进行保管和展示，考古工作者无权将出土的文物进行权利转让或转运他国。由此，这一时期日本国内各机构派出的考古队不仅破坏了东北各地的文物，同时也盗取了东北地区的出土文物。

1931 年九一八事变之后日本对东北的产业经济调查中，除了通过航拍对大兴安岭等地区的森林资源进行调查外，日伪还设立了"国防资源调查部"对"满蒙"地区进行大规模资源调查。按照学者们的研究，由满铁公司工程师、关东军、日本陆海军军官组成的"国防资源调查部"下设 6 个调查班，分别负责东北地区及内蒙古东部地区的铁矿、铝矿、石油及油页岩、煤炭、银铅锌矿等的国防资源调查。其中，负责铁矿调查的第 1 班先后三次对辽宁、吉林、黑龙江、内蒙古东部以及当时的热河地区的铁矿进行了拉网式勘探和调查，并在此基础上绘制了精密的铁矿矿产资源图[①]。此外，"国防资源调查部"下辖的第 3 班在关东军、满铁、"满洲石油株式会社"以及日本海军省派出的榎本隆一郎等人的主持下，先后对札赉诺尔、阜新以及义县等地进行了石油勘察和地质调查[②]。

从 1931 年九一八事变以来日本在东北地区调查的总体情况看，在这一时期，由于日本可以肆无忌惮地进行各种调查，可以说从理论上讲是近代以来日本对东北调查的高峰期，但实际上这一时期的调查主要是民俗文化考古调查，同时日本也将精力放在了对东北地矿资源的所谓国防资源的调查上。

---

① 郭洪茂等：《伪满时期日本对东北的国防资源调查》，《外国问题研究》2011 年第 3 期，第 25～30 页。

② 梁波等：《日本在中国东北石油地质调查失败的原因探析》，《中国石油大学学报》2009 年第 1 期，第 11 页。

四 近代以来日本"满蒙"地区调查的几个研究视野

从上述叙述中我们可以看出，根据从 1872 年开始的日本对"满蒙"地区的调查、各个时期调查的发展、各调查机构等情况，不同时期有不同的调查目的。由此，实际上，近代以来日本在不同时期对"满蒙"的调查所取得的成果和实效也不尽相同。对此，就近代以来日本的"满蒙"调查有着几个不同的研究视野。

（一）近代日本的"满蒙"调查动机

就日本对"满蒙"的调查阶段而言，在 1872 年至 1905 年这一段时期中，以商社和商用人员为主的对"满蒙"地区的最初调查动机，不排除以对"满蒙"地区的产业、物价以及道路里程的调查为基础向"满蒙"地区推销和销售日本的海鲜品以及轻工业品的商业和贸易上的商业调查，也不排除在曾根和福岛等日本军人的"满蒙""探险"考察中以编撰兵要地志为动机的一般性军事调查。由此我们认为，这些商业贸易上或军事上的调查除福岛安正专以调查沙皇俄国西伯利亚铁路为目的的军事战略调查以及甲午战前日本针对清政府在东北地区的军备而进行的军事侦察外，日本对"满蒙"的初期调查只停留在一般的商业上和军事地志上的调查。换而言之，这一时期日本对"满蒙"的调查是对中国大陆调查中的"满蒙"调查，而非从整体上专门针对"满蒙"地区的调查。

相对于 1872 年至 1905 年日本对"满蒙"的调查，从 1906 年"关东都督府"成立后至 1931 年九一八事变爆发，这一时期是近代日本对"满蒙"地区进行各种调查的发展期。其中，以满铁、满铁关联公司、日本外务省在东北的派出机构为中心的"满蒙"社会经济调查最具代表性。调查动机也随着时间的推移而变得多种多样。从满铁公司调查部以及支社、事务所附设的各种调查机构而言，中国和沙皇俄国的铁路协约以及关于东北的国际条约的调查、满铁公司铁路沿线的各种产业调查以及"满蒙"物产、风俗调查等皆在为满铁公司向中国政府提出铁路权益交涉、铁路货物货源以及对外贸易提供必要的资料和数据支撑。而日本外务省在东北的派出机构所进行的以《满洲事情》为代表的"通商报告书"则更多地立足于日本国内工商业，为国内工商业向"满蒙"地区进行市场倾销以及资本投资提供必要的资料和数据。由此，以满铁公司和日本外务省在东北的派出机构所进行的"满蒙"社会经济调查从动机上看是为日本本国的公司进入"满蒙"地区提供服务，而从结果上看，这些调查是为日本资本在东北进行经济渗透，进而进行经济殖民提供服务。满铁公司和日本外务省在"满蒙"地区所出现的以东北社会经济调查为主的倾向在 1918 年世界大战结束后表现得尤为明显。在这一时期里满铁公司和满铁公司所属的相关调查公司以及日本外务省在东北地区的派出机构均加大了对"满蒙"地区社会和经济方面的调查力度。1918 年第一次世界大战结束后，欧洲各国在战后重建后，经济势力重返亚洲，而相对于欧洲的战后经济重建，在第一次世界大战中大发海运财和战争财的日本在第一次世界大战结束后，因欧洲贸易订单减少而出现产能过剩和投资过剩，日本迫切需要在亚洲其他地区寻找到扩张海外贸易和进行投资的经济区域。正是在这样一个背景下，满铁公司等日本的调查机构才加大了对"满蒙"地区的各种经济和社会调查，以期在"满蒙"地区开拓日本的海外投资市场和产品倾销市场。

另外，这一时期以日本关东军及其前身的"关东都督府"为代表的日本军方也通过地理测绘进行军事地图测绘、各种铁路交通和兵要地志以及军情与政情方面的调查，无论是调查手段、调查动机还是调查结果都具有强烈的军事侵略性。换言之，正是关东军在这一时期所进行的缜密的"满蒙"军事调查，才使得日本关东军在 1931 年九一八事变后不到半年的时间里就几乎占领了东北全境及河北北部的大部分地区。

1931 年九一八事变是近现代东北历史中最重要的一个转折点，也是日本对"满蒙"调查的一个重要转折点。1931 年九一八事变后，日本关东军武装占领了东北地区后，扶植伪满洲国，成为统治东北的"太上皇"。日本在"满蒙"地区的地位上的变化也使得日本从此前的暗中或秘密调查转向了公开调查。由此，此前主导"满蒙"地区调查的满铁公司、关东军以及日本外务省在东北的派出机构对"满蒙"地区的调查形式和内容也发生了变化。其中，满铁公司和关东军的调查重点从"满蒙"地区转向了关内和中苏边境地区。关东军、满铁等主导的"满蒙"地区调查以"国防资源调查部"所进行的对"满蒙"地区的铁矿、铅矿、锌矿、石油以及煤炭的大规模调查为主。显然，在满铁公司和关东军主导的这些调查中，体现出日本的这些调查主要是以"满蒙"地区的国防资源为调查对象,其目的和动机就在于进一步掠夺东北的自然资源,并以此为基础来满足日本军事工业和国防上的需求。

另一方面,在 1931 年以后变得更加肆无忌惮的对"满蒙"地区的文化、民俗和考古调查,单就动机而言表面上是文化和学术上的田野调查与考古调查,最终的目的是借文化的田野调查和历史考古来证明"满蒙"在历史上不属于中国,进而为日本武装占领东北,扶植伪满洲国提供所谓史学上的理论依据。

通过上述分析,我们认为,近代以来日本对"满蒙"地区的调查在不同的历史阶段中,调查主体、调查内容也不同,反映和折射出在不同历史时期中日本"满蒙"调查的动机和目的不同,进而所引发的结果也不同。

(二) 近代以来日本"满蒙"调查研究的主要内容

近代以来日本在"满蒙"地区在不同的历史时期所形成的调查文献和资料虽然浩如烟海,涉及不同领域、不同层次的许多内容,但归纳起来大致可以分为经济、军事、历史文化等几个方面的内容。

第一,对"满蒙"地区经济调查。近代以来日本对"满蒙"地区的经济调查,无论是满铁公司、日本国内的调查机构以及满铁相关的调查机构,还是关东军和日本外务省在东北的派出机构都有所涉及。就"满蒙"地区经济调查的内容而言,不仅涉及"满蒙"地区的经济历史,而且涉及森林、矿业、木材加工、酿酒、畜牧业、渔业、海运、农业、金融、工业、手工业、大车店、水运、道路交通、土地、仓储、集市贸易、财政、皮革加工、特产销售、物价、人口等几乎所有当时"满蒙"地区的经济元素。

第二,对"满蒙"地区文化历史的调查和研究。从广义上讲,近代以来日本文人政客和商人乃至军人所撰写的各种观光记、游记、纪行、散文以及见闻录等都属于对"满蒙"地区文化历史的调查。而从本文所涉及的调查意义上的"满蒙"地区文化历史调查看,日本满铁等调查机构对"满蒙"地区的文化设施、宗教设施、出土文物、民俗、少数民族生活、古迹、教育、历史文献等的调查都属于本文所探讨的对象。从这一角度看,从 1872 年以来,在上述三个不同的历史时期中,日本的调查机构均有这方面的调查和研究。尤其是在 1906 年之后,以满铁公司和"关东都督府"为代表的调查机构所撰写或编写的《满洲地志》、《东部蒙古志稿草稿》和《满洲志稿草稿》等，有关满族、蒙古族、锡伯族的民俗调查，关于萨满教和东北佛教、道教的调查等均属于这一方面的调查。此外，从 20 世纪 20 年代开始的日本东京大学、京都大学考古队先后对东北地区的上京龙泉府遗迹、朝阳红山文化遗址等考古调查以及"满蒙"历史文献和田野调查也属于这方面的调查与研究。这样看来，从 1906 年开始至 1945 年日本战败投降，日本各种调查机构所进行的"满蒙"地区文化历史调查不仅涉及当时的东北、内蒙古东部、河北北部，而且包括中苏、中朝等国境线周边的少数民族地区。有关这方面的调查报告也会是今后学者们所迫切需要进行深入研究的重要选题之一。

第三，对"满蒙"地区军事战略调查。日本军部对"满蒙"地区军事战略意义上的调查一直贯彻于三个不同历史时期。其中在 1905 年日俄战争前，日本对"满蒙"地区的军事调查从军事备战的角度来看更加侧重于"满蒙"地区的军事地理和军事侦察层面；而 1906 年"关东都督府"成立后，日本对于"满蒙"的军事调查则以"关东都督府"和后来设立的关东军为主导，包括从军用地图盗测到兵要地志的编撰甚至到军事战略层面的"满蒙"地区政情、军情的调查；而到了 1931 年之后，日本关东军对"满蒙"地区的调查则更加侧重于用于日本国防军事工业或军事战略物资的铁、铅、锌、煤炭和石油的勘察与调查。近代以来日本对"满蒙"地区的军事战略调查涉及内容非常多。其中，既有军事备战上所需要的对清军、沙皇俄国政府和俄军的军事调动、军事基地、武器配备等军事情报方面的调查，也有近代军事战争所需的石油、麻袋、木材、棉布等军用物资的调查。既有军事工业所需物资的铁、煤炭、铅锌等有色金属的勘察和调查，也有属于兵要地志的"满蒙"地志调查。此外，在近代以来日本的"满蒙"调查中，东北地方政府、蒙古王公等政情及重要人物动向、中国中央政府和东北地方政府相关条约法规以及苏俄的西伯利亚政情军情、地理气象等也是满铁公司、关东军以及东北地区的日本总领事馆、领事馆和领事分馆所调查的内容之一。

由此可以看出，近代以来日本对于"满蒙"地区的调查不仅时间长，而且调查内容广泛涉及"满蒙"地区的经济、历史地理、文化考古、政情军情、政治人物动向以及军事战略情报和军备物资等各个方面。

（三）日本“满蒙”调查成果的运用

近代以来日本对“满蒙”地区调查成果的运用也是我们的考察和研究视野之一。

在近代以来数量庞大的“满蒙”调查资料中，最引人注目的当属以满铁调查部为核心的满铁公司调查报告资料群和日本外务省连续刊行的《满洲事情》等。从满铁公司的角度看，满铁公司调查部和“东亚经济调查局”等所积累的满铁公司调查报告，无论是其收集的中国东北地区政局动向、条约法规集，还是“满蒙”地区的道路交通、物价、物产、矿产、森林等的调查报告，都是秉承满铁公司的经营方针而进行的调查。故这些调查报告对于满铁公司同中国中央政府乃至东北地方政府的权益交涉、增强满铁沿线铁路运输集货功能、进行煤铁矿投资以及扩张满铁公司在“满蒙”地区的各项权益都为满铁公司上层进行决策提供了至关重要的参考。而日本外务省通商局先后两次刊行的《满洲事情》按照满铁公司沿线的重要城市、乡镇划分，并按照每个重要城市、乡镇详细地罗列了人口、风俗、自然、交通、资源、特产、物价、农畜产品收获量等可资日本商业公司、贸易公司、工厂企业进行参考咨询的大量信息。这些信息大部分为当时日本外务省在“满蒙”地区派出的总领事馆、领事馆和领事分馆的商务人员在现场采集的最新信息，不仅资料丰富、信息详细，而且可信度高，因此也成为当时与“满蒙”关系密切或在“满蒙”地区开展商业贸易和投资的日本各种贸易商社的必读参考书。

另一方面，以日本关东军以及其前身的“关东都督府”为核心的日本军方对“满蒙”地区的调查中，不仅其盗测的“满蒙”地图成为日本发动九一八事变以及其后武装占领东北全境的军事地图，而且其所进行的“满蒙”地志调查、煤铁石油等方面的国防资源调查也成为日本发动中日甲午战争、日俄战争以及1931年九一八事变的重要军事参考资料。

当然，上述这些调查也在一定条件下进行交叉调查和相互运用。一方面，满铁公司的调查在一定程度上需要得到日本外务省在“满蒙”的派出机构和日本关东军的支持或协助。同样，日本关东军等军方的调查，尤其是“满蒙”地区的地质和煤炭、铁矿、石油等军事战略物资的调查也需要日本外务省在“满蒙”地区的派出机构和满铁公司的支持与协助。

自然，日本国内派出的各种考古调查队、田野调查队以及"满洲和朝鲜地理历史调查部"也需要满铁公司、领事馆和关东军的协助与支持。另一方面，日本这些调查机构的成果也存在着公开共享和相互运用的情况。例如，中国全面抗战爆发后满铁调查部为日本军方撰写的《支那战力调查报告》就是满铁公司调查部基于多年的满铁公司、日本关东军特务机关以及日本其他调查机构的调查成果而撰写的。以日本关东军为代表的日本军方也在使用满铁公司和日本外务省在"满蒙"地区派出机构的调查报告，并在大量参考上述两个机构的调查报告基础上先后刊行了《满洲志稿草稿》《东部蒙古志稿草稿》等。尤其是在关东军发动九一八事变后，在制造扶植伪满洲国的舆论和理论宣传上就大量使用了包括满铁公司、日本外务省乃至"满洲和朝鲜地理历史调查部"的调查成果。

综上所述，对于日本的"满蒙"调查，我们可以从动机、背景、内容以及成果运用三个方面来审视近代以来日本对"满蒙"地区所进行的各方面调查，并进一步探讨和分析近代以来日本对"满蒙"地区进行各种调查的内在关联性。

结　语

从上面的分析中我们可以看出，近代以来日本对"满蒙"地区的调查经历了 1872～1905 年、1906～1931 年以及 1931～1945 年的发端、发展、高峰三个历史阶段。按照这样的三个历史阶段的划分，我们探讨和基本厘清了在三个不同历史时期中，日本的调查机构、调查方式和方法、调查重点和调查内容。并以此为基础进一步探讨了以满铁公司、关东军、日本外务省派出机构为主导的"满蒙"调查动机、主要调查内容、背景以及这些调查成果究竟用于何种方面，并起到了何种作用。

基于上述探讨和分析，我们认为，始于近代并几乎涵盖当时日本外务省、陆海军省、铁道交通部门等近代日本国家政权核心部门的日本对"满蒙"的各种调查，实际上是日本对近代"满蒙"社会、经济、历史、政治以及文化历史等多方面的国家调查，同时也是日本自明治维新以来最大规模的海外调查。进而，我们从近代以来日本对"满蒙"地区的调查规模和调查动机看，伴随着日本在"满蒙"地区各种势力的渗透和扩张，为其提供服务的各种"满蒙"调查也从最初单纯的通商贸易开始向经济、政治和军事扩张性质的综合调查转变，进而发展为日本武装占领东北，对东北进行殖民统治的工具。由此，近代以来日本对"满蒙"地区的各种调查不仅将东北边疆地区的经济、政治、国防信息及重要数据直接暴露给了日本，而且这些多方面、立体的综合调查也给近代东北边疆地区的军事、政治、经济和文化发展带来了极大的社会隐患，从而在某种程度上阻碍了近代东北的社会经济发展。

A Survey of "Manchuria and Mongolia" in Japan since Modern Times

Wang Tiejun

Abstract　　The comprehensive survey of "Manchuria and Mongolia" in Japan, which began in modern times, has generally experienced three historical periods: emergence, development and peak period from 1872 to 1905, 1906 to 1931 and 1931 to 1945. In these three historical periods, Japan's investigation organization, investigation focus, investigation background and motivation as well as the application of the results involved in the comprehensive investigation of "Manchuria and Mongolia" are quite different. Based on the division of the above three historical periods, this paper takes the investigation report, investigation organization and investigation focus published in the same period as the research clue, and discusses the investigation organization, motivation and main investigation contents of Japan's various investigations into "Manchuria and Mongolia" areas since modern times. On this basis, the paper analyzes and discusses the application of the results of Japan's investigation of "Manchuria and Mongolia" since modern times. It also studied the internal relationship between Japan's launching of the September 18th incident in northeast China and its armed occupation of the entire northeast China for colonial rule.

Keywords　　Modern Japan; "Manchuria and Mongolia" Investigation; Northeast China

田中政友会内阁的"产业立国"策与"满蒙"[*]

郭冬梅[**]

【内容提要】 1927 年成立的田中义一政友会内阁,将"产业立国"作为其主要政策之一。其目标是扶持和振兴日本的产业,以扭转对外贸易中的入超局面,强化日本在国际竞争中的实力,并缓解第一次世界大战后因日本国内人口激增和资本主义发展停滞所产生的社会矛盾。在田中政友会内阁的"产业立国"策中,"满蒙"以其丰富的资源和特殊的地理位置占据重要的地位。本文从与"产业立国"策的关联出发,通过对政友会总裁田中义一和满铁社长山本条太郎的"满蒙"认识与构想的剖析,探究田中政友会内阁"满蒙"政策的另一个侧面。

【关键词】 田中义一 政友会 产业立国 满蒙 山本条太郎

1927 年 4 月,田中义一政友会内阁取代了在金融危机中倒台的若槻礼次郎宪政会内阁,军人出身的政友会总裁田中义一身兼首相与外相之职,以对华的强硬外交取代了此前币原喜重郎的协调外交,并主持召开"东方会议",确立了分裂"满蒙"的基本国策。[①] 这已然是长期以来的学界共识。但值得注意的是,学界在探讨田中义一内阁的"满蒙"政策时,过于单纯

---

* 本文为教育部规划基金项目"近代日本的内务省研究"(项目编号:19YJA770005)的阶段性成果。

** 郭冬梅,历史学博士,东北师范大学日本研究所副教授,主要研究方向为日本近现代史。

① 参见沈玉、谢雪桥《"田中外交"的对华政策》,《历史研究》1988 年第 1 期。

地集中于"东方会议"、"田中奏折"和出兵山东等问题的研究上，强调日本对中国的领土野心，而忽略了其他方面的因素。对于田中义一的研究也多集中在他的长州军阀身份和一直以来的总体战略主张上。然而不能否认的是，田中义一除了是军阀的代表外，他此时能够上台执掌政权，主要在于其政友会的总裁身份。尽管政友会的对外政策并不能和军阀严格地划定一条线，但是政党的对外政策还是要顾及政党的党纲和利益的。政友会此时政策的主要内容之一，就是"产业立国"。在政友会的"产业立国"策中，"满蒙"因拥有丰富的资源和独特的地理位置而担当着重要的角色。因此田中内阁的"满蒙"政策其实和其国内政策有着千丝万缕的联系。本文将与政友会的"产业立国"策相关联，并以田中义一与政友会内阁的重要代表人物山本条太郎的"满蒙"认识和构想为中心，解析田中义一政友会内阁的"满蒙"政策的另一个侧面。

一 田中政友会内阁的"产业立国"策

第一次世界大战后，世界资本主义进入了垄断阶段，经济的飞速发展，使国家间的竞争主要变成了经济的竞争，而不再仅仅是军事的竞争。因此，一战后日本以政友会和宪政会为中心的两大政党都把日本经济的发展作为其重要的政策之一。政友会则是更鲜明地提出了"产业立国"、"产业振兴"和"商工立国"等主张。

早在 1924 年护宪三派内阁成立后，政友会就力图实现今后的政治、经济和社会政策的全面改组。相对于宪政会强调的社会政策，政友会更重视生产，极力倡导"生产第一主义"。1925 年，田中义一就任政友会总裁后，在他的演讲中，开始明确提出"产业立国"的主张。他认为，"日本的政治、经济、教育和军备等各方面都欠充实"，有必要进行改革。特别是第一次世界大战后，各国"从侵略的军国主义噩梦中觉醒，掀起了产业竞争的经济战，此事极易诱发我国的产业危机、经济危机，对此表示深感忧虑。即便不会如此，我们现在也直面着甚为忧虑的环境，如何对其进行匡救的问题必须由掌握政治的我们来解决。因此，我要把产业立国作为政友会的主要政纲之一"①。那么，

---

① 田中義一「国家民生の共同協力を待つ」『政友』291 号、1925 年 6 月、1 - 2 頁。

何谓"产业立国"呢？田中义一指出，"所谓产业立国，其意义虽极为广泛，但主要是经济政策，而且政治、教育、国防、外交等也都以产业振兴为基调"①。

可以说，田中义一的"产业立国"口号的提出，正是由于对日本经济未来的担忧。他指出："经济上的压迫渐渐威胁日本国民的生活，曾经的景气如同美梦一样一闪而过，海外贸易和国内产业都萎缩不振，资本家和工人都陷入困境，悲观的空气遍及城市和农村。"他特别关注到资源和人口问题，提出资源的贫乏和人口的增加也要求日本实行"产业立国"政策。"考察世界的趋势和帝国的将来，痛感到对产业政策倾注主要力量至为迫切，提倡所谓产业立国论，促进有识者的注意，要求国民奋起。我国天然的资源颇为缺乏，而且人口增加率冠绝世界，以此有限的天然资源，顺应无限增加的人口，必须要以上下协力的一大觉悟，树立此大政策。粮食的充实，工业原料的确保，实是决定帝国命运的最重大问题。"② 特别是人口问题，是这个时期日本面临的主要问题之一。第一次世界大战后，由于经济的快速发展，日本的人口也开始激增，给粮食生产和就业带来了一定的压力，加剧了一战后资本主义发展的矛盾，构成了一定的社会问题。对此，田中称："我国国土狭小，富源稀少，却人口密度极高，而且仍然每年约增加 70 万。怎样做才能满足现在及将来人口的衣食住呢？此问题确是我国政治现在及将来的中心问题。奖励移民确是一个解决的方案。但人口如井水，越汲取则越涌出。因此，无论海外有多少出口，也不能解决这一问题。无论如何只有增加国民的经济活动。作为国家，使国民把其资力、智力、体力集中到生产上，这是不可懈怠的事情。这就产生了产业保护的必要，在关税政策上不得不采用保护制度。"③ 总之，从人口的增殖上看，"产业的振兴、国富的增进，是我国的第一要义"④。在具体的政策上，田中认为，应该"对所有的重要产业，

---

① 田中義一「我が党の主義本領——産業立国を標榜して国民の覚悟を促す」『政友』297号、1925 年 12 月、3 頁。
② 田中義一「公明なる天地の打開　是れ我々の国家に対する一大責務」『政友』309 号、1926 年 11 月、3 - 4 頁。
③ 田中義一「政治上の所感一端」『政友』304 号、1926 年 6 月、4 頁。
④ 田中義一「現内閣の存続する限り景気顔回の見込みなし」『政友』306 号、1926 年 8 月、4 頁。

实行一视同仁的态度",而不是偏重于一二产业。[①]

1927 年 4 月,田中政友会内阁成立后,掌握了政权的政友会立刻标榜"昭和维新"。有学者指出,"相对于明治维新的政治上的变革,昭和维新显示的是经济上的变革"[②]。在"昭和维新"的口号下,政友会内阁正式确立了"产业立国"政策。4 月 22 日田中义一发表首相关于内治和外交的声明,明确表明"以产业立国为根本基调"。[③]

除了田中义一外,政友会另一个鲜明地主张"产业立国"并有着独特主张的重要人物是时任政友会干事长的山本条太郎。在田中内阁成立的政务调查会中,山本条太郎担任了"产业立国"特别委员会的委员长。山本条太郎主张,比起重视政治来,更应该重视经济,因为只有经济才是"思想恶化"等社会问题和生活不安的根源,为此有必要转变政友会一直以来的路线。特别是在交通方面,自总裁原敬以来,政友会一直以铁路铺设为媒介扩大党势,但是山本认为,此时的交通手段,已经是汽车取代了火车,由此主张汽车取代火车论。对于政友会从 1923 年以来一直以"农村振兴"为主要课题,山本条太郎认为,为了养活持续增加的人口,不仅要依靠农业,而且必须要依靠工业,"因为农村问题可以依靠发达的工业把农村人口吸收到城市来解决"[④]。

山本条太郎从很早就鼓吹"更始一新的国策唯有产业立国"之说。他指出,明治维新以来日本的变革"偏重于政治、教育及军备方面,动辄轻视经济,疏忽了国力的培养。这是我国经济及贸易振兴与其他方面的设施发展相比显著迟滞的最大远因"。再加上第一次世界大战的影响,日本一时出现了战争景气,财富急剧膨胀,造成民心迟缓,上下流于奢侈。战后则出现了经济界的停顿,人民的习性却不容易改变,造成了"现下经济界的停顿和贸易的逆转",这是近因。远因和近因共同造成了日本国民生产和消费间产生一大缺陷,这就是贸易的连年入超,导致正货的减少和外汇市场的暴

①　田中義一「政治上の所感一端」、3 頁。

②　土川信男「政党内閣と商工官僚——田中義一内閣の産業立国策をめぐって」近代日本研究会編『年報近代日本研究』山川出版社、1986、185 頁。

③　田中義一「対支問題を中心に田中新首相の内治外交声明」『政友』315 号、1927 年 5 月、7 頁。

④　土川信男「政党内閣と商工官僚——田中義一内閣の産業立国策をめぐって」、187 頁。

跌。为了改变这种情况，使人民改变生活习性或者依靠外债都是有限的，"只不过是姑息弥缝而已"，"除了依靠生产的增加外没有其他的办法"。而且，日本还面临日益增加的人口问题，日本的国民半数依靠着农业生活，但是日本国土狭小，新增加的人口只能移居到别处，依靠农业以外的生存途径。因此，为今之计，"应该对全体国民确定总动员的计划，对经济的人口配置及其编成进行根本的准备。进而还要考虑在现实上如果对抗日益激烈的列国间的竞争，探讨贸易的发展，劳资问题和失业问题如何解决"。"宜马上树立百年的大计，使国民知其共同的目标。若巩固国家的存立，宣扬国威，只能思考国家经济的整备独立。经济的基础如不确立，则国家将会灭亡。这是所以有必要使经济更始一新，倡导产业立国论之缘由。"① 在他看来，"产业立国"就是要把"国家存立、国运发展的基础都放在产业经济上。不仅是产业政策，而且国民教育、社会政策、外交方针等都综合地集中到产业立国的大旗之下"。对于日本国内的"产业振兴"，山本是持积极态度的，他认为"大力开发资源，谋求产业的振兴，增加生产，以扩张海外贸易，就可以扭转颓势"。与此同时，还要"整理和改善消费经济"，即"在生产上排除资本制企业动辄容易陷入的垄断暴力之弊，以国家社会为本位促进其发展。在消费经济上依靠国民的自觉，先改善衣食住和生活方式习惯，整备科学的应用配给机关，依靠消费的节约大力减少费用，同时依靠大量生产使物价降低，以期国民生活的安定"②。

由上可见，山本认为，当时日本经济面临的最大问题是入超导致的国际收支恶化。针对当时主张致力于防止进口过多和振兴出口的主张，他主张应该把重点放在减少进口上。当时的日本，生丝和纺织是重要的出口货物，在进一步促进这些原有的产业发展的同时，还要尽快培育新的，即生丝和纺织以外的出口工业。日本应该致力于保护和奖励在国内不能自给而必须从欧美进口的制品的生产。具体说来，就是以制铁业、机械工业和肥料制造业三者为"基本工业"，保护和奖励这些产业的形成。而且在工业中，由"庞大的组织"进行"多量低价的生产"是必要的。因此，有学者指出，山本条太

---

① 山本条太郎「更始一新の国策はこの産業立国あるのみ」『政友』296 号、1925 年 11 月、18－19 頁。
② 山本条太郎「更始一新の国策はこの産業立国あるのみ」、19 頁。

郎的构想就是"以大企业为中心的重化学工业化"。①

在政友会的"产业立国"策的推行中，商工省和农林省是起到了重要作用的机构。商工省和农林省是在 1925 年 4 月的护宪三派内阁时期，由农商务省分离而成的。主要是因为重视农业利益，要求农务省独立呼声的强大，其中也不乏第一次世界大战后产业经济的发展要求商工省独立的呼声。商工省独立后，尽管当时在日本的地位并不高，但对于推进"产业立国"策具有重要的意义。最初，它以各省间协议的行政调查会为舞台，致力于将内务省管辖的奖励制药和工场法施行、大藏省管辖的关税和酿造试验所、陆军省管辖的汽车制造奖励、农林省管辖的生丝及生丝检查所、递信省管辖的电气等各种事务接管过来，但是没有实现。然而，随着宪政会内阁在金融危机中下台，商工省权限扩大的主要任务就转移到了田中义一政友会内阁中。

山本条太郎的主张通过商工省得到了一定的贯彻。特别是中桥德五郎就任商工相后，首先对制铁业的发展进行了探讨。商工省"关于重要工业特别委员会"设立了关于制铁业的小委员会，确立了在产业政策上推进"自由主义"的基调，尽量放弃官厅的指导态度，致力于缩小保护措施，改变了原来的保护主义；对于钢铁原料的铣铁也提出了尽量自给自足的方针；对于钢铁协会提出的提高铁关税的要求也给予否认。与此同时，商工省还改革了八幡制铁所的垄断地位，试图导入制铁业的自由竞争。在商工省的努力下，实现了"民营生产中心主义"。但是中桥和山本在具体的政策上还是存在着一定的不同。如果说中桥的构想是以形成各个小中心地为中心发展产业经济，以及伴随着地方农村和附近小城市的发展，将其作为各种原料、劳动力和食物的供应地，实现共荣共存的发展的话，山本则认为，应该以大企业为中心建立全国规模的经济圈。② 在山本条太郎的坚持下，政友会终于形成了以山本条太郎的构想为中心的"产业立国"策。

其次是对于肥料问题以及肥料工业的发展，当时的商工审议会主要集中探讨代替硫安工业的空中氮素固定工业，为此在"关于重要工业特别委员会"中设立了"氮素固定工业的小委员会"。与此同时，由于肥料和农业的紧密关系，主张政友会应该一如既往地重视农业的农林相山本悌二郎

---

① 土川信男「政党内閣と商工官僚——田中義一内閣の産業立国策をめぐって」、187 頁。
② 土川信男「政党内閣と商工官僚——田中義一内閣の産業立国策をめぐって」、188 頁。

也专门在"产业立国"的名义下，为振兴农业而设置了肥料调查会，就肥料问题展开调查。肥料调查会在 1927 年 6 月召开了第一次总会，探讨对空中氮素固定工业展开低利率资金融通的扶植政策，并主张为了实现肥料的廉价供给，有必要实行某种形式的国家管理。随后做成的管理案在 10 月的肥料调查会第二次总会中获得通过。对于农林省的肥料管理案，商工省则以压低肥料价格对肥料工业的发展不利为理由而表示反对。商工省表示，如果不设置补偿制度，则不能同意农林省的提案。围绕着农林省和商工省对肥料管理案产生的分歧，到 1928 年 7 月，政友会召开了总务会和政务调查会总会，专门讨论了肥料问题，最后商工省虽然承认了农林省的肥料管理案，但与此同时，自己也积极地提出了肥料工业援助案。具体是从保护内地肥料工业的角度，实行了关税政策。商工省和农林省在政党的压力下达成了妥协。在肥料管理案问题上，商工省通过提出援助案，成功地确保了商工省的权限。[1]

二 "满蒙"在"产业立国"策中的地位

尽管田中政友会内阁大肆宣扬以"产业立国"为基调，但是真正要实现"产业立国"，并不是一件容易的事情。田中政友会内阁的"产业立国"策受到了现实的极大制约。首先要实行自己的政策，必须实现政友会在众议院中拥有过半数的议席。然而现实的情况是，1928 年的国会解散后，2 月举行了普通选举法通过后的初次全国大选。尽管田中政友会内阁对选举进行了尽可能的干涉，但是最终的结果仍是政友会没能实现过半数的席位，这就为它实现自己的政策增加了难度。为了实现"产业立国"，政友会开始同实业同志会进行政策协定的交涉，并为此设置了经济审议会。然而，实业同志会主张经济上的自由主义，反对提高关税，并很早就主张金解禁，这对政友会来说又是很难接受的。二者尽管进行了协商，政友会同意"对金解禁问题进行调查"，但是在实际上，政友会是反对实行金解禁的。可以说，对于保护和奖励日本国内的重化学工业来说，实行金输出禁止可以防止进口，把日本经济和世界经济隔离开来，这是一个非常有利的条件。但是对于政友会的

---

① 土川信男「政党内閣と商工官僚——田中義一内閣の産業立国策をめぐって」、195 - 197 頁。

主张，经济审议会主张不应该实行保护设施，而是应该实行出口鼓励政策，断然实行金解禁，也是在产业问题上实行的策略。由此通过了"快速解除金输出禁止"的答辩。但是田中政友会内阁最终没有实行金解禁政策。这种强行要求实行金解禁的论调对"产业立国"政策的实现是一个不利的因素。①

鉴于以上日本国内的不利因素，"满蒙"在田中政友会内阁的"产业立国"策中所占据的重要地位很早就被凸显出来。田中内阁的主张是，通过对"满蒙"相关政策的实行，可以解决日本的"产业立国"政策的难题。因此，田中政友会内阁上台后，非常重视"满蒙"问题，并力图迅速解决"满蒙"问题，其背后不仅是出于政治和军事方面的考量，也存在着一定的经济方面的考量。那么田中义一和山本条太郎等人究竟是怎样从"产业立国"的角度看待"满蒙"的呢？

早在 1925 年田中义一任政友会总裁后，提到"产业立国"政策时，就极为重视和中国的关系问题。他认为日本要实现"产业立国"，离不开中国，更离不开"满蒙"。究其原因，他指出，顺应一战后新时代的国际思想，"促进与我国接壤的善邻和我国互通有无的贸易关系，举共存共荣之实，是当然的归结。从而，处于新时代黎明的善邻外交直接成为经济产业的立国基础，能够成为原料的补充来源。在此意义上打开远东外交的新局面是当务之急，是我们的使命之一"。他主张在新的时代应该对外交重新加以认识，不仅仅是对远东，即便是对欧美诸国，外交也要采用新思想，改善为"新式外交"。这种"新式外交"不是简单抽象地"自主或者追随"，"外交是以国际贸易关系、经济关系为主，直接和国民生活关联的国民外交，应该从这种基础观念出发来定立"②，即"外交应该以经济关系为基础"。③ 关于具体的措施，他说："开拓未垦地，改良已垦地，开发天然的富源自不待论，在原料确保上必须仰仗和帝国经济关系密切的大陆方面。因此无论是日支的经济联盟，还是满蒙特殊地域的拥护，都是对我帝国绝对重要的问题。

---

① 土川信男「政党内閣と商工官僚——田中義一内閣の産業立国策をめぐって」、204 - 206 頁。

② 田中義一「国家民生の共同協力を待つ」、2 頁。

③ 田中義一「君臣一致国家の重責に任せよ」『政友』292 号、1925 年 7 月、1 頁。

我们要对对支外交倾注全力，时刻注意满蒙特殊地域的治乱一刻不可懈怠。"① 强烈表示出对中国局势乃至"满蒙"的高度"关心"。田中义一甚至还冠冕堂皇地提出，今后应该"一掷侵略主义，采用协调的思想"②，"外交应该以经济关系为基础，对于亚洲大陆应该以相互扶助的精神获得完全的谅解，共存共荣互通有无，以和平亲善直接促进相互的幸福，间接促进人类全体的发展"③。1925 年北京召开关税会议时，他认为这是对两国经济关系影响极大的会议，表示出了极大的忧虑。④

在极力主张"产业立国"的政友会干事长山本条太郎看来，"满蒙"对日本有着至关重要的"意义"，它不仅是日本的粮食和工业原料的产地，也是工业制品的市场。因此，他的"满蒙"认识有着更为精细的算计。他谈到"满洲"的经济发展状况是非常令人震惊的。从贸易上看，"最近十年间支那的贸易增加了九成，但其中只看满洲的话，满洲的贸易十年间增加了三十成，即增加了三倍，这是在世界上都令人吃惊的经济发展，由此可知满蒙的财富是多么的巨大"。由此，他盛赞说："满洲是支那全土最安全、生活最富裕的地方"，"满洲将来会成为日本商品的一大市场，这是深信不疑的"⑤。不仅是作为商品的市场，"满洲"的资源，主要是铁、煤炭、石油等对日本"产业立国"也具有重要意义。山本指出："在满洲，铁的埋藏量约为十二亿吨，从这里能得到四亿吨。内地需要越来越增加，今后百年的需要约为四亿吨的话，满洲出产的铁就能够满足今后百年间的需要。此外，满洲煤炭的埋藏量有二十五亿吨。"对于石油，他说："覆盖在抚顺煤田上的岩石称为油页岩，含有百分之六左右的石油。此油页岩的数量概算为五十二亿吨，进行生产可以得到的石油数量约为三亿吨，以我国现在的石油消费率计算的话，今后百年间以此油页岩生产的石油就足以充分地自给自足。而且附随在油页岩制油工程上的石蜡、硫酸铵等重要产品的生产也可以说是无限的。"此外，"满洲生产的食盐不仅多，而且价格低廉。一吨只要五圆，每贯只需二钱。因此以食盐为原料的制碱工业在满洲有望发展。现在我国主要

① 田中義一「公明なる天地の打開　是れ我々の国家に対する一大責務」、4 頁。
② 田中義一「国家民生の共同協力を待つ」、2 頁。
③ 田中義一「君臣一致国家の重責に任せよ」、1 頁。
④ 田中義一「わが党の主義本領——産業立国を標榜して国民の覚悟を促す」、4 頁。
⑤ 山本条太郎「満蒙の発展と満鉄の事業」『政友』330 号、1928 年 6 月、14－15 頁。

从英国的公司每年进口约十二万吨的碱，如果以价格低廉的满洲盐为原料的话，制碱工业就会兴盛起来"。正是因为这些丰富的资源，山本条太郎说："满洲这个上天赋予的大资源就摆在面前，我国有这样充分的机会，为什么不努力进行充分的开发呢？如果给我三亿圆来开发满洲的资源，我确信，被称为我国经济癌症的贸易上的入超一年就会减少到一亿五千万圆左右。"①

看到了"满蒙"作为商品市场和粮食、工业原料产地的重大价值的山本条太郎，对于"满洲"的政策有其独特的主张。他反对在"满洲"当地建设工场，兴办工业，认为这样会对日本国内构成威胁。"满洲"只应该生产那些在日本国内不能够生产出来的产品。② 正因为山本条太郎重视的是"满蒙"的经济价值，在政策上他主张同张作霖进行协作，以确保日本的经济利益。可以说，田中政友会内阁重视的不仅是对"满蒙"的军事占领，也有经济上的"协作"，期待以"满蒙"的资源为日本国内的"产业立国"做出贡献。

三　田中政友会内阁的"满蒙"政策与山本条太郎的满铁经营

1927 年 4 月，田中义一政友会内阁成立后，面对中国革命军北伐的新形势，他迫不及待地发表了关于中国的新声明。声明中虽然表示采取"协调的态度"，但同时也强调会坚持所谓的"自己的立场"。③ 而在此前的 2 月，山本条太郎在田中的授意下，也对中国情况进行了考察。他 22 日从东京出发，在中国滞留了 35 天，对中国从南到北，以上海、汉口、天津、沈阳等大城市为中心进行了考察，考察的结果是对日中关系"忧心不已"，称"满蒙的解决实是关系到我国政治、经济和国防等所有方面的大问题"。④ 政友会认为，中国的北伐打乱了日本的计划，因此不得不打出强硬的政策。

① 山本条太郎「満蒙の発展と満鉄の事業」、15－16 頁。
② 土川信男「政党内閣と商工官僚——田中義一内閣の産業立国策をめぐって」、197－198 頁。
③ 田中義一「対支問題を中心に田中新首相の内治外交声明」、8 頁。
④ 山本条太郎「動乱の支那を視察し日支両国のため優心禁ぜず」『政友』304 号、1926 年 6 月、9－11 頁。

田中内阁迫不及待地在 6 月 27 日召开了"东方会议"，主要探讨"满洲行政"的内阁统一问题。会议最终确立了方针，一旦中国形势发生改变，日本即采取政策，保护日本"帝国的合法权益和在留邦人的生命财产安全"[①]。

7 月 4 日，田中还任命山本条太郎为新一任满铁社长。田中对山本的"人物、阅历和手腕甚为信赖"，内阁成立后立即任命他为政友会的干事长，"进行党内的调和与统制，使内阁无后顾之忧"。[②] 7 月 14 日，满铁前任社长安广提出辞表后，田中马上征求对中国和"满蒙"都极为熟悉的山本的任职意向。他坚信"除了此人以外没有更合适的人选"[③]。19 日，山本被正式任命为满铁新一任社长。山本的任命表现出了田中对山本条太郎在"满洲"问题上见解的认同。

9 月 7 日，在田中内阁设置的行政制度审议会总会上决定了"关于满洲行政改善及拓殖省设置之件"，出台了以下两个政策。

其一，提出设置拓殖省，并责成法制局就该改正进行各种调查。拓殖省将掌管"朝鲜、台湾、关东州、南洋群岛及南满洲铁道附属地的事务，满铁的事务，移民事务，海外拓殖事业的指导奖励等事务"。"拓殖大臣对所管事务的执行在需要的限度内指挥监督领事。"[④] 通过这个规定，移民事务由原来的内务省管辖转到由新设的拓殖省管辖。关于其理由，"满蒙之地素为支那领土，故在留民的保护取缔应以领事担其任为妥当。但在满蒙要伸张我国特殊利益，谋求其经济发展，不如使领事以外的其他机关来担当起设施经营，方能取得所期待之效果。然满蒙犹为外国之领土，使外交官或领事馆以外的机关担当在国际关系上不当，由此，在拓务大臣下设置亲任的总领事，使之统筹处理关于满蒙的一切事务"[⑤]。

其二，在"满洲行政"中的满铁中心主义的确立。在审议会上提出关于"满洲行政改善之件"，对满铁与关东厅和外务省的关系进行调整。主张

---

① 望月圭介「あくまでも積極方針の遂行これが実現には強大なる力を要す」『政友』321
　号、1927 年 9 月、3 頁。

② 田中義一伝記刊行会編『田中義一伝記』（下）、原書房、1981、677 頁。

③ 田中義一伝記刊行会編『田中義一伝記』（下）、678 頁。

④ 田中義一伝記刊行会編『田中義一伝記』（下）、727 頁。

⑤ 小路田泰直「田中義一内閣と「地方分権」論——政党内閣の成立と崩壊」『歴史学研究』
　第 558 号、1986、28 頁。

"满铁的公共权力化",以此为媒介把"满洲行政"对日本"中央政府隶属化"。而且把"满蒙"的国民经济网罗到"日满经济圈"中,把外地行政内地延长化。

对于上述措施,小路田泰直指出,这是把支撑国民经济中枢的工业化的"地方分权"和支撑其周边殖民统治地区及"满洲行政"都纳入"经济立国主义"的大旗下进行的"综合大成"。把"满蒙"作为"粮食和原料供应地"吸收到日本国民经济的周边,促进中心地日本的工业化是政友会解决人口和粮食问题的基本路线。①

此决定后来成为提案在第54次议会上进行审议,但因议会解散而未能实现。到1929年4月,议会通过拓殖省的预算后,拓殖省于6月10日正式成立,田中义一兼任初代拓殖大臣。

另外,山本条太郎赴任满铁社长后,又对"满蒙"采取了什么样的政策呢?他说:"我赴任满铁社长,是总理大臣的命令,基于现内阁的产业立国国策,对满铁实行经营。"② 任满铁社长后,他不仅积极推进与张作霖就铁路问题达成协议,还实行了其具有特点的三个主要政策。

首先,山本条太郎想要打破满铁、总领事、关东厅长官和关东军司令官四者分离的"四头政治",把所有权力集中到满铁,实现所谓的"大满铁主义"或者"满铁第一主义"。山本在就任满铁社长后,就积极地寻求进行这项改革的机会。但是改革案必然会遭到以关东军为主的各种抵抗,因此实际上根本无法实行下去。到1927年9月,山本的政策就宣告了失败。

其次,利用满铁实行经济方面的"积极政策"。对于山本来说,"他的满蒙政策与他的产业立国政策紧密地联系在一起"③。前已述及,在山本看来,"满洲"原料丰富、劳动力价格低廉,但是并不应因此而在"满洲"当地建设工场,因为这有可能威胁到日本内地的工场。应该在"满蒙"进行可以成为日本原料的资源开发和日本国内无法进行的生产,这才是满铁应该在"满蒙"实现的使命。正是基于这种思考,从1927年10月到1928年的春天,山本条太郎在满铁"为了日本的国家经济,在产业立国的国策上,

① 小路田泰直「田中義一内閣と「地方分権」論——政党内閣の成立と崩壊」、28頁。
② 山本条太郎「満蒙経営の基調」『政友』第333号、昭和3年8月、25頁。
③ 土川信男「政党内閣と商工官僚——田中義一内閣の産業立国策をめぐって」、197頁。

制订完全利用满洲的计划"，展开了所谓的"积极政策"。①

这些"积极政策"包括：扩张抚顺和烟台的煤矿；对鞍山和本溪湖的铁矿石实行贫矿处理法供应给日本国内；计划在鞍山制铁所增产铣铁。此外，对于满铁并未实行的制钢业生产，也计划在鞍山制铁所着手作业，甚至考虑在日本国内设立制钢所。关于肥料工业，在奖励从"满蒙"向日本国内输入的方针下，计划扩大利用鞍山制铁所的副产物的硫安工程，设立硫安会社，收购空中氮素固定法的特许，设立石炭氮素肥料会社等。此外，他还计划设立其他多种新的事业，如计划在抚顺从油页岩中开采石油等，受到海军方面的极大关心和特别重视。

再次，力主在满铁中导入美国的资本。实际上早在护宪三派内阁时期，山本即有此主张。他说："在亚洲，和日本有着最密切的利害关系的是美国，美国对于向东洋的发展，不是人口的移动，而是渴望资本的发展。因此，如果日本借助这种资本，实现在满蒙经济上的日美合作的话，在利害共同的关系中就形成了融合。像这样，如果美国和日本结成紧密的关系的话，在东洋即使发生问题，因为二者利害共同，所以满铁持有十亿的社债的话，其社债主美国人不会不要求收回自己的资本，从而美国和日本就会合作。"也就是说，山本希望通过引入美国的资本，实现与美国在政治上的协作。②为此，他在就任满铁社长后，以 1927 年 10 月美国摩尔根商会的托马斯·拉蒙特来日为契机，开始了这种交涉。

但是，在山本条太郎的"积极政策"下，特别是满铁进军制钢业和肥料业后，满铁的事业和日本国内的产业不可避免地产生了竞争。这也违背了他自己最初的构想，更遭到了想在日本培育重化学工业的商工省的反对。1928 年 4 月末到 5 月初，八幡制铁所的技术总监到"满洲"考察当地的情况。6 月，商工省和八幡制铁所与满铁协议后，7 月，满铁和日本钢铁协议会进行了交涉，达成了尽量减少对日本国内影响的相关协议。同月，满铁还和国内的昭和肥料会社达成了相关协定，由此商工省实现了保护国内工业的主管地位。不过，"尽管蕴含着满蒙的经济开发和国内的重化学工业化形成竞争关系的可能性，但田中内阁的产业立国政策还是和满洲紧密地结合在一

① 山本条太郎「満蒙経営の基調」、25 頁。

② 土川信男「政党内閣と商工官僚——田中義一内閣の産業立国策をめぐって」、198 頁。

起的"①。

山本条太郎任满铁社长后实行的"积极政策",比起满铁的军事价值来,他更重视经济价值。为了确保这种经济价值,山本主张在政治上和当地的张作霖政权进行协作。但是1928年6月,关东军策划了"皇姑屯事件",炸死张作霖,这成为与山本条太郎的"满蒙"政策紧密联系在一起的田中政友会内阁的"产业立国"策未能实现的原因之一。② 而且,山本所希望的满铁导入美资政策也在1927年末因中国方面的反对和美国国务省的消极政策而失败,张作霖被炸死后,美国开始对日本对"满洲"的野心保持警惕。而到1929年7月,以张作霖事件的事后处理为契机,田中义一首相因失去天皇的信任而辞职,政友会内阁倒台。田中政友会内阁的"产业立国"政策最终没有实现。关东军在使政友会以"满蒙"支持国内的"产业立国"策破产的同时,也间接促使田中内阁最终倒台。

结　语

长期以来,中国对田中义一及其内阁"满蒙"政策的研究抛开了政友会的视角,更多地把他作为一个军阀进行研究,对于政友会内阁的"满蒙"政策也过于集中在"东方会议"、"田中奏折"和出兵山东等问题上。但是,从作为政友会总裁的田中义一的发言和山本条太郎的构想看,田中政友会内阁的"满蒙"政策并不仅仅出于政治和外交的考量,也包含着经济方面的考量,是日本国内解决"产业立国"目标的重要一环。"满蒙"因为地理位置的优势和丰富的资源而在政友会的"产业立国"政策中占有重要的位置。政治和经济的交互,领土的野心中也包含着经济的攫取,共同构成了田中政友会内阁"满蒙"政策的重要内容。

当然,从与"产业立国"策的关联来研究田中政友会内阁"满蒙"政策的一个侧面,并不是要否认日本对中国的领土野心。实际上,尽管田中义一多次强调所谓的外交应与经济相联系,但也不时会暴露出他作为军人,赤

---

① 土川信男「政党内閣と商工官僚——田中義一内閣の産業立国策をめぐって」、206 - 207 頁。
② 土川信男「政党内閣と商工官僚——田中義一内閣の産業立国策をめぐって」、207 頁。

裸裸主张对中国侵略的本来面目。1926 年 6 月，田中义一发表演讲，在抨击宪政会在"满蒙"政策上的"退婴主义"时，开篇即称："满蒙的地域，是经过日清、日俄两次战役，投入了几亿的财产，以国民的鲜血获得的特殊地区，这不仅是世界都承认的事实，而且满洲和我国领土朝鲜接壤，在军事上和政治上都有着特殊的关系。"① 主张"产业立国"的代表人物山本条太郎也称："我不认为满蒙问题靠经济关系能够解决。在满洲，日本人倾注了十万的鲜血，因此这是政治问题，不是单靠经济关系就能解决的。不仅如此，满洲曾经被俄国所夺取，它之所以回到支那的手中，是日本取回的，因此日本有发言权。如果没有日俄战争，长江以北的地图的颜色为何恐怕难以判断。满蒙问题的解决实是关系到我国政治、经济、国防等所有方面的问题。"② 从中可见，这种日本在"满蒙"问题上的"权益特殊论"思维，已经深藏在那个时代日本人的"满蒙"意识中，无论以怎样冠冕堂皇的理由去掩盖，还是会暴露出来。

The Industry-prospering Policy of Tanaka Giichi Cabinet and "Manmou"

Guo Dongmei

Abstract　Tanaka giichi cabinet, which was established in 1927, made industry-prospering one of its major policies. The aim was to support and help Japanese industry thrive to change the circumstance of unfavourable balance of trade and strengthen Japan in the international competition, and thus relieve the social conflict caused by the sharp increase of population and the halt of development after World War I. In the industry-prospering policy of Tanaka giichi cabinet, "Manmou" played an important role with its abundant resources and special location. This article explores another aspect of the "Manmou" policy of Tanaka Seiyukai cabinet by analysing the understanding and plan of Tanaka giichi, head of

---

①　田中義一「政治上の所感一端」、2 頁。
②　山本条太郎「動乱の支那を視察し日支両国のため優心禁ぜず」、11 頁。

Seiyukai cabinet and Yamamoto jotaro, head of Mantetsu company, starting from the relation to the industry-prospering policy.

Keywords   Tanaka Giichi; Seiyukai Cabinet; Industry-prospering; Manmou; Yamamoto Jotaro

日本对大连港的统治与东北海上贸易兴衰[*]

付丽颖　孙汉杰[**]

【内容提要】 日俄战争之后，日本侵占辽东半岛，大连港成为日本对东北地区物资掠夺的陆海交接节点，日本着力开发扩建大连港，使之成为东北地区海上贸易特别是对日贸易的核心港口。伪满洲国成立前，大连港的国际自由港定位符合日本掠夺东北资源和倾销过剩产品的需要。伪满洲国成立之后，随着东北地区的东部、北部被纳入日本势力范围，大连港在东北贸易中的作用有增无减。伴随大连港的扩建和倾斜运费政策，东北地区海上贸易出现了畸形的兴盛与扩张。七七事变之后，在中国中部、南部港口运行不畅的情况下，大连港出现了约 2 年时间的虚假繁荣。随着伪满洲国和"关东州"对贸易统制和航运管制的收紧，东北地区的海上贸易由盛向衰，在 1939 年达到顶点后，进入下降通道，太平洋战争爆发后，东北地区海上贸易迅速萎缩。大连港的统制政策与东北地区海上贸易兴衰的互动变迁，并非基于东北地区经济发展演化的基础规律，而是日本为实现国内经济目标、满足对外国际政策和政治军事需要而采取的管制措施所产生的必然结果。

【关键词】 大连港　中国东北　海上贸易　伪满洲国

---

* 本文为国家社会科学基金一般项目（编号：17BZS071）的研究成果。

** 付丽颖，经济学博士，东北师范大学日本研究所副教授，吉林省伪满历史文化研究基地副教授，主要研究方向为国际金融、伪满经济史。孙汉杰，吉林工商学院旅游学院副教授，研究方向为产业经济学、伪满经济史。

19 世纪末 20 世纪初，正是资本主义世界殖民体系的最终形成阶段，以宗主国与殖民地之间的垂直分工体系为基础的世界市场基本形成，商品交易模式体现为两类国家间的工业品与原材料相交换的垂直贸易，国际货物运输主要通过海上交通方式进行。日本作为后发资本主义国家，在争夺海外殖民地的竞争中，意图首先将与之相邻的朝鲜半岛和中国东北地区纳入自己的势力范围，作为侵略中国整体以至亚洲大陆的基地。日本四面环海、资源能源匮乏，海上运输是其对外贸易的生命线。侵占辽东半岛后，大连港成为日本对东北地区物资掠夺的陆海交接节点，日本着力开发扩建大连港，使之成为东北地区海上贸易特别是对日贸易的核心港口。

一 日本对大连港统治概况

1904 年 2 月日俄战争爆发，5 月 28 日日军占领大连港，7 月日军在大连港设立停泊场司令部，负责管理大连港港口行政以及办理军需品转运业务①。1905 年日俄签订《朴次茅斯条约》，俄国擅自将旅顺、大连地区，长春至旅顺口之间的铁路及其附属地的全部权益和特权转让给日本②，由此日本开始了对大连地区持续 40 年的殖民统治。

日本非法获得旅大地区的租借权后，实行"大连中心主义"。即在沙俄规划的基础上扩建大连港，同时降低南满铁路运费，将原来从营口港、丹东港进出口的货物吸引至大连港，使得大连港迅速成长为东北第一大港和中国第二大港。大连港的兴盛带来了东北海上贸易特别是东北地区与日本贸易的扩张。太平洋战争爆发后，日本国内实行战时统制经济政策，伪满洲国也仿效日本实行战时经济统制，后期海上交通被封锁禁运，日本对东北地区出口额和从东北获取原材料的进口贸易迅速下降，东北地区的海上贸易走向衰落。

日本统治大连 40 年间，统治机构多次发生变化，对日本统治大连港进行明确的阶段划分比较困难。参照学界对日本统治旅大的机构变迁的总结，可将日本统治大连细分为六个时期：①1904 年 5 月至 1905 年 5 月，日俄战

---

① 郭铁桩、关捷主编《日本殖民统治大连四十年史》，社会科学文献出版社，2008，第 239 ~ 240 页。
② 「日本マイクロ写真」大藏省印刷局『官报』6691 号、1905 年 10 月 16 日。

争中日军在大连占领区设立大连（湾）军管署，对大连港实施军事管制；②1905 年 6 月至 1905 年 10 月是以"关东州"民政署代替军管署时期；③1905 年 11 月至 1906 年 8 月是"关东总督府"时期；④1906 年 9 月至 1919 年 4 月是"关东都督府"时期；⑤1919 年 4 月至 1934 年 12 月是"关东厅"时期；⑥1934 年 12 月至 1945 年 8 月是"关东州厅"时期。① 顾明义等将上述六个时期划分为军事占领（第一时期）、军政统治（第二、第三、第四时期）、民政统治（第五、第六时期）三个阶段。② 郭铁桩等在《日本殖民统治大连四十年史》中也采用同样的划分方式③。王玉涛、孙玉在《日本侵占旅大时期统治机构综述》中则划分为四个时期：军政统治时期（第一、第二、第三时期）、"关东都督府"时期、"关东厅"时期、"关东州厅"时期。董志正、武连峰等人采用相似的划分方式。④

本文参照上述划分方法结合各机构对大连港殖民统治权限的分合，将日本对大连港的统治划分为军政统治（1904 年 5 月至 1906 年 8 月）、多头统治（1906 年 9 月至 1932 年 7 月）、一元统治（1932 年 8 月至 1945 年 8 月）三个阶段。军政统治阶段与王玉涛、孙玉的划分一致，为对大连港进行军事管制、封闭设限阶段。多头统治阶段包括"三头政治""四头政治"两个时期。1907 年 4 月至 1919 年 4 月是"关东都督府"、驻奉天总领事馆和满铁对大连港实行"三头政治"统治时期；1919 年 5 月至 1932 年 7 月"关东都督府"废止后分设"关东厅"和关东军司令部，日本对大连港统治进入"四头政治"时期。1932 年 8 月关东军司令三权合一，开始对大连港实施一元统治。

从港口性质上看，1904 年 5 月至 1906 年 8 月，日本对大连港实施军事统治，大连港处于管制状态。1906 年 9 月至 1937 年 6 月，迫于欧美压力，日本将大连港开放为商业自由港，在管理上由军事管理转为军民共管。第一次世界大战期间，欧洲国家无暇顾及中国东北，日本趁机强化了对大连港的独占统治，把大连发展为东北地区的海上贸易中心。伪满洲国成立后日本对

---

① 顾明义、张德良、杨洪范等：《日本侵占旅大四十年史》，辽宁人民出版社，1991，第 68 ~ 77 页。

② 顾明义、张德良、杨洪范等：《日本侵占旅大四十年史》，第 68 页。

③ 郭铁桩、关捷主编《日本殖民统治大连四十年史》，第 60 ~ 61 页。

④ 郭铁桩、关捷主编《日本殖民统治大连四十年史》，第 61 页。

东北的统治扩大到东北全境，日本对东北贸易的垄断管制使得大连港的发展出现了畸形繁荣。1937 年七七事变之后日本逐渐对贸易及港口加强管制。为配合日本全面侵华战争和太平洋战争，日本统治下的大连乃至东北全境进入战时体制，1940 年日本正式宣布海运禁令，规定第三国船只禁止驶入大连港，大连自由港制度彻底破产，东北海上贸易迅速衰落。

二 "大连中心主义"港口统治

俄国在统治大连港时期将大连定位为自由港，日本占领后则对其实行军事统治，只准许日本商船直接进出港口，并且对日本货物免征进口税，对非日本商船入港采取限制措施。这些措施损害了以英美为首的西方各国的利益，遭到英美等国反对。英美等国多次抗议、交涉，日本不得不在 1906 年9 月 1 日起开放大连为完全自由港①。

在港口管理上，日本对大连港采取由奉天总领事馆、"关东都督府"和满铁构成的"三头政治"共管方式。1906 年 5 月，日本设立驻奉天总领事馆。1906 年 9 月 1 日，日本废除军政机构"关东总督府"，设立民政机构"关东都督府"，并且于 1907 年在"关东都督府"设置设"关东州"海务局，负责旅大地区的港口与船舶行政事务。1906 年 12 月，日本公然违背《会议东三省事宜正约》等规定，成立南满洲铁道株式会社（简称"满铁"），独占经营东北铁路及其附属地、抚顺烟台等地的煤炭开采贩卖等业务。在满铁运输部下设有港务课，负责港口经营业务。1919 年日本撤销"关东都督府"，改设"关东厅"，原"关东都督府"陆军部升格为关东军司令部，关东军正式命名。对大连港的管理则进入由关东军、奉天总领事馆、"关东厅"和满铁共同管理的"四头政治"时期。

"关东州"海务局的港口行政事务包括港务、海港检疫、测度检查其他海事等；船舶事务包括大连港的船舶出入、货物装卸、船客船员的登陆乘船等②。为此"关东都督府"制定了多项港口管理规定。如 1906 年 9 月制定《港

① 長永義正『経済都市大連』（東亜経済事情叢刊第 4 輯）、大連商業会議所、1939、57 - 58 頁。
② 南滿洲鐵道大連埠頭事務所『大連港』滿州日日新聞社、1913、14 頁。

湾船舶出入规则》、1907 年 7 月发布《关东州租借地暂行关税规则》、1907 年 11 月 29 日发布《关东海务局规程》、1907 年 12 月公布《大连港港则》和《关东州船舶检查规则》①。在《大连港港则》中划定大连港的具体范围和分区②。

为便于将东北地区的资源和产品从东北各地集中于铁路进而运输至港口，再通过海运运至日本，为把日本运至港口的工业产品迅速分散至东北各地，港湾经营成为港口与铁路运输一体化的一项重要业务。为此，满铁在运输部下设港务课负责港口建设和经营活动。港务课下设栈桥事务所。③ 1907 年 10 月，栈桥事务所改名为"埠头事务所"，此后随着满铁业务规模扩张和组织机构的变迁，埠头事务所先后由总务部、铁道部、铁道总局管理。埠头事务所对港口的管理事项也不断增加（见表 1）。

表 1　满铁对大连港的经营机构

时间	主管部门	机构设置
1907 年 4 月至 1908 年 12 月	运输部港务课	埠头事务所(1907 年 4 月成立大连栈桥事务所,10 月改称"埠头事务所") 筑港事务所
1914 年 5 月至 1918 年 1 月	总务部	埠头事务所:下设上海支所、青岛出张所、安东支所、营口支所 筑港事务所
1930 年 6 月至 1931 年 7 月	铁道部	埠头事务所:下设大连甘井子埠头驿,海运系、陆运系、营业系、庶务系
	工事部（工程部）	筑港课 筑港(大连第一工区)事务所:下设筑港课、建筑课、土木课、庶务课
1932～1934 年	铁道部	港湾课 埠头事务所:下设大连甘井子埠头、驿,驻港区(保线区),埠头(第一、第二、第三、寺儿沟),各系(庶务、出纳、监视、计划、输入、输出、仓库、车务、机械、船舶)
自 1936 年 11 月 1 日起	铁道总局	建设局筑港课

资料来源：笔者根据相关资料整理，参见郭铁桩、关捷主编《日本殖民统治大连四十年史》，社会科学文献出版社，2008，第 156～161 页。

---

① 郭铁桩、关捷主编《日本殖民统治大连四十年史》，第 12～15 页。
② 大藏省印刷局『官报』7333 号，1907 年 12 月 6 日。
③ 郭铁桩、关捷主编《日本殖民统治大连四十年史》，第 156～157 页。

　　大连港是东北地区唯一的天然不冻港，地理位置优越，陆上是"南满"铁路终点，海上与日本各港口距离比丹东港、营口港到日本港口要近，因此成为日本侵略东北进行贸易掠夺的第一门户。为提高大连港的吞吐能力，日本在俄国的大连港建设规划基础上进行修改和扩大。满铁成立时，大连港只修建了第二码头、甲码头和第一码头的一部分，港口吞吐能力无法满足日本经营东北、掠夺东北的需要，并且因日俄战争，港口设施大部分被毁。满铁接手大连港营运事务后，迅速开始对港口修整和扩建，具体包括改建码头、扩建防波堤、疏浚港口等工程。为此于 1907 年 4 月 26 日成立大连筑港事务所，归港务课管理。1908 年 1 月满铁出台《大连港筑港建设方案》，由筑港事务所专门负责港口扩建工程，并办理码头管理、船舶进出、船舶经营、货物装卸保管等事项。经过扩建，到 1923 年大连港已经可以同时停靠 1000 吨级船舶 10 艘、4000 ~ 6000 吨级船舶 6 艘、8000 ~ 10000 吨级船舶 10 艘、25000 吨级船舶 1 艘，合计 27 艘，总计 17 万吨的船舶①。随着港口规模的扩大，大连港的货物吞吐量也迅速增加。1908 年大连港货物吞吐量为 70.7 万吨，1918 年增加至 318 万吨，10 年增加 3.5 倍，1928 年进一步增加至 736.5 万吨，是 1908 年的 10 倍以上②。满铁在港湾投资上对大连港采取倾斜政策，至 1926 年满铁对大连港投资合计 4668 万余元，而对旅顺、营口和丹东的投资分别为 23.1 万元、156 万元和 70.4 万元，三港合计投资只占对大连港投资的 5%。③

　　因东北地区的传统贸易口岸营口港和丹东港并不在日本的统治之下，为排挤营口、丹东两港，将大连港扩张为东北地区的中心港口，满铁采取一系列措施来实现"大连中心主义"。清朝后期，东北地区的对外贸易主要是与关内的特产贸易，东北各地的产品以马车或河运方式运至港口再经由海运到达山东、江浙等沿海区域。营口港地处辽河入海口，拥有天然的地理优势，在开港后迅速发展为东北第一大港。1907 年，营口港贸易总额为 3279 万海关两，占东北三港贸易总额的 2/3；大连港贸易总额为 1409 万海关两，仅

<hr>

① 野中時雄『大连港背後地の研究』南満洲鉄道庶務部調査課、1923、7 頁。
② 長永義正『経済都市大连』、99 – 100 頁。
③ 『最近の関東州と満鉄付属地』、http：//dl.ndl.go.jp/info：ndljp/pid/988411/17？ viewMode =、2017 – 11 – 05、39 頁。

占三港贸易额的 1/4；丹东港的贸易额则不足三港合计的一成①。19 世纪后期，东北出口的主要商品是大豆、豆粕、豆油（合称"大豆三品"），经由营口港出口的大豆三品占东北输出额的 70% ~80%②。一方面，大连港距离日本较营口、丹东要近；另一方面，在营口港英美势力具有支配地位，日本为降低掠夺东北物产的整体运费，也为对抗营口港的英美势力，在侵占旅大地区后，采用海港特定运费政策大幅降低东北内陆与大连之间的铁路运输费用。例如，从内地与海港之间的距离看，大连距离沈阳 248 英里，营口距离沈阳 111 英里，二者相差 137 英里（相当于 220 公里），在同等陆上运费的情况下，意味着沈阳的货物运至大连的运费是运至营口的 2 倍多。为提高大连港的竞争力，满铁在 1909 年设定海港特定运费，规定大连和营口对东北内陆的货物运输实行同一价格。1911 年改建扩轨后的安奉线通车，海港特定运费同样适用于安奉线（沈阳到丹东距离为 171 英里）③。由于大连港与日本的距离更近，铁路的同等运费政策建立了大连港在日本与东北地区之间货物运输上的总体运费优势。原本应该通过营口港、丹东港进行的对日贸易部分转移到大连，使得大连贸易增长速度远高于营口、丹东两地。1911 年大连贸易总额就超过了营口，1916 年之后大连贸易总额占到三港的六成以上，丹东的比重约占二成，营口反而成为三港中对外贸易额最低的地区④。

在扩建港口、压低运费的同时，日本还积极拓展大连港与日本的航线。大阪商船株式会社是最具代表性的航运企业，其于 1905 年 1 月开通大阪—大连航线，4 月开通长崎—大连航线，1908 年上半年开通横滨—大连航线⑤。此后大连港口经营的航运公司和代理店逐年增多，大连与国内外众多港口之间开通了定期航线。到 1922 年有大阪商船株式会社、日本邮船株式会社、南满洲铁道株式会社、大连汽船合名会社、阿波国共同汽船株式会社、志岐组运输部等近 10 家公司开通运营大连至国内外港口的 10 余条定期

---

① 『最近の関東州と満鉄付属地』、http：//dl. ndl. go. jp/info：ndljp/pid/988411/17？viewMode =、2017 - 11 - 05、29 页。

② 许明：《近代营口港的开埠及历史变迁研究》，大连理工大学，2008，第 7 页。

③ 野中時雄『大連港背後地の研究』、73 页。

④ 『最近の関東州と満鉄付属地』、http：//dl. ndl. go. jp/info：ndljp/pid/988411/17？viewMode =、2017 - 11 - 05、29 页。

⑤ 大阪商船株式会社『沿革大要』大阪商船株式会社、1926、14 - 15 页。

航线①。大连港的船舶除有 16 家公司直接经营外，尚有 9 家代理店代理了 25 家公司的船舶营运。② 1925 年以大连港为始发港或者中继港的定期航线达到 37 条，当年到港汽船 3692 艘，运力达 855 万吨，汽船的平均吨位为 2315 吨③。1931 年大连港到港汽船 4173 艘，总载重 1183 万吨，汽船的平均吨位为 2836 吨，平均吨位的上升反映出到港汽船的大型化趋势，说明 1931 年较 1925 年有更多的大型船只到港。1931 年营口港的到港汽船只有 663 艘，合计载重 141 万吨，平均吨位为 2127 吨，营口港在汽船到港数量和船只吨位上都与大连港差异巨大。与汽船主要用于国际航线的运输不同，帆船在中国沿海贸易和江河运输中发挥巨大作用。营口港和丹东港在帆船航运上较大连港有优势，说明两港的运输更多地面向东北内陆和中国沿海地区的贸易。大连港汽船贸易的突出地位反映出大连港的贸易更多地面向国际。从三个港口的国别贸易结构也能看出对日贸易在大连港贸易中的重要地位。

表 2　1931 年东北海港到埠船舶数量

地区	汽船		帆船
	船只数（艘）	载重（千吨）	船只数（艘）
大连	4173	11836	483
旅顺	99	330	—
营口	663	1410	5105
丹东	—	—	1418

注：原文重量单位为日文汉字"噸"，在满铁统计中多表示英吨，约为 1016 千克。

资料来源：南満州鉄道株式会社総務部資料課『満鉄要覧』南満州鉄道、1933、114 頁。

三　东北海上贸易扩展

甲午战争使得日本拥有亚洲最强大的海军力量，通过日俄战争日本掌控了东亚海域的制海权，成为东亚海域的主宰者④。军事上夺取东亚制海权，

---

① 南満洲鐵道大連埠頭事務所『大連港』、7 – 10 頁。
② 南満洲鐵道大連埠頭事務所『大連港』、12 – 14 頁。
③ 『最近の関東州と満鉄付属地』、http://dl.ndl.go.jp/info：ndljp/pid/988411/17？viewMode =、2017 – 11 – 05、22 頁。
④ 陈鑫彬：《当代日本海权战略分析》，暨南大学，博士研究生学位论文，2009，第 16 ~ 17 页。

为日本海上运输和海洋贸易提供了安全保障，使得日本对中国东北地区的贸易规模迅速扩张，同时挤压了东北地区对英、俄、美等国的贸易。"大连中心主义"的港口统治政策使东北海上贸易进一步向大连港集中。

除港口条件、倾斜政策等原因外，降低劳动力价格，对大连劳工实行残酷剥削也是大连港得以成为东北海上贸易中心港口的一个原因。日本统治者通过提高劳动强度和压低工人工资两个方面降低大连港运转的劳动成本。从当时民间和官方的统计结果看，各工种中国工人的工资收入只有日本工人的30% ~50%[①]。

1907 年东北地区的进出口贸易额为 6840 万元[②]，经过 22 年的增长，到 1929 年达到 116260 万元，增加了 16 倍，年均增长率为 13.7%。此间，大连港的贸易额增长更为迅速，从 1907 年的 2320 万元增加到 7857 万元，增加了近 2.4 倍，年均增长率达到 17.4%。[③] 较东北地区其他港口更为快速的贸易增长使得大连港的贸易额占东北地区贸易额的比重由 33.9% 增至67.6%[④]。

表 3　1907 ~ 1931 年大连港及东北贸易额

单位：百万元，%

年份		1907	1910	1913	1916	1919	1922	1925	1928	1931
东北贸易额		68.4	265.3	349.4	403.5	684.5	711.5	849.5	1128.6	1080.9
大连港	出口额	6.0	49.5	69.8	85.4	201.4	239.7	285.1	407.2	440.8
	进口额	17.2	38.8	59.1	84.1	203.1	146.3	186.7	259.0	221.5
	总额	23.2	88.3	128.9	169.5	404.5	386.0	471.8	666.2	662.3
	占比	33.9	33.3	36.9	42.0	59.1	54.3	55.5	59.0	61.3

注："元"为伪满洲国币，1932 年以前的数据按照 1 海关两等于 1.56 元伪满洲国币进行换算。"占比"为大连港贸易额占东北贸易额的百分比。

资料来源：長永義正『經濟都市大連』（東亜経済事情叢刊第 4 辑）、大連商工会議所、1939、95 – 96 頁。

---

① 郭铁桩、关捷主编《日本殖民统治大连四十年史》，前言，第 12 ~15 页。
② 为便于比较，数据来源中已将 1932 年以前的数据按照 1 海关两等于 1.56 元伪满洲国币进行换算。
③ 長永義正『經濟都市大連』、95 – 96 頁。
④ 長永義正『經濟都市大連』、95 – 96 頁。

东北地区贸易增长最迅速的时期有两个。第一个时期是日俄战后的1907～1911年，东北贸易的年均增长率高达44.1%，大连港贸易的年均增长率更是达到了46.1%。第二个时期是第一次世界大战期间。1916～1919年，东北贸易的年均增长率为19.3%，大连港贸易的年均增长率为33.6%。

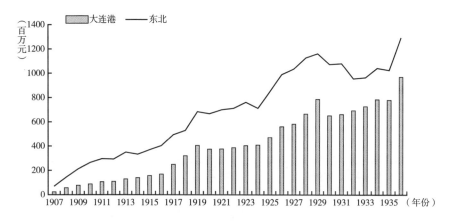

图1　1907～1936年大连港与东北进出口总额变动情况

资料来源：笔者根据相关资料整理绘制，参见長永義正『經濟都市大連』（東亜経済事情叢刊第4輯）、大連商工会議所、1939、95－96頁。

从大连港进出口总额看，除前述两个时期外，20世纪20年代后半期的贸易增长也非常迅速。大连港的对外贸易在伪满洲国成立之前一直处于出超状态，受日本国内经济危机以及全球性经济大危机影响，大连港和东北地区的贸易额在1929年达到峰值后出现下降趋势。无论是东北地区和大连港的进出口贸易总额，还是大连港的出口额，在1935年之前都没有恢复到1929年的水平。只有大连港的进口额在1931年触底之后迅速反弹，在1933年超过1929年的水平并继续增长，其中最主要的原因在于伪满洲国成立后，日本为走出危机加大了对东北地区的工业品特别是棉纺织品的出口。

从东北港口间的贸易额对比看，在大连港扩张的同时营口港迅速衰落，丹东港则始终维持在较低的水平上。1910年营口港的贸易额为5301万海关两，尚稍高于大连港的5094万海关两。1911年营口港的贸易额增至5808万海关两，而大连港则以更快的速度增至6206万海关两。及至1914年，大连港的贸易额扩大至7871万海关两，而营口港的贸易额只有3740万海关两，仅相当于大连港贸易规模的四成多。此间，丹东港的贸易额从900万海关

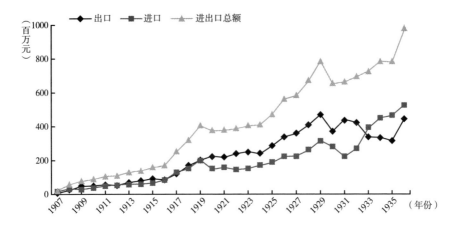

图 2　1907～1936 年大连港进出口变动情况

资料来源：笔者根据相关资料整理绘制，参见長永義正『經濟都市大連』（東亜経済事情叢刊第 4 辑）、大連商工会議所、1939、95～96 頁。

两逐步增加至 2000 万海关两，相当于从营口港贸易额的 1/6 追赶至 1/2。[①]

从进出口商品结构看。棉纺织品是东北地区主要的进口商品。20 世纪初，英国、印度、日本和中国关内地区是东北地区棉布棉纱进口的主要来源地，1907 年东北地区从日本进口棉布棉纱 4301 担，占从四地区进口总额的 7%。此后日本对东北地区棉布棉纱的出口规模以年均增长 1700 担的速度扩张，到 1914 年日本对东北地区棉布棉纱出口达到 122285 担，占东北从四地区进口总额的 72.2%。[②]

此外，大量的中转贸易也是大连港的一个特征。开港初期，转口贸易占大连港贸易总额的比重不足 10%。1907 年至 1911 年期间，洋货转口贸易发展迅速，转口贸易出口商品中有 60% 是洋货复出口，其中转往朝鲜、日本的占 90%。1911 年至 1920 年是大连港转口贸易迅速发展的时期，而在 20 世纪 20 年代中转贸易开始回落，复出口占进出口总额的比重跌落到 10% 以下。[③] 进入 20 世纪 30 年代，大连港的转口贸易在总进出口中的比重进一步下降，除 1937 年外都在 2% 以下（见表 4）。

---

① 小田関太郎『滿洲ニ於ケル棉布及棉糸』関東都督府民政部庶務課、1915、57 頁。

② 小田関太郎『滿洲ニ於ケル棉布及棉糸』、94 頁。

③ 吴松弟：《中国百年经济拼图：港口城市及其腹地与中国现代化》，山东画报出版社，2006，第 288～299 頁。

表4 1934～1938 年大连港的转口贸易

单位：吨，%

年份	转口出口贸易	占总输出比重	再输出货物	占总输出比重	联络中转出口货物	占总输出比重	联络中继出口业务	占总输出比重
1934	74862	1.08	7193	0.10	96026	1.38	114450	0.38
1935	81331	1.36	10333	0.17	89651	1.50	109485	0.37
1936	113399	1.93	22973	0.39	104859	1.79	143906	0.47
1937	126334	2.19	30294	0.52	91888	1.59	264885	0.80
1938	107760	1.90	35540	0.63	126247	2.22	249254	0.63

资料来源：大連商工会議所編『関東州経済図説』大連商工会議所、1939、71 頁。

四 伪满洲国成立后大连港的"一元化"运营

九一八事变后日本关东军在东北占领地区炮制脱离中国的"独立国家"，并于 1932 年 3 月 1 日宣布伪满洲国成立，3 月 9 日溥仪就任"满洲国执政"。1932 年 3 月 10 日，在板垣征四郎的胁迫下，溥仪在关东军起草的《溥仪与关东军司令官本庄繁的秘密换文》上签字。换文第二条为"敝国承认，贵国军队原为国防上所必要，将已修铁路、港湾、水路、航空等之管理并新路之布设，均委诸贵国所指定之机关"。① 1932 年 8 月 7 日日本关东军司令官本庄繁卸任前一天，与伪满洲国总理郑孝胥签订《关于满洲国政府的铁道、港湾、水路、航空路等的管理及线路的修建、管理协定》密约。至此，中国东北地区的港口、交通等一切权利均被拱手交到日本人手中。②

受日本陆军省（对应关东军司令部）、外务省（对应总领事馆）、内务省（对应"关东厅"）、拓务省（对应满铁）指导的"四头政治"，在对旅大地区统治的过程中相互竞争、矛盾重重。在九一八事变之后特别是伪满洲国成立之后，"四头政治"格局难以适应日本对东北的进一步殖民政策，无法在日本企图控制整个东北的计划中相互配合，因此日本着手统一东北地区

---

① 郭铁桩、关捷主编《日本殖民统治大连四十年史》，第 715 页。
② 郭铁桩、关捷主编《日本殖民统治大连四十年史》，第 715 页。

的统治机构，于是产生了以关东军司令部为主体的三位一体的统治制度。①
1932 年 7 月 26 日日本内阁决议《在满机关统一要纲》中规定关东军司令
官、关东长官和满洲派遣临时特命全权大使由一人担任，受日本外务大臣的
直接指挥监督②。1932 年 8 月 8 日，日本陆军大将武藤信义接任关东军司令
官，同时兼任驻伪满洲国特派全权大使和"关东局"长官，日本在东北地
区的三位一体的统治格局形成。③ 1934 年 9 月，日本内阁设置对满事务局，
对满事务局受内阁总理大臣管理，掌管以下四项事务：一是关东局相关事
务；二是对满行政事务；三是对满开拓的指导与奖励；四是对南满洲铁道株
式会社和满洲电信电话株式会社的业务进行监督。④ 原来分别受日本陆军、
外务、拓务三省指挥的"对满事务"统一到对满事务局。

1932 年 3 月 10 日，日本关东军司令官本庄繁与满铁总裁内田康哉签
订《关于铁道港湾河川之委托经营及新设等的协定》，关东军司令官将伪
满洲国的铁道、港湾、河川的经营与新设事业委托给满铁总裁，由满铁在
关东军的监督指挥下进行管理，同年 4 月 15 日日本在《关于满洲国铁道
港湾河川处理方针》的阁议决定中予以承认⑤。这样一来，满铁将对旅大
地区的港口统治扩大到东北地区的全部港口，再无强调"大连中心主义"
之必要。不过，由于大连港已经在东北地区的港口中占据了绝对优势地
位，伪满洲国的交通事业委托给满铁后，东北地区的交通事业全部划归给
满铁进行一元化经营，大连港在伪满洲国的贸易地位有升无降。

随着日本对东北地区资源掠夺的加强以及对铁路、军事设施和伪满国
都建设工程的不断扩大，各种货物运量剧增，大连港货物吞吐量也不断攀
升，为适应大连港运力增加的需要，满铁开始对大连港进行码头扩建工
程。九一八事变后，满铁对大连港的扩建项目主要是两个码头的修建：甘
井子工业码头和黑嘴子码头。其中甘井子工业码头包括满化码头和满石码

---

① 维真：《九一八后东北与日本》，"民国文存"第一辑，知识产权出版社，2016，第 18 ~
19 页。
② 『在满机关统一要纲』、国立公文书馆デジタルアーカイブ、昭和财政史资料第 3 号第 71 册
No. 17。
③ 郭铁桩、关捷主编《日本殖民统治大连四十年史》，第 716 页。
④ 『对满事务局官制ヲ定メ』、国立公文书馆アジア历史资料センター、文献番号：
A14100398200。
⑤ 『日本外交文书　满洲事变』（第 2 卷第 1 册）、外务省、1979、485 - 491 页。

头两个工业码头。满化码头是为满足满铁在甘井子建立的满洲化学工业株式会社的原料需要与产品外运而修建的。满石码头又称"甘井子石油栈桥"，是专为满洲石油株式会社装卸石油和石油产品而修建的，码头于1934年10月竣工。黑嘴子码头水位浅，原是中国渔民的帆船聚集地，20世纪20年代后期原港区面积渐显狭窄，尤其是卸货场短缺，因此在1928年出台的《大连港扩张预定计划》将其作为重点建设内容。整个工程分为5个部分，从1928年防波堤动工修建，到1942年黑嘴子渔港码头落成，前后持续了14年之久。①

经过多年的扩建，到20世纪30年代中期大连港的吞吐量已经超过日本本土的神户、横滨、大阪等港口（见表5）。

表5　1935～1937年大连港与日本主要港口货物吞吐量比较

单位：吨

年份	大连	神户	横滨	大阪
1935	8944057	6133403	7399688	6629284
1936	8912772	6646988	7771040	6988050
1937	9083311	6666004	8865435	7623306

资料来源：大連商工会議所編『関東州経済図説』大連商工会議所、1939、62頁。

五　伪满洲国成立后东北海上贸易的结构变动

如前所述，受日本经济危机和世界经济危机影响，东北地区对外贸易额在1929年后出现下降。从进出口结构看，贸易额的下降更多是出口方面，伪满洲国1931年的出口总额为7.39亿元，到1935年降至4.21亿元，减少了3.18亿元，同期进口总额则从3.42亿元增至6.04亿元，增加了2.62亿元，从而使得贸易收支由近4亿元的净出口转为1.83亿元的净进口。1935年之后出口贸易进入上升通道，1939年达到8.35亿元峰值；进口贸易以更快的速度增加，1939年达到18.16亿元，形成高达9.81亿元的贸易逆差。②

---

① 郭铁桩、关捷主编《日本殖民统治大连四十年史》，第873～876页。
② 山本有造「『満州国』をめぐる対外経済関係の展開——国際収支分析を中心として」山本有造編『「満州国」の研究』緑陰書房、2014、202頁。

从表 6 可以看到，显然，东北地区对日本的贸易依赖比伪满洲国成立之前更加严重，大连港对日本的贸易依存度高达 60.3%，而位列第二的中华民国的对伪满洲国和对大连港的贸易额只有对日本贸易额的 1/4 和 1/6。德国、美国、英国等主要贸易对象国只占伪满洲国和大连港对外贸易的 2%～6%。东北地区贸易向日本集中，既是日本对东北地区进行经济统治的结果，同时日本国内经济形势和贸易政策也会对东北贸易、经济造成非常大的影响。伪满洲国成立后，原来集中于东北南部地区的日本势力扩张至东北全境，东北的北部、东部地区纳入日本的贸易原料、制成品循环之中，东北北部、东部地区的农产品、原料、资源经由大连港运往日本，日本的棉纺织品也通过大连销往东北全境。这也解释了为何东北地区贸易下降时大连港占东北贸易的比重在上升。

表 6　1936 年伪满洲国和大连港总贸易额国家与地区比较

单位：百万元，%

国家与地区	日本	朝鲜	中华民国	苏联	香港	英属印度	荷属东印度	英吉利	法兰西	德国	荷兰	意大利	美国	其他	合计
伪满	744.8	75.9	176.3	1.8	13.7	29.9	8.3	34.9	5.6	63.4	7.7	2.0	40.1	90.3	1294.7
占比	57.5	5.9	13.6	0.1	1.1	2.3	0.6	2.7	0.4	4.9	0.6	0.2	3.1	7.0	100.0
大连	583.8	11.7	96.7	1.5	11.5	27.4	8.2	30.3	4.9	58.8	7.7	2.0	39.3	85.1	968.9
占比	60.3	1.2	10.0	0.2	1.2	2.8	0.8	3.1	0.5	6.1	0.8	0.2	4.0	8.8	100.0

资料来源：長永義正『經濟都市大連』（東亜経済事情叢刊第 4 輯）、大連商工会議所、1939、102－103 頁。

与贸易额相对照的是货物重量，1931 年至 1939 年大连港的货物进出口总重量波动不大，大约为 1000 万吨。其中出口货物总吨数稳中有降，进口货物总吨数持续上升。与相应年份的进出口额相比，可以看出大连港进出口货物单位重量的价值差异。表 8 是 1931 年至 1936 年大连港每吨货物的出口价格与进口价格的比较。可以看出，大连港平均每吨货物的出口价格从 1931 年的 68 元，降至 1933 年的 45 元。大连港平均每吨货物的进口价格则从 1931 年的 168 元攀升至 1936 年的 668 元。相同重量的货物，1936 年的进出口价格相差近 9 倍，反映出大连港进出口货物的种类差异。出口货物中煤炭等低价的资源能源性产品和以大豆三品为代表的农产品占有相当大的份额，进口货物中棉布棉纱等轻工业产品和高附加值的机械制品及零部件的比重比较大。

表7　1931~1939年大连港货物进出口量

单位：万吨

年份	1931	1932	1933	1934	1935	1936	1937	1938	1939
出口（a）	648	720.3	742.5	766	680.1	638.6	647.2	610.9	536.6
进口（b）	87.4	146.5	232.5	307.4	290.4	313.7	385.2	433.2	533.8
a/b	7.4	4.9	3.2	2.5	2.3	2.0	1.7	1.4	1.0

资料来源：郭铁桩、关捷主编《日本殖民统治大连四十年史》，社会科学文献出版社，2008，第877页，表21-9。

表8　1931~1936年大连港进出口货物单位重量的价格比较

单位：元/吨

年份	1931	1932	1933	1934	1935	1936
出口重量价格	68	59	45	44	46	69
进口重量价格	168	268	368	468	568	668

资料来源：笔者根据资料整理计算，参见山本有造「『満州国』をめぐる対外経済関係の展開——国際収支分析を中心として」山本有造編「「満州国」の研究」緑陰書房、2014、202頁；郭铁桩、关捷主编《日本殖民统治大连四十年史》，社会科学文献出版社，2008，第877页。

大连港作为自由港，成为中国东北地区、中国关内与日本和主要欧美国家之间过境贸易的中继港口。根据1938年的"关东州"贸易统计，"关东州"贸易总额为26.45亿元。其中，陆路进口4.24亿元，海路出口4.85亿元，海路进口9.41亿元，陆路出口7.95亿元，[①]　显然从东北地区陆路进口的数额与海路出口数额接近，从海路进口的商品大部分通过陆路运输至东北各地。从进出口商品看，经陆路进口到"关东州"最多的商品是大豆，达2.178亿元，而第二位的玉蜀黍只有1830万元，只占大豆的8.4%。"关东州"经海路出口的大豆三品的出口额为2.088亿元，其中大豆1.374亿元、豆粕5510万元、豆油1630万元。"关东州"地区油坊林立，把自东北内陆运来的大豆榨成豆油再出口成为当地的一项重要产业。经海路进口再由陆路出口的主要商品中，棉织品、丝织品、棉花、发动机发电机及零部件、汽车

---

①　関東局編「関東州総貿易」『関東州貿易統計　昭和13年』関東局、1940、描書図/卷頭。

及零部件、药材药品等商品具有非常高的重合度。① 东北地区与日本之间强烈的垂直贸易和垂直国际分工关系，大连港在其中发挥重要的中转作用。

六 战时管制措施与东北海上贸易衰落

1937 年日本发动全面侵华战争，日本为弥补侵华战争造成的军需品亏空，强行压缩消费资料生产，扩大战争物资生产，导致经济出现巨大矛盾。缓和这些矛盾的办法，就是通过攫取殖民统治地区的经济利益，来为日本战争消耗买单。② 1937 年之后，伪满洲国和"关东州"连续出台各种贸易、金融管制措施，东北地区的海上贸易走向衰落，大连港的自由港制度不断受到破坏，最终走向破产。

1937 年伪满洲国公布《贸易统制法》，该法规定重要物资的供求和价格可由政府制定。据此发布的敕令《基于贸易统制法的出口和进口限制文件》规定相关产品进出口需经过"经济部"大臣许可③。1939 年 4 月，"关东局"公布《关东州临时进出口许可规则》，规定 23 种物资的出口需经日本驻满特命全权大使许可。1940 年 4 月"关东局"公布《关东州进出口许可规则》，几乎所有商品的进出口都需经"关东州"长官的批准。成立关东州贸易实业组合联合会作为贸易统制机构，对下属 36 个贸易实业组合的进出口业务进行统一管理。④ 依据 1941 年 7 月出台的《关满贸易机构整备要纲》，满关贸易联合会于 1942 年 1 月成立。联合会下设满洲生活必需品株式会社、满洲主要日用品统治组合、满关杂货统制组合、满关食品统制组合、满关酒类统制组合、满关建筑资材统制组合、满关纸统制组合、满关汽车统制组合、满关毛丝毛织物统制组合、满铁生计组合、满洲百货店组合、"满洲国"消费组合等 10 余个贸易统制组织。⑤

在对一般贸易进行统制的基础上，日本统治者还通过对港湾的管制来控制东北地区海上贸易产品与流向。1938 年 10 月 14 日关东军在长春主导成

---

① 関東局編「関東州総貿易」、描書図/卷頭。
② 郭铁桩、关捷主编《日本殖民统治大连四十年史》，第 1005～1006 页。
③ 石黒武重『戦時経済と貿易国策』東亜政経社、1942、132 頁。
④ 郭铁桩、关捷主编《日本殖民统治大连四十年史》，第 1009 页。
⑤ 関東州経済会編『関東州経済年報』（昭和 19 年版）、関東州経済会、1945、35 頁。

立"满洲关系港湾整备委员会",为应对时局及军事上的要求、"产业开发五年计划"引发的进出口物资激增等问题,委员会提出《满洲关系港湾整备调整要领》。"要领"规定大连港是"满洲国特产品、煤炭、关东州工业品的海外出口港和转口贸易品向北、中支的出口港以及五年计划相关资材和其他一般物资的进口港"①。

此外,日本还直接对销往中国东北和"关东州"地区的贸易品进行管制。1939 年 9 月日本《对关满支出口调整令》(商工省 53 号令)对日本向东北地区出口商品进行限制,规定"商工大臣指定的产品非经商工大臣指定的商品统治机构,不得向关东州、伪满洲国、中华民国出口"②,并多次增加限制出口商品的范围。1940 年 9 月 25 日,日本敕令第 636 号公布《关东州船舶制造等统治令》对船舶的制造、修缮与使用进行限制。"统治令"规定大使有权限制船舶修缮范围、缩短修缮时间,有权指定航线和区域以及限制或禁止船舶航行,有权限制或禁止运送指定的人或物品。③

在日本国内的海运统制法令中,日本也对"关东州"地区的海运活动进行限制。七七事变后,日本为对相关海上运输进行调整,于 1937 年 9 月 9 日发布《临时船舶管理法》,该法规定日本政府对包括"关东州"地区在内的日本航运业者或船舶所有者在船舶买卖、航线设置、航行区域、船舶经营等事项上具有决定权。④ 1940 年 9 月 27 日,日本出台《海运统制国策要纲》对海运进行强制性统制,以促进海运企业组织的合理化和实施彻底的吨位扩张。1944 年 2 月日本废止《关东州船舶制造等统制令》,发布《关东州海运统制令》,在原统治令对船舶制造、修缮、配给和运输等方面的统制基础上,对海运相关业务中设备、设施的整备等进行全面的统制。《关东州海运统制令》比日本国内的《海运统制令》的要求更加严格,海运中介业、港湾运输业都是该统制令的管辖对象,统制令对海运企业的开始、废止、休止以及企业设施的让渡、贷放、新设、扩充等采取许可制。⑤

---

① 宋芳芳「『日满支ブロック』下の大連港」『現代社会文化研究』45 号、2009 年 7 月、109 頁。
② 商工経営研究会『戦時貿易統制令の解説』大同書院、1940、7 頁。
③ 「日本マイクロ写真」、866 頁。
④ 海運統制委員会編『海運統制令関係法:附・逐条要旨及改正要旨』日本海運集会所、1940、32 - 35 頁。
⑤ 関東州経済会編『関東州経済年報』、359 - 340 頁。

七七事变之后，大连港成为日本和中国大陆地区唯一的物资输送港，原本经由中国中部、南部港口运输的产品转移至大连港，大连港的进出口额激增。1938 年"关东州"总进口额为 13.6 亿元，其中八成以上是过境贸易，剩余在"关东州"内的两成中又有大部分经过加工后用于再出口，用于州内消费的部分只占总进口额的一成多。从进口来源地看，有 48% 是日本产品，31% 产自伪满洲国。从出口看，1938 年"关东州"出口总额为 12.7 亿元，其中对日本和伪满洲国出口占 85%。[①] 伪满洲国整体的对外贸易额在 1938 年、1939 年也迅速增加，其中进口增加尤甚，年均增长率近 50%。[②] 大连港的货物吞吐量在 1939 年达到 1070.4 万吨，但进入 20 世纪 40 年代后货运量迅速下滑，1942 年以后，日本从事战争运输的船舶大量被击沉，海上运力大为减弱，许多货物不得不转向陆路运输。到 1944 年时大连港的货物吞吐量仅剩 200 多万吨。至此，大连自由港制度宣告破产。

结　语

日俄战争之后至伪满洲国成立前，大连港的国际自由港定位符合日本掠夺东北资源和倾销过剩产品的需要。伪满洲国成立之后，随着东北地区的东部、北部被纳入日本势力范围，大连港在东北贸易中的作用有增无减。大连港的建设与运营都要满足这种不平等贸易的需要，为此日本对大连港的统治机构进行了数次的分工与整合，并对大连港进行多次扩建。伴随大连港的扩建和倾斜运费政策，东北地区海上贸易出现了畸形的兴盛与扩张。

七七事变之后，在中国中部、南部港口运行不畅的情况下，大连港出现了 2 年时间的虚假繁荣。随着伪满洲国和"关东州"对贸易统制和航运管制的收紧，东北地区的海上贸易由盛向衰，在 1939 年达到顶点后，进入下降通道，太平洋战争爆发后，东北地区海上贸易迅速萎缩。

大连港的统制政策与东北地区海上贸易兴衰的互动关系，都是在日本对

---

① 関東州経済会編『関東州経済年報』、202 – 203 頁。
② 山本有造「『満州国』をめぐる对外経済関係の展開——国際収支分析を中心として」、202 頁。

中国乃至东亚地区侵略扩张的基础上出现的，是日本为实现国内经济目标、满足对外国际政策和政治军事需要而采取的管制措施产生的必然结果。

The Japanese Domination in Dalian Port and the Vicissitude of Maritime Trade in Northeast China

Fu Liying   Sun Hanjie

Abstract   After the Russo-Japanese war, Japanese occupied the Liaodong Peninsula, and Dalian Ports become the boundary between marine transportation and land transportation of the goods which Japan plundered from Northeast China. Therefore, in order to make Dalian Ports the core port of maritime trade in Northeast China, Japan made great efforts to develop and expand Dalian Ports. Before the funding of the so-called "Manchukuo", that making Dalian Ports to be an international free port matches the Japan's needs of plundering of Northeast resources and dumping of its surplus products. As the eastern and northern parts of the Northeast China were incorporated into Japan's sphere of influence, Dalian Ports played an increasing role in the trade of Northeast China. With the expansion of Dalian Ports and the preferential freight policy, the maritime trade in Northeast China appeared abnormally extended . After the July 7 Incident of 1937, because of that the ports in central and southern China didn't running smoothly, Dalian Ports appeared two years of the illusion of a trade boom. As the puppet "Manchukuo" and "Guan dongzhou" tightened their control over trade and shipping, the maritime trade in the northeast went from boom to bust. When it peaked in 1939, it went down. After the outbreak of the Pacific war, the maritime trade in Northeast China contracted rapidly. The interaction between control policy in Dalian Ports and the rise and fall of the maritime trade in Northeast China, was not based on the basic law of economic development and evolution in Northeast China, but was the inevitable result of the control measures taken by Japan.

Keywords   Dalian Ports; Northeast China; Maritime Trade; "Manchukuo"

"满洲中央银行"的金融政策（1931~1936）

李海涛[*]

【内容提要】金融政策是中央银行实现其职能的核心所在。本文选取"满洲中央银行"在1931~1936年实施的主要金融政策作为研究对象，重点考察、评价各种金融政策出台的背景、内容、实施过程和效果等。从大量原始资料着手，以实证研究为主要方法，比较九一八事变前后东北金融业运行状况的变化，证明日本关东军通过"满洲中央银行"实施金融统治政策，控制了东北地区的金融主权，并使日本金融资本在东北地区的利益最大化。

【关键词】伪满洲国 "满洲中央银行" 金融政策

中央银行的宗旨是制定和执行金融政策、监督和管理金融业及金融市场、调控货币供应量，以确保经济长期、稳定的增长。金融政策是中央银行为实现其职能和特定的经济目标而采用的各种控制和调节货币供应量或信贷规模的方针和措施的总称。第二次世界大战前，西方各国金融政策的普遍目标是维持货币本位制、维持货币币值的稳定、维持物价稳定。这些目标对"满洲中央银行"的研究也是基本适用的。研究"满洲中央银行"金融政策，可以为全面揭露"满洲中央银行"在日本殖民统治中国东北过程中所处地位、作用和产生的恶果打下坚实的基础。

---

　* 李海涛，历史学博士，东北师范大学人文学院副教授。

一　九一八事变前的东北金融业状况

东北地区的金融业兴起并不晚，可追溯到清代道光年间。当时由于制钱缺乏，携带银两又不方便，于是东莱、永济等钱号于道光十年（1830）私自印发"虚票"代替制钱、银两在市面流通，用它不仅可以在钱铺兑换银两，还可以到一般商铺购买粮食，这种"虚票"主要在盖平、熊岳、岫岩等地流通。据《重修长安寺碑记》记载，道光二十一年（1841），重修盛京长安寺时，捐银160两的钱铺71家，捐银100两的钱铺6家，共计钱铺77家，捐银11960两。可见在道光年间沈阳附近已经有了一个比较繁荣的金融市场。① 随着东北城乡商品经济的发展，东北地区的钱铺、银号不断增多，这一方面促进了东北地区的经济发展，另一方面金融无序性的危害也逐渐显露出来。到20世纪初，地方当局才对这种状况深感忧虑，并着手进行金融整顿。但是东北政治局势动荡，地方政权更迭频繁，加之军阀整顿金融是为了敛财，使得这种努力收效甚微，反而使通货膨胀越来越重。20世纪20年代，新式银行不断兴起，以张作霖为首的东北地方当局对金融与财政做了比较有效的整顿，财政状况在一段时间内明显好转，并促进了地方经济的开发和文化教育事业的发展。然而张作霖随后大肆扩充军备，多次参加军阀混战，军费支出浩大，造成严重的财政危机、金融危机。直至张学良主政东北以后，情况才又有好转，东北的通货膨胀才得到了基本控制。

以下介绍九一八事变前东北主要银行的大概情况。

（一）发行货币的银行

1. 东三省官银号

原名"奉天官银号"，成立于1905年，为奉天将军所创。资本金沈平银30万两，设置目的有三：一是集中辽宁省的金融实力，二是统一辽宁省的纸币发行，三是管理辽宁省的省库②。宣统元年（1909），徐世昌作为东三省总督，计划统一奉、吉、黑三省的金融事业，将奉天官银号的资本金增

---

① 马尚斌：《奉系经济》，辽海出版社，2000，第197～200、239页。
② 当时东三省均有自己的财政系统，省财政的金库称为"省库"。

至 60 万两，更名为"东三省官银号"。该行分支机构达 88 处。官银号发行过的纸币，计有奉大洋汇兑券、银元票、铜元票、哈大洋券、现大洋兑换券、准备库券，共六种。东三省官银号经营的附属事业有东三省购运特产事务所、利达公司（贸易业）、公济栈（特产业）、公济当、纯益缫织公司，共计 28 处，均甚发达，官银号每年从这些附属事业中获得颇多盈利。①

2. 吉林永衡官银钱号

创设于 1898 年，初名"官帖局"，发行银元官帖以补助鼓铸银币的流通，同时代理省库。曾经发行五种纸币，分别为银元官帖、现钱官帖、大洋票、小洋票、哈大洋票。大洋票俗称"永之洋"，与奉大洋汇兑券性质相同，为吉林省官用本位币。小洋票又名"持帖"，与奉小洋票性质相同，官帖 10 吊兑小洋票 1 元。总号开设于吉林省城②西大街，分号 26 处，代理处有 50 处，多在吉林省。吉林永衡官银钱号对附属事业的经营非常积极。吉林、长春、哈尔滨及南满铁路各沿线城市均有永字联号经营，较大规模者有 40 余家。字号上均冠以"永衡"二字。吉林省城的永衡字号更是比比皆是，日本人称为"永衡王国"。事业种类有钱庄、油坊、粮栈、当铺、绸缎庄、杂货、各种工厂等，利润都很丰富。③

3. 黑龙江广信公司

1904 年创办，资本由官府出银 20 万两，商人出资 312300 两，为有限公司组织。于 1919 年合并 1908 年成立的黑龙江省官银号，翌年取消商股，改为纯粹官营，代理黑龙江省省库。发行纸币五种，分别是官帖、哈大洋券、江大洋券、小洋票、铜元票。广信公司总号设于齐齐哈尔，分号共有 32 处。广信对于附属事业的经营也很积极，有各种附属事业 20 余家，有油坊、火磨、粮栈、钱庄、当铺、金矿、煤矿、电灯厂、轮船公司等，均甚发达。④

其他还有边业银行、原黑龙江省官银号、东三省银行、奉天兴业银行、奉天公济平市钱号、中国银行东北分支、交通银行东北分支等金融机构，均在东北发行纸币。⑤

---

① 侯树彤编著《东三省金融概论》，太平洋国际学会印行，1931（民国 20 年），第 126 页。
② 现吉林市。
③ 侯树彤编著《东三省金融概论》，第 133 页。
④ 侯树彤编著《东三省金融概论》，第 138 页。
⑤ 参见《北洋时期全国金融机关一览》，《近代史资料》总第 68 号。

1929 年 5 月，经辽宁省政府批准，指定东三省官银号、边业银行、中国银行和交通银行共同议定联合发行准备库章程，并宣布成立辽宁省城"四行号"联合发行准备库，以银两为单位发行现大洋兑换券，办理各行号准备金的保管、兑换事务。该准备库有固定资本，所需经费由加入行领用的兑换券的多寡来分摊。开始发行时，以边业银行券加印联合发行准备库字样，发行 10 元券 1000 万元，发行 5 元券 500 万元，以后改为发行现大洋兑换券（又称"准备库券"），均由美国钞票公司印制。准备库业务完全独立，对其经营状况，各商会、各法人单位可随时检查。1929 年 12 月经各方面对准备库账面检查，称发行纸币合计 830 万元，其中现款准备金为 581 万元，保证准备金为 249 万元。

（二）普通银行

在东北，普通银行有奉天世合公银行、洮南大同银行、长春中华满蒙殖业银行、奉天储蓄总银行、奉天商业银行、殖边银行奉天分行、呼兰储蓄银行、滨江农产银行、通济储蓄银行、双城地方储蓄银行、昌图县农工银行、宁安县农工银行、奉天储蓄会、裕华殖业银行、长春农工银行、伊通商业银行、滨江农业银行、东边实业银行、奉天大同银行、奉天东北银行、长春信托货币交易所、奉天钱币交易所、辽宁汇华银行、奉天林业银行、奉天济东银行、辽宁民生银行等。

由于近代金融业的兴起，过去众多的钱庄、钱铺衰亡。东北近代金融业的发展，在 20 世纪 20 年代达到一个新高度。张作霖很重视金融业的建设和东北币制的统一，奉系官僚纷纷投资金融业，少则数万元，多则数百万元。这客观上有利于资本流动、工商业发展、产品流通，促进了经济的繁荣。同时有助于抗御日本及其他资本主义国家的金融势力，巩固地方政权。但是，随着直奉战争的升级，金融系统的有序运转受到了很大破坏。以东北流通最广的奉票为例，其刚发行时是可兑现纸币，但随着为了弥补军费而不断进行无准备金的发行，到 1925 年，奉大洋与现大洋的比价达到 199~239.7∶100，1927 年达到 5.8~11∶1，1928 年为 16.6~60∶1。

经济的高速发展依赖于通货及信用制度的充实与完备，通货制度不但是经济的根本也是对外信用的根源。以张学良为首的东北当局充分地意识到这一点，因此上述情况从 1928 年 7 月张学良主政以来有了很大改善。他采取的措施有如下几个方面。一是缩减军费开支。东北军除留下 30 万部队之外，约裁减 10 万人，每月可省军费 200 余万元。将耗资巨大的兵工厂经费缩减为 200 万元。二是减少政费开支。行政机关厉行节约，节约政费 480 余万元。三是大量出口换汇。大豆、粮食 4000 余万元，其他土特产 3000 余万元。四是整理税收。通过整理税收，使税收额有了较大幅度的增加。五是发行新币。成立辽宁省城"四行号"联合发行准备库，发行现大洋兑换券。现大洋兑换券共发行了 4000 万元左右。东三省官银号及"四行号"联合准备库发行现大洋兑换券信用颇著，流通区域逐渐由辽宁省城扩展到外地，甚至在关内也能流通，逐渐取代了奉票的地位。六是发行公债。公债不仅对经济起稳定作用，还对金融有调节作用，发行公债，可以与征税一样达到抑制通货膨胀的目的。1929 年在东北财经会议上，决定发行东三省整理金融公债，现洋 5000 万元。1929 年 9 月 18 日，辽宁省政府发行卷烟统税公债，现洋 2000 万元。为加速奉票的回收，规定可用奉票作公债，奉票 2 元可抵公债 1 元。

由于采取了以上措施，财政状况日趋好转，金融趋于稳定，东北经济开始稳步发展。据统计，1929 年东北地区总收入 83472622 元，总支出 69587820 元，盈余 13884802 元。

从以上史实可以看出，张学良在金融改革上是使用渐进的方式，建立具有现代特点的中央银行体制——辽宁省"四行号"联合发行准备库，以币值保持相对稳定的现洋兑换券取得主流货币地位，逐渐淘汰其他币种。这种方式把金融整顿对普通百姓及工商业者的不利影响降到最低，促进了东北的开发与经济建设。

（三）日本设置在中国东北的银行

1. 特殊银行

历史上，日本银行是最缺乏独立性的中央银行，其金融政策是为切实发挥国家经济总力量的国家政策。[①] 日本的朝鲜银行和横滨正金银行作为特殊株式会社接受日本银行的指示，在满铁控制区有货币发行权。1899 年横滨正金银行在营口开设支店，这是日本的银行进入东北的开始。1904 年 2 月

---

① 钱小安：《货币政策规则》，商务印书馆，2002，第 130 页。

因日俄宣战而撤退；同年 8 月，日军占领大连，于是在该地设驻在所；1905 年改为支店，以后相继在奉天、旅顺、辽阳、铁岭、开原、安东（丹东）、长春、哈尔滨等地增设支店，回收日俄战争时发行的军票。1906 年从日本政府那里取得银票发行权，1913 年取得金票发行权。

1909 年朝鲜银行在安东设支店，1911 年安奉铁路竣工后不久，该行纸币流通于安奉铁路全线，以后在奉天、大连、营口、开原、长春、哈尔滨等地开设支店。1917 年 12 月发布敕令，规定流通在南满铁路沿线的金票全归朝鲜银行发行，同时接管正金银行的国库业务。①

1917 年至 1930 年，朝鲜银行共发行纸币 1623537000 日元，其中 32.4% 计 526025988 日元在东北流通，折合 1930 年的准备库券 438124166 元；② 横滨正金银行 1907 年至 1930 年共发行纸币 92292000 日元，折合 1930 年的准备库券 76910000 元。③ 而到 1926 年东三省官银号发行的汇兑券总额共 2 亿余元。相比之下可以看出，九一八事变前朝鲜银行、横滨正金银行在东北金融市场已占有相当重要的地位。

2. 普通银行

日本在中国东北地区设立的第一家普通银行是 1906 年在营口创设的日中合办的正隆银行。至第一次世界大战爆发后，日本的普通银行在东北得到迅猛发展，包括长春实业银行、安东实业银行、振兴银行、大连商业银行、日华银行、吉林银行、协成银行、满洲殖产银行、哈尔滨银行、满洲银行、大连兴信银行等。④ 1918 年末达到 20 家，1920 年后略有减少，随后转入整理时期，1931 年稳定在 12 家。⑤ 此外，在东北的日本金融机构还有城市金融工会，分布于大连、沙河口、旅顺、营口、辽阳、铁岭、奉天、四平、公主岭、长春等 15 个城市，共有工会人员 2118 人，截至 1932 年 4 月末，共出资 665330 日元，共借款 730000 日元，存款 429656 日元，放款 1185757 日元；农村金融工会分布于大连屯、锦州、旅顺屯、普兰店等 5 个地区，共有会员 6190 人，截至 1932 年 4 月末，共出资 90160 日元，借款 305077 日

---

① 栃倉正一『満州中央銀行十年史』満州中央銀行、1942、17 頁。
② 荒木光太郎『貨幣制度概論』日本評論社、1933、612 頁。
③ 献可：《近百年来帝国主义在华银行发行纸币概况》，上海人民出版社，1958，第 118～119 页。
④ 栃倉正一『満州中央銀行十年史』、19 頁。
⑤ 栃倉正一『満州中央銀行十年史』、18 頁。

元，存款 544987 日元，放款 702363 日元。[1]

至 1931 年，东北地区仅有花旗银行、汇丰银行等 4 家欧美银行在哈尔滨设有分行，无论是业务范围还是业务量都无法与日资银行抗衡，根据朝鲜银行、横滨正金银行纸币发行量和日资普通银行的数目判断，此时日本金融资本已经完成了向东北地区的渗透，并有能力与关东军相配合攫取更大的利益。

二 "满洲中央银行"的金融政策（1931 ~ 1936）

（一）"满洲中央银行"的建立

1931 年 9 月 19 日关东军占领奉天城之后，当即派军队封锁城内的东三省官银号、边业银行、"四行号"联合发行准备库等金融机构，并对其内部进行严密的检查，直至 10 月上旬方结束。在南满洲铁道株式会社、朝鲜银行及横滨正金银行的帮助下，关东军拟就各行号重新开业方案。[2] 关东军司令官本庄繁给予奉天省长臧式毅关于东三省官银号复业申请的批复[3]，包括以下要点：第一，东三省官银号在办理业务的时候，要保证日本军的利益，为恢复和确保公共秩序和安定生活，必须恪尽一切职责，妥善处理；第二，日本军为监督前述项目的实现，应派遣监理官数名，上述监理官由东三省官银号从日本方面招聘顾问充任，并且日军不受前项约束，可随时派遣官吏检查东三省官银号和边业银行的业务；第三，日军认为有必要时，可随时停止东三省官银号全部或部分业务，奉天省政府拟就派到东三省官银号的业务负责人候补名单后，须经日本军的批准；第四，东三省官银号不得与对日本军有敌对行为者或可能发生敌对行为者进行交易；第五，奉天省政府对东三省官银号的业务负责人下达指示时，须事先得到日本军批准。

关东军制定的东三省官银号、边业银行管理办法包括以下几个主要方面。第一，在"新政权"成立之前和东三省官银号交出之前，地方维持委

---

① 栃倉正一『満州中央銀行十年史』、20 頁。
② 南満州鉄道株式会社『満州通貨金融方策』満州鉄道、1936、12 頁。
③ 安藤彦太郎『満鉄——日本帝国主義と中国』御茶の水書房、1965、186 頁。

员会委托业务负责人行使权力；第二，现行的东三省官银号章程只要与前条所定宗旨无抵触者可沿用；第三，过去的公款存款均予冻结不再支付，今后新受理之公款存款，一律新开立账户；第四，私人存款的支付按如下规定：支付现大洋不满 5000 元者付给全额，支付 5000 元以上不满 10000 元者，支付最高 6000 元，支付万元以上者除了最高限额 6000 元有效以外，每增加 10000 元加付 1000 元，但同业者不在此限；第五，存款支付，限每人每周一次，新收存款可自由支取；第六，除实在必要者，均不放款，办理放款必须承总负责人批准；第七，严格汇兑管理，严格纸币发行；第八，城内仅设兑换所一处，以每人每天兑现大洋 50 元为限，禁止携带百元以上现大洋出省。[①] 从以上规定可以看出，在银行重新开业初期要求支付存款的个人蒙受了重大损失。

关东军下令确定《监理委员规程》。内容包括：第一，东三省官银号、边业银行支行及吉林永衡官银号设监理委员和副监理委员，由"满洲中央银行"创立委员长管辖之；第二，至"满洲中央银行"开始营业时止，监理各行号的一般业务及财产；第三，严控贷款和交易，监理委员须批阅重要往来文件，检阅每日报表及账目，注意每日现金出纳。军部委派监理官总管首藤正寿，满铁、朝鲜银行、横滨正金银行等机构派入下属监理官，分别负责银号事务、附属事业，发行、出纳、存款，汇兑放款等业务。[②] 任命监理委员、副监理委员共 18 人，分别派往各官银号，他们成为各行号的实际最高长官。局势的动荡必然造成金融的动荡，关东军为了保证时局稳定，在各行号开业前做了充分的准备工作，以牺牲储户的利益为代价，保证金融的平稳运行，同时严格监督各行号的各项业务活动。

1931 年 9 月 21 日夜，关东军第二师团主力抵达吉林，立即派兵驻扎主要银行，命令第二师团经理部长检查东三省官银号支号、边业银行支行及各行号保有的通货和账册。[③] 日军于 1931 年 11 月占领齐齐哈尔城之后，于是月 19 日封闭了广信公司。[④]

1931 年 12 月 11 日，经关东军参谋会决定，废除参谋部第三课，新设

---

① 南满州铁道株式会社『满州通货金融方策』、6 页。
② 南满州铁道株式会社『满州通货金融方策』、163 页。
③ 押川一郎『满州国通货金融制度统一略史』经济调查会、1935、6 页。
④ 押川一郎『满州国通货金融制度统一略史』、8 页。

统治部。启用财政顾问驹井德三[①]为该部部长，将原第三课管辖的经济、行政任务全盘接管过来。12 月 16 日统治部成立，五十岚保司[②]任财务课课长。统治部成立伊始，设计成立"满洲中央银行"和制定伪满洲国货币制度就成为其首要任务。1932 年 1 月 15 日到 20 日，在统治部主持下，于奉天大和旅馆召开币制及金融咨询会议，听取有关专家、学者、实业家等 10 多人的意见以便将来实施币制改革。1 月 27 日首藤正寿将他起草的《关于满洲币制问题的意见书》呈本庄繁司令官，并将抄件送日本大藏省大臣高桥是清和日本朝野金融业者、学者及满铁主要领导人。之后五十岚保司等制定了《满洲通货金融改革案》。[③]

1932 年 3 月初，关东军统治部财务课课长五十岚保司，被委托办理"满洲中央银行"筹建的一切事务。后来伪满洲国国务院总务厅厅长驹井德三又授权满铁参事内德三郎，朝鲜银行的酒井辉马、富田规矩治，横滨正金银行的川上市松，满铁的安盛松之助、船上喜三等 7 人参加编制"满洲中央银行"筹建工作纲要，货币法草案，"满洲中央银行"关系法规、职制、人事配备等。以上 7 人除安盛松之助外皆为关东军派驻各官银号的监理委员。[④] 3 月 15 日，在长春城内被服厂召开了"满洲中央银行"创建准备会。会上由驹井德三宣布设立"满洲中央银行"，将东三省官银号、边业银行、黑龙江省官银号[⑤]、吉林永衡官银钱号（以下简称"东三省四行号"）并入"满洲中央银行"，并内定了创建委员长和创建委员。创建委员长是五十岚保司，创建委员共 10 人。此次会议共开 3 天，就《货币法》《满洲中央银行法》《满洲中央银行组织办法》《旧货币清理办法》等全部达成协议。创建事务所设于吉林永衡官银钱号长春分号。"满洲中央银行"创立委员会成立后，第一件事就是办理在奉天的辽宁省城"四行号"联合发行准备库并入"满洲中央银行"的手续。1932 年 5 月 14 日，辽宁省城"四行号"联合发行准备库被并入东三省官银号。第二件事是发布《边业银行股份管理办

---

① 后任伪满洲国国务院总务厅厅长。

② 五十岚保司 1890 年出生于日本群马县。1912 年于东京一桥高等商业学校会计科毕业，同年入满铁地方部地方课工作。1922 年去美国，1924 年回满铁，升任商工课课长。1927 年任满铁经济调查会委员，1931 年退职，1932 年 6 月任"满洲中央银行"首届理事。

③ 南满州鉄道株式会社『満州通貨金融方策』、163 頁。

④ 栃倉正一『満州中央銀行十年史』、21 頁。

⑤ 实际上是黑龙江广信公司。

法》，事实上将边业银行主要股份收归伪满洲国政府。[①]

1932 年 6 月 11 日，伪满洲国国务院会议通过并公布了《货币法》《满洲中央银行法》《满洲中央银行组织办法》《旧货币清理办法》。1932 年 6 月 15 日伪满洲国国务院会议任命了"满洲中央银行"的主要领导人。总裁由原吉林省财政厅厅长荣厚担任，副总裁是山成乔六，理事 6 人，中日各半，监事 1 人。

（二）"满洲中央银行"继承财产的核查

由于"满洲中央银行"从策划到建立仅仅用了半年时间，"东三省四行号"的资产负债内容无法查清，在开业时只是被原封不动地继承下来，按照《满洲中央银行组织办法》的规定留作以后处理。1933 年 2 月 22 日组成了"满洲中央银行"继承资产审查委员会。该会以"国务总理"郑孝胥为会长，"财政部总长"熙洽为副会长。经审议，核定亏损额 3300 万元。同年 4 月 26 日伪满洲国政府在公布《满洲中央银行继承亏损补偿公债条例》的同时，以同额补偿公债交给"满洲中央银行"。[②] 据关东厅警务局致日本外务省的密电，山成乔六和五十岚保司谈到"满洲中央银行"财产状况时说："合并到满洲中央银行的四行号过去发行的纸币换算成满洲国币约 1.4 亿元。但满洲中央银行之准备金有 8000 万元，再加上其他可变换产权 6000 余万元，总的来说基础牢固。"[③]

从借贷平衡表中看不到"满洲中央银行"继承资产审查委员会核定的亏损额 3300 万元的相关证据，猜测应为坏账计提的估计数字。但是九一八事变前"东三省四行号"均有自己的附属事业，是东北最有实力的官营金融、实业联合企业，即使在张作霖主政的后期，通货膨胀严重，政府赤字巨大，实际上他们仍能靠本身在金融领域的垄断地位获取可观的利润。伪满洲国政府通过发行补偿公债，使"满洲中央银行"成为政府的债务人。虽然"满洲中央银行"资本金应缴"满洲国币"3000 万元，全额政府出资，但是通过以上运作，事实上冲抵了应缴纳的资本金。另外，1935 年颁布的

---

① 栃仓正一『満州中央銀行十年史』、66 頁。

② 参见满鉄産業部『満州国通貨金融の政府資料について』。

③ 参见《1932 年 8 月 24 日关东厅警务局致日本外务省的密电》，北京图书馆，日本《外务省档案》。

《满洲中央银行补偿继承亏损公债发行规程》规定："本公债为八年期五分利，到期偿还全部或一部分，本公债根据抽签方式分期偿还。"[1] 这些苛刻复杂的规定事实上把这一负担最终转嫁到民间。

（三）第一次币制统一政策

随着"满洲中央银行"的正式成立，可以说伪满洲国的金融体系已经完全处于关东军的掌握之下，正逐渐成为日本按本国利益控制东北经济的工具。按照早已谋划好的建设新金融体制的需要，整顿金融秩序，统一货币成了"满洲中央银行"最重要的任务。从 1932 年 7 月开始，"满洲中央银行"对东三省旧有流通货币进行了强制性的清理，到 1935 年 8 月末，基本实现了以银为本位的货币统一，此为第一次币制统一。

1. 十五种主要旧货币的回收

兑换比率是统一货币过程的关键点，适当的比率会减少货币合并引起的通货膨胀和部分企业竞争力的下降，不适当的比率会引起社会经济的混乱。[2] 根据"满洲中央银行"创建时的策划，伪满洲国政府发布了《旧货币清理办法》,[3] 其主要内容是：第一，过去流通的铸币及纸币，除本办法列举的 15 种旧官银号发行的货币按本办法处理外，其他私帖、私银一律停止流通；第二，适用本办法的旧货币在本办法实施后两年内，以一定兑换率同"满洲国币"[4] 有同等效力，期满后即行作废；第三，在新币印制出来之前[5] 以东三省官银号兑换券、边业银行兑换券加盖印章代替新币兑换；第四，中国银行、交通银行发行的哈大洋票在五年内准予流通。

可兑换旧货币及新币与旧币兑换率如下[6]：东三省官银号兑换券 1:1，边业银行兑换券 1:1，辽宁省城"四行号"联合发行准备库兑换券 1:1，东三省官银号汇兑券 1:50，公济平市钱号铜元票 1:60，东三省官银号哈尔滨大洋票（有监理官印）1:1.25，吉林永衡官银钱号哈尔滨大洋票（有监理

---

[1] 满州中央银行调查部『满州国金融关系法规集』1938、350 页。
[2] 李昌英：《论货币统一理论与实践》，中国海洋大学出版社，2005，第 115 页。
[3] 伪满洲国政府令第 38 号，大同元年六月二十七日（1932 年 6 月 27 日）。
[4] "满洲国币"初简称"新币"，后简称"国币"。
[5] 新币由日本内阁印刷局承印。
[6] 满州中央银行调查部『满州国金融关系法规集』、7 页。

官印）1∶1.25，黑龙江省官银号哈尔滨大洋票（有监理官印）1∶1.25，边业银行哈尔滨大洋票（有监理官印）1∶1.25，吉林永衡官银钱号的官帖1∶500吊，吉林永衡官银钱号的小洋票1∶50，吉林永衡官银钱号的大洋票1∶1.3，黑龙江省官银号的官帖1∶1680吊，黑龙江省官银号的四厘债券1∶14，黑龙江省官银号的大洋票1∶1.4。

通过兑换率比较，可以清楚地发现新币兑换率的不合理性。第一，新币虽有充足的准备金，但是制度设计上是不可兑换货币，无法随时变换成硬通货，它与准备库兑换券等可兑换货币等价，显然是不合理的；第二，以广信公司丢失发行纸币用的印鉴为由对哈尔滨大洋票实行新老划断，没有监理官印的不予兑换，显然使持有无监理官印哈大洋票者蒙受巨大损失。

由于兑换比率的不合理，各地均有抵制货币兑换的事情发生。为稳定新币币值，保证币制统一的顺利进行，伪满洲国财政部不得不于1933年1月18日发布《财政部关于统一货币稳定币值问题的布告》，布告称近来各大城镇使用"国币"者日多。但是拘泥于旧习，仍以旧币交易者仍属不少。甚至某些钱庄趁新旧币兑换之际，违反法定兑换率，擅自抬压兑价，使一般商人借口币值波动肆意涨跌物价，进而有损市民。故此布告，今后如有违反法定兑换率，故意抬压币值者，即以紊乱金融，扰乱社会秩序论处。[①] 即使采取了强制性措施，到《旧货币清理办法》规定的兑换截止日1934年7月1日尚有1000余万元未收回。为了保障货币统一的效果，财政部发布布告，把兑换期间再延缓一年。到结束日，即1935年7月1日终于完成了97.1%的收回率，之后又延长了两个月的兑换期，到8月末旧币清理工作结束时，达到了97.2%的收回率。[②]

2. 私帖及其他类似纸币的证券清理

为了清理私帖等非官方发行的民间信用凭证，"满洲中央银行"制定了相应的管理方法，1932年7月5日以财政部的名义发布《关于私帖及其他类似纸币的证券暂行管理办法》，规定过去流通的私帖及其他类似纸币的证券，发行时获得地方政府承认，在本办法实行后又经政府批准的应以现有流

---

① 伪满洲国政府：《财政部关于统一货币稳定币值问题的布告》，伪大同二年一月十八日（1933年1月18日）。

② 枥仓正一『満州中央銀行十年史』、96頁。

通为限度，限在本办法实行后一年内流通；欲取得政府批准，必须详细报告所发证券的金额、数量、种类、流通领域、保证准备金情况、回收方法以及所需时间等；其他种类的私发证券一律禁止流通；违反上述规定发行或者收授此类证券的处以 1 万元以下罚款并没收所用证券。本办法特别规定发行者的回收资金由"满洲中央银行"贷款解决；政府根据具体情况提供不同的资助，最高金额不超过本金的一半加上利息；回收的最后期限是 1934 年 2 月末；私帖与"国币"的兑换率应根据近期流通价格，由省长据实报"财政部"总长核定；逾期不能回收者给予处罚方法。[1]

3. 营口过炉银、安东镇平银的清理

在 1932 年以前的 70 多年中，营口地区一直流通过炉银。由于民间的信赖，过炉银在流通中起着举足轻重的作用。营口地区是东北的海上门户，清代中后期就成为东北最大的港口，海上贸易十分发达。第二次鸦片战争后成为北方开埠的三个港口之一。随着列强瓜分东北的进程，商业贸易又有了迅速的发展。日本人早就想垄断这里的金融市场，但是一直没有得逞。1932年虽然发布了《关于私帖及其他类似纸币的证券暂行管理办法》，但是由于其苛刻的回收条件以及民间、工商业者、金融业者的抵制，到 1933 年 11 月时，绝大部分过炉银仍然在流通。为此 1933 年 11 月 3 日伪财政部发布了《关于营口过炉银的清理方案》。本方案措辞严厉，但又软硬兼施。既指出对于拘泥旧习，胆敢反对"政府"方针，制造流言蜚语者严惩不贷，又宣布成立由"满洲中央银行"支持的普通银行负责按"财政部"公定价格换算成"国币"价格来清理过炉银的债权债务，吸收过炉银。11 月 4 日"满洲中央银行"设立营口商业银行筹备处，11 月 7 日组织过炉银整理委员会，开始整理，于 1934 年 1 月末完成清理工作。[2]

安东位于鸭绿江入海口，与朝鲜隔江相望，[3] 流通于安东地区的镇平银，情况与过炉银差不多，只是"满洲中央银行"的手插到这里，时间上还要晚。虽然根据《关于私帖及其他类似纸币的证券暂行管理办法》命令

---

[1] 伪满洲国财政部：《关于私帖及其他类似纸币的证券暂行管理办法》，伪大同元年七月五日（1932 年 7 月 5 日）。

[2] 东北物资调节委员会研究组编《东北经济小丛书：金融篇》，京华印书局，1948（民国 37 年），第 137 ~ 139 页。

[3] 今辽宁省丹东市。

镇平银禁止流通，并记录在案，但是直到 1934 年 4 月安东金融市场仍然是镇平银的天下。

4. 关于中国银行、交通银行哈大洋票的清理

黑龙江省商业、金融的各项交易，都采用哈大洋为本位。伪满洲国政府由 1932 年 7 月起准许中国银行哈大洋票发行额为 450 万元，交通银行哈大洋票发行额为 950 万元。规定五年后完全收回，每年需收回发行额的 1/5。收回时所用兑换率为新币 1 元换哈大洋票 1 元 2 角 5 分。两行原则上须以自力收回。为加速这一过程，"满洲中央银行"可代收并转索代收所付之新币或现大洋。在边远地区，"满洲中央银行"可贷款（无息、八年期）给中、交两行作为回收之用。这样，至流通期限满（1937 年 6 月底），两行的哈大洋票几乎全部收回。中国银行的收回率为 96%，交通银行的收回率为 97%（包括有、无监理官印两种）。"满洲中央银行"对收回两行的哈大洋票政策如此宽松，原因有二：第一，为了利用中、交两行在东北的卓著信用，不愿意让两行关门；第二，中、交两行向辽宁省城"四行号"联合发行准备库缴纳的现大洋准备金，以及通过边业银行向张作霖、张学良所创办企业的投资额远远超过两行所发行的哈大洋票，而这些金融资产都被"满洲中央银行"无偿合并了。

1935 年 5 月 30 日，伪满洲国财政部发布《关于取缔现大洋流通的布告》，对此前实行的现大洋原则上禁止流通的宽松政策进行了改变，对以现大洋为本位的存款、契约严厉取缔，绝不宽贷；已经订立的契约、债权、债务关系均以"国币"（按 1：1）结算。[①] 这又是典型的强制性金融管理措施，对与关内有联系的贸易企业打击很大。因为"国币"不能直接与上海规元兑换，经正金钞票间接联系汇率是 100：95.7，[②] 损失汇水达到 4.3%，与此同时横滨正金银行却可以赚取大量手续费。

5. 关于日本金票、钞票的清理

关东军对于日本金票、钞票的清理完全采用协商的方法，相关政策的基准是保证日系金融资本的利益最大化，无论是"满洲中央银行"整理旧货币初期还是后期都是如此。

---

① 参见《满洲中央银行行报》第 71 号，伪康德二年（1935）。
② 东北物资调节委员会研究组编《东北经济小丛书：金融篇》，第 140 页。

（四）"满洲中央银行"的利率政策

"满洲中央银行"在进行货币统一之时，为了保持币值稳定，采用低利率政策。九一八事变之前，东北各地普遍通行高利贷，且各省之间差别很大。主要原因是币值变动较大，放款者为弥补因通货膨胀造成的损失，故索要高利。黑龙江省官银号存款利率为15%，放款利率甚至高达21%。[①] 1932年9月1日，"满洲中央银行"发布第一次减息布告，一年期存款利率为7.2%。1933年7月、1934年5月又两次降息，一年期存款利率分别为6.0%、5.0%。1935年，由于银价变动，一年期存款利率提高到6%。1936年1月，一年期存款利率又降回到5%。1936年4月，适值日本银行间低利率，"满洲中央银行"第五次降息，一年期存款利率降到4.7%。[②] 低利率的主要作用是保持了币值的稳定，刺激投资和消费。

（五）第二次币制统一政策

虽然"满洲中央银行"用"国币"统一了东北原有货币，但"国币"是以银为本位，对于以金为本位的日本资本家存在着金银比价变动带来的风险，对日本的商品输出和垄断资本的投资都很不方便。1934年7月以后，美国采取了提高白银价格的政策，世界银价暴涨，破坏了银与物价的正常关系，"国币"价值随之大幅升高，带来了农产品等基础产品价格的降落，伪满洲国的物价体系发生了动摇。国民党政府又于1935年进行了法币改革，采取了与英镑联系的政策，这样使得通过正金银行钞票与上海规元相联系的"满洲国币"失去了联系的基础。在这种情况下，"满洲中央银行"主动采取买卖正金钞票及朝鲜银行金票的调节汇价的金融手段，使"满洲国币"与日元的比价接近，1935年9月使"满洲国币"与日元的比价达到了1:1。1935年11月4日，伪满洲国政府与日本政府分别发表声明，表示要在适当时机对日本银行券与"国币"实行统一，加倍努力使"满洲国币"与日元的比价固定在等价的联系上。这样一来"满洲国币"就变成了金本位制的货币。

---

① 东北物资调节委员会研究组编《东北经济小丛书：金融篇》，第143页。
② 东北物资调节委员会研究组编《东北经济小丛书：金融篇》，第144页。

日本金票、钞票在完成搭建"国币"汇兑平台的"使命"后，在"满洲中央银行"承诺输送融资、融券、准备金存款等多项固定金融利益作为补偿后，被日本政府召回。至此"满洲国币"实现了作为东北范围内的"法币"地位。

三 "满洲中央银行"的金融政策性质

与关东军接管东北官银号以及"满洲中央银行"的筹备过程相比，"满洲中央银行"的人事安排、组织架构、职能确定等事项更多的是从伪政府法律层面上予以规定，把强制性的命令通过"合法"的程序实施，因而也就有一定的欺骗性。然而，关东军控制着伪满洲国国务院会议，"满洲中央银行"的真正领导人就是关东军。

关东军不但在决策层面控制着"满洲中央银行"，而且在具体操作层面上也实行严密的控制。总行的课长、部长握有实权，在这些职位的人员配备上几乎都是正金银行、朝鲜银行和满铁派出人员。凡大中城市和边境地区分支机构的经理，几乎全由日本人担任。另外，根据《满洲中央银行监理官章程》，伪政府财政部于"满洲中央银行"置监理官，监理业务十分广泛，包括随时莅临各总行、分支行监察各种业务，检查金库、账簿、函件；监督货币制造发行；列席董事会、监事会、股东会等重要会议；及时向"财政部"反映监察意见等。以后"总务厅"又任命了特别监事，常驻银行。[①] 监理官和特别监事制度以及中层管理人员的人事安排方式使"满洲中央银行"的日常业务完全处于日本人的监视与掌控之中。

《满洲中央银行法》规定"满洲中央银行"以调节"国内"通货流通，保持其稳定，统治金融为目的；按《货币法》的规定制造货币，发行货币；[②] 实行全额准备金制度，保有三成的正货准备金（生金银，国际通货）、七成可靠票据准备金；资本金"满洲国币"3000万元，全额"政府"出资；该行总裁、副总裁、理事、监事由"政府"任命（无罢免权）。为了标

---

① 参见"满洲中央银行"总行文书课编《执务便览》，伪康德三年（1936）。
② "满洲国币"以纯银23.91公分为价格单位，称作"元"，十进制，分纸币（百元、十元、五元、一元、五角），白铜硬币（一角、五分），青铜硬币（一分、五厘）。

榜它的独立性，特别在高级管理人员的任免问题上加上了"政府"没有罢免权的规定。《满洲中央银行法》还规定该行主要业务包括：买卖生金银、国际通货，吸收存款，有可靠担保的放贷，票据买入，托收，汇兑，贵重品的保管、代办国库，等等。[①] 从以上法律条文可以确认"满洲中央银行"是伪满洲国的"中央银行"，担负着发行货币、管理金融业、代理国库的职能；它又是国策特殊金融公司，有一般银行的常规业务，自负盈亏。

以上规定使"满洲中央银行"具有了得天独厚的垄断优势，并使其能逐渐加强在金融领域的控制力度，排挤、压缩其他私营银行业务，从而使整个东北金融业几乎完全掌握在关东军手中。垄断地位带来了超额垄断利润。根据"满洲中央银行"决算表统计，1932 年半年的利润就达到了 362808 元，1933 年达到 1292278 元，1934 年达到 1630795 元，1935 年达到 1871810 元，到 1936 年达到 1901880 元。1936 年的利润相当于 1929 年东北地区财政总收入 83742622 元的 2.27%。[②] 从股本结构可知，这些利润必然最终受日方的支配。

"满洲中央银行"是日本人一手创造的统治东三省金融的机关和为日本经济利益服务的机器。"满洲中央银行"金融政策的最主要性质是作为关东军的金融统治工具，即无论政策的出台还是政策的实施都完全受关东军的支配。尤其在九一八事变后到"满洲中央银行"成立前这一段时期，设计成立"满洲中央银行"和制定伪满洲国货币制度就是直接出自关东军统治部之手。成立后出台的金融政策以伪满洲国政府或"满洲中央银行"的名义发布，但实质上的决策层并没有变。"满洲中央银行"的金融政策是关东军统治东北地区的金融市场、掌握金融主权的工具。

"满洲中央银行"金融政策的另一个性质是利益输送手段，即利用表面上合法和有利于经济发展的政策，实质上却向日本方面或亲日势力转移利益，具有很大的欺骗性。九一八事变前，截至 1928 年东三省各官银号发行的纸币计币种 15 种、券种 136 种，再加上私帖、外国货币等，发行额非常巨大，而且这些货币之间的兑换价天天在变，造成的紊乱确实危害极深。九一八事变后，日本关东军利用"满洲中央银行"出台和实施一系列金融政

---

① 满州中央银行调查部『满州国金融关系法规集』、23 页。
② 因准备库券与"满洲国币"1:1 兑换，且"满洲国币"这一时期币值稳定，所以可以比较。

策，采用了一种激进的金融整顿方式。虽然金融秩序在短期内取得了重大改善，保持了币值的稳定，并推动了经济积极发展，但是这种方式相当于财富的重新洗牌，利益被暗中输送给伪满洲国政府（最终还会受关东军控制）或日资银行和企业、亲日的伪满洲国达官贵人，受到损失的是中资企业、银行、爱国工商业者以及普通百姓。这可从下述的史实中得到印证。

第一，根据"满洲中央银行"创立委员会1932年3月发布的《边业银行股份管理办法》，由于边业银行主要股东张学良、吴俊升不在伪满洲国，其股票由"政府"管理并代行其股东权。边业银行资本金合计525万元，另有35375元红利，实际上大部分被"满洲中央银行"无偿占有，只有边业银行主要股东之一的阚潮玺①所持有的10万元股份以奖赏的名义被当局收买。②

第二，辽宁省城"四行号"联合发行准备库保存的现款准备金为581万元，可靠保证准备金为249万元，当中有很大一部分是中国银行和交通银行缴存的，当办理并入东三省官银号手续时，都被不加区分地入账，但是在"满洲中央银行"合并"东三省四行号"的资产负债表中没有任何体现。

第三，第一次货币统一政策，根据《货币法》确定的兑换率，理论上是合理的，但是因为其实质上的不可兑换性，那些有关内贸易业务的商人损失明显；以防止丢失通货印鉴可能造成的损失为理由，拒绝兑换大部分哈大洋票，使东北地区哈大洋现钞持有者遭受了巨大的损失。

第四，第二次货币统一政策，以稳定物价为由，主动采取买卖正金钞票及朝鲜银行金票的调节汇价的金融手段，压低"国币"币值，使"国币"与日元等价，起到了稳定日元汇率的作用。日资企业、日本政府获得巨大利益，但中国人的财富短期内快速缩水。

第五，"满洲中央银行"的低利率政策确实保证了币值的稳定，对于民众，特别是领取了春耕贷款的农民是有利的。低利率也属于积极的货币政策，会刺激投资和消费，从而拉动经济增长。按照货币学原理，实行积极的货币政策时应该增加货币供应量，促进经济良性循环。但是同期"满洲中央银行"却控制了货币发行量，根据《满洲金融统计》，1932～1936年

---

① "满洲中央银行"第一届监事、第二届副总裁、第三届总裁。

② 南满州铁道株式会社『满州通货金融方策』，76页。

"满洲中央银行"每年发行的货币量为 1.5 亿～1.9 亿元，没有太大变化。与此同时，日本的朝鲜银行和横滨正金银行与关东军相勾结，乘机增加金票、钞票发行量，使日资企业能够大量低价购买东北的粮食、大豆、皮毛、人参等，输出外国，换得外汇资金，再由外国输入日本急需的工业机械、原材料等，从中攫取巨大的暴利。①

第六，以整顿金融秩序为由对原私营银行及关内系统的金融机关进行了淘汰和排挤。1933 年 11 月，伪满洲国政府公布了《私营银行法》，对原有的普通银行进行合并、清理。截至 1934 年 6 月，申请换营业执照的普通银行（包括分支机构）总数达到 169 家，而被准许换证的银行只有 65 家。被批准者的营业范围受到极其严格的限制，除经营对关内汇款业务外，毫无活动余地。1935 年 10 月，对普通银行又进行了第二次淘汰，结果普通银行只剩下 40 家，到 1936 年又减少到 37 家，而日系银行利用各种特权垄断了原中资普通银行的大部分业务。1936 年末，所有伪满洲国私营银行及关内系统金融机关在东北的分支机构的存放款余额总数加起来还抵不上正金银行一家的余额总数。②

综上所述，"满洲中央银行"金融政策的两个性质分别是作为关东军金融统治的工具和利益输送的手段，它们的共同作用使日本关东军达到了以下目的：第一，控制东北地区的金融主权；第二，使日本金融资本在东北地区的利益最大化。

经过关东军统治部策划，垄断东北金融的"满洲中央银行"在无偿占有"东三省四行号"所有实物资产以及无形资产的基础上成立起来。以所合并的各旧行号总行为分行，下一级金融机构为分支行，"满洲中央银行"共有 4 个分行、128 个分支行。随后，关东军通过"满洲中央银行"实施了一系列金融政策，在很短的时间内，花费很小的代价，不仅建立了较完善的金融货币体制，而且有效地控制了东北地区主要金融机关，为日本人大规模"开发"东北，获得经济暴利，增强军事实力，从而发动全面侵华战争打下了基础。"满洲中央银行"受到了关东军严密控制，所有金融政策实际上都

---

① 根据伪满洲国《统计月报》1930 年横滨正金银行在东北的钞票发行额是 500 万日元，朝鲜银行金票发行额 3000 万日元，1933 年这两个数字分别变为 1400 万日元和 22000 万日元。

② 参见满铁产业部『満州国通貨金融の政府資料について』。

出自关东军的设计或首肯，东北金融主权完全丧失。这些金融政策的实施实际上是利益输送的过程。在这一过程中无论普通百姓还是中资工商业、金融业都遭受了沉重的打击，而日资企业、金融业却从中获得了巨大的现实利益和远期红利。

掌握金融主权使侵略者在制定金融政策时，既可以照顾到他们的经济利益，又可以照顾到政治利益。换言之，被统治人民往往在不明就里的情况下，就被剥夺了巨额财富。这种现象在设计货币本位制、货币可兑换性、兑换比率时更为明显。九一八事变后，由于日本殖民侵略者迅速掌控了东北金融命脉，并随后通过政府行为强化了奴化东北人民的伪满建国思想宣传和细化教育，① 为随心所欲在东北进行经济掠夺提供了必要条件。

Financial Policies of "Central Bank of Manchuria"
(1931 –1936)

Li Haitao

Abstract   Financial policies are the core for the central bank to play its role. Aiming at main financial polices implemented by "Central Bank of Manchuria" from 1931 to 1936, this thesis investigates and appraises backgrounds, contents, implementing processes and effects, etc. of various issued financial policies. On the basis of a large number of firsthand data, this thesis compares changes to the running state of the financial industry of northeast China before and after "September 18th" Incident mainly by empirical research and proves that Japanese Kwantung Army controlled the financial sovereignty of northeast China and maximized the interests of Japanese financial capital in northeast China through financial-ruling policies implemented by "Central Bank of Manchuria".

Keywords   "Manchukuo"; "Central Bank of Manchuria"; Financial Policy

---

① 陈秀武:《"伪满"建国思想与日本殖民地奴化构想》,《东北师大学报》(哲学社会科学版) 2010 年第 6 期。

"国都新京"城市规划的殖民性

滕 飞 宋伟宏[*]

【内容提要】日本选定长春为伪满"国都"后，为实现对东北长久殖民统治的目的，开始对"国都新京"进行大规模的城市规划和建设。本文从日本选定长春为"国都"的原因以及对"新京"的规划、城市的建筑风格上剖析了日本对"国都新京"城市规划的殖民性。

【关键词】"定都"长春 "国都新京" 城市规划 兴亚风格

九一八事变后，日本为了长期占领中国东北，实现长久殖民统治的目的，选定长春为伪满洲国"国都"，改长春为"新京"。日本集中了当时国内一流的建筑专家和设计师，对"新京"进行规划和建设。"新京"成为日本近代化城市规划的实验场。

一 "定都"长春的原因

日本占领东北后，对如何进行殖民统治问题做了多种设想，日本关东军选择长春作为新建傀儡国家的"首都"，是经过长期思考和策划的。从1932年1月22日开始，关东军司令部连续四次召开"建国幕僚会议"，策划建立伪政权方案。在2月19日的第三次会议上，讨论"新国家"的"元首"

---

* 滕飞，吉林省国学研究中心编辑；宋伟宏，伪满皇宫博物院研究员。

和"国都"问题，经过反复争论，最后确定以清朝末代皇帝溥仪为"元首"，长春为"国都"。在决定长春为"首都"之后，东北各地的"代表"们曾提出以奉天、吉林、长春、哈尔滨、洮南等地作为"国都"的意见。例如，由日伪控制的沈阳商工会所曾向关东军陈情："现在，在奉天居住的工商界人士都处于十分不安的状态之中，为了安抚民心，能否公布制订中的奉天城市规划方案和重新考虑在长春建都一事？"① 但此议被日本关东军拒绝了。赵欣伯就本庄繁的方案做了说明："首都原拟在沈阳或者哈尔滨，但沈阳偏南，哈尔滨又偏北，都不相宜。长春位于东北的中心，最为适当，并且便于建设，因此首都拟设长春，改名为新京。"②

日本关东军为什么会选定长春作为"满洲国国都"，而不是东北知名的城市大连、沈阳、哈尔滨或吉林呢？主要是从日本长期侵华战略考虑的。

日本关东军并不满足于侵占中国东北地区，其战略方针是要以东北地区为基地，北上进攻苏联远东地区与西伯利亚。因此，"满洲国国都"的选择要服从于这一战略方针。鉴于此，大连地处偏南，距苏联又较远，故不宜作为"国都"。伪满洲国的首任总务厅厅长驹井德三就曾说过："大连、旅顺气候温和，风光秀丽，一旦在这里住下来，就会失去向北方荒凉的地区进取的愿望。"③ 另外，旅顺、大连早在日俄战争以后就落入了日本手中，所以关东军最先否定了"定都"大连的提议。

奉天（沈阳）作为东北最大的城市，几百年来就是东三省的政治、经济和军事中心，当时拥有40万人口，其中日本人有2万多人。九一八事变后的第二天，日本关东军司令部就从旅顺搬到了奉天，日军的特务机关长土肥原贤二还出任了奉天市长，日本政界、军界的许多要人和汉奸也都聚在了这里，奉天成为日本侵略者向东北各地进攻的大本营。在1931年10月24日，关东军参谋部起草的《解决满蒙问题根本方案》中就有"首都设于奉天"的提案。关东军司令部则认为，虽然奉天的交通条件好，城市规模也很大，还是日本人经营了20多年的"满铁附属地"。但是，这里也是奉系军阀的政治中心，奉军的势力和影响都很深，遗留下许多旧军阀的残余问

---

① 〔日〕越泽明：《伪满洲国首都规划》，欧硕译，社会科学文献出版社，2011，第81页。

② 孙邦主编《"九·一八"事变》，吉林人民出版社，1993，第643页。

③ 于泾：《长春史话》，长春出版社，2009，第260页。

题。在地理位置上，奉天位置偏南，距国民政府统治区较近。在历史上，奉天曾是清朝的故都，在此设国都，有复辟清朝之嫌，不利于建立受日本控制的"脱离中国本部"的"独立国家"。所以，关东军司令部认为奉天不合适做"新国家"的"首都"。

北方重镇哈尔滨，是中东铁路沿线的大城市，拥有松花江航运，交通便利，并且地处"北满"，符合日本的"北进"方针。但地理位置偏北，实行东省特别区制，且与苏联接壤，是其政治据点。特别是以哈尔滨为中心的中东铁路还在苏联的控制中。因此，关东军认为苏联对哈尔滨的威胁较大，对此地的控制没有把握。况且，在关东军进攻黑龙江省时，遭到了马占山领导的黑龙江省防军的坚决抵抗，这是日军入侵东北以来首次遭到的激烈抵抗。从对苏防御和中国对日抵抗激烈的角度出发，关东军认为哈尔滨不适合作为"国都"。

至于吉林，虽然有山有水，风景秀丽，但城市规模较小，而且偏离南北铁路干线，距离交通大动脉南满铁路甚远，不利于日本掠夺和运输物资。所以，吉林也被排除在外。

如上所述，从地理位置和政治上考虑，大连、奉天、哈尔滨和吉林都不在日本关东军"选都"的范围之内。与上述诸城市相比，对日本关东军而言，长春具有相对较多的优势。

一是地理位置优越。在东北三省的版图中，长春位于东北的中南部，处在松花江平原和辽河平原的门槛上，位置适中。长春属大陆性气候，四季分明，雨量充足，适合谷物生长。

二是交通便利。长春地处南满铁路与中东铁路的连接点上，其战略地位极为重要，是吉长、吉敦线的起点，铁路运输四通八达。海运方面，南行至大连可达日本，经沈阳、丹东，可通过朝鲜到日本，还可经图们经朝鲜到达日本。航空方面，日本可以开辟长春至东京最短的航线。

三是资源丰富。长春周边地区拥有广阔肥沃的黑土地，农产品资源丰富，而且地广人稀，利于日本对东北的资源开发和农业移民。

四是地价便宜。当时，长春的地价每平方米只合伪币 5 分 1 厘，征购 100 平方千米的土地才 500 多万伪币（当时伪币与日元等值），低于当时其他几个城市的地价。廉价的土地更利于日本殖民者低价征购和掠夺，这也是最吸引他们的因素之一。

五是城市建设条件优越。长春与其他几个城市相比，城市规模最小，只有 13 万人口，没有旧城改造的负担，便于城市规划建设。从水源考虑，这里水源充足，有流经市区的伊通河，数十里外还有水量较多的饮马河，地下水也较为丰富。这些自然条件为城市发展的用水问题提供了保障。

六是政治因素考虑。日本在长春占有优势，有利于实现其战略计划。长春系"满铁附属地"，是日本殖民统治的据点。从 1907 年开始，满铁在长春经营了近 20 年，是日本在华势力最强的据点，驻有日军，设有领事馆，日本人在这里获得了长期居住、开商埠、领事裁判等许多特权。九一八事变爆发时，住在长春的日本人就达 1 万多人。在满铁的多年经营下，长春的城市规划和基础设施建设都有了一定的基础和规模，拥有街路、上下水道、电灯、煤气、医院、学校、火车站等完备的设施。与沈阳、哈尔滨相比，长春的奉军势力较弱，苏联的政治影响较小，对日本的殖民统治不足以构成威胁。因此，日本侵略者认为长春是"政治色彩稀薄"的理想城市。[①]

七是北进方针。日本关东军对东北有着长期的殖民统治计划，它的目标是以东北为基地南侵中国、北攻苏联，为了实现它的"北进"战略目标，长春作为伪满洲国"国都"最合适。

二 "新京"的规划建设

(一)"国都"的规划筹备

在伪满洲国成立之前，关东军拟定长春为"首都"后，在 1932 年 2 月，关东军高级参谋板垣征四郎派遣关东军特务部嘱托是安利正、赤濑川安彦秘密调查长春市区的主要建筑，勘查伪政府设施建设预备用地，同时指使伪吉林省长官公署发布"以长春为中心，方圆 40 里之内禁止买卖土地令"，禁止一般的土地买卖或典当，防止伴随"国都"的建设土价暴涨。[②] 在另一份日本外交文书秘档中，记载了驻长春领事田代致日本外务大臣芳泽《关

---

① 王秉忠主编《东北沦陷十四年史研究》（第二辑），辽宁人民出版社，1991，第 28 页。
② 児岛襄『満州帝国』文芸春秋社、1976、230 页。

于首都预定地长春之动向》的电报内容："预料长春将成为首府，本地满铁地方事务所秘密地作成城市扩展计划，与总社正在交涉。最近吉林熙洽长官向本地中方官宪内示，禁止买卖长春周围三十华里土地。为防止投机商人之策动，决定对外交部亦发布此种布告。"① 同时，制定了《国都建设计划概要》。4 月 1 日，成立了直属伪国务院的"国都建设局"。9 月 16 日，公布了"国都建设局"官制和"国都建设计划咨询委员会"官制，局长为丸山悦郎，设总务处和技术处，总务处长为结城清太郎，下设庶务科、计划科、土地科、土木科、水道科、建筑科。11 月 29 日，阮振铎被任命为第二任"国都建设局"局长。12 月 5 日，拟定了《国都建设规划纲要及项目预算方案》。1933 年 4 月 19 日，颁布了《国都建设计划法及施行令》，以及"关于新京特别市指定事项"。至此，用时一年完成了"国都"建设的总体规划，决定由伪满国务院"国都建设局"对"国都新京"进行建设施工。

关于"新京"的城市规划，1932 年 11 月，关东军参谋长小矶国诏和副参谋长冈村宁次策划了一份《大新京都市计划》，最后由日本关东军司令部主持审定，由伪国都建设局、满铁经济调查会共同编制而成，此后，"新京"的城市规划基本是以此为蓝本进行的。

当时，伪满洲国刚刚成立，财政空虚，日本财政也无法承担《大新京都市计划》所需的庞大资金。所以，第一期的五年建设费用约 6000 万日元需要全额借款。伪满总务厅次长阪谷希一和外交部次长大桥忠一提出向法国贷款，但参谋长小矶国昭和满铁顾问藤根寿吉坚决反对贷款，更反对由法国人设计和施工，认为把施工交给外国人，"国都建设局"就失去了存在的意义。② 因此，伪国都建设局不得不缩减其计划开支，第一年向伪满中央银行贷 500 万日元，在"国都新京"的城市建筑中，只有 1934 年建成的伪外交部是由法国人建设的，其他的建筑都是由日本人设计和施工的。

伪国都建设计划分为两个时期，第一期建设规划的重点是政府官厅及金融商业街和城市道路的建设。规划从安民广场到顺天广场建设政府官厅街，以新发广场为中心建设关东军行政办公区，以大同广场为中心建设金融商业

① 孙继武主编《九·一八事变资料——日本外交文书选译》（第二卷），吉林省内部资料，2000，第 142 页。

② 〔日〕越泽明：《伪满洲国首都规划》，第 94 页。

图 1 "新京"都市规划计划用地图

资料来源：伪满皇宫博物院院藏图片。

街。完成大同大街（人民大街）、至圣大街（自由大路）、兴仁大路（解放大路）、兴安大路（西安大路）、同治街（同志街）、东西万寿大街（东西民主大街）、安民大街（工农大路）、和平大街（延安大路）、洪熙街（红旗街）、顺天大街（新民大街）、盛京大街（南湖大路）、宽平大路等重点道路建设。

1938 年以后为第二期"国都"建设规划时期，强化"国都"政治性功能所需要的配套设施，主要是以南岭为中心建设文化设施及绿地公园，利用新街区内的小河、低地，挖掘人工湖，流经市区的伊通河的几条支流都被规划为公园，或被改造成人工湖。另外，在伊通河沿岸和环状两侧规划绿化带。从西公园（胜利公园）开始，共建设了 10 多座公园、8 条绿化带。到 1940年，"新京"公园绿地总面积为 10.8 平方千米，当时"新京"特别市的总面积是 444.19 平方米，人口为 34 万多人，人均占有绿地 31 平方米，这个比例远远超过日本本土，甚至赶超欧美一些发达城市的水平。1938 年将大同大街南端规划为文教区，开始建设大同学院（吉大南岭校区）、建国大学（长春大学）、中央警察学校。"新京"医科大学（东北师范大学生命科学学院楼）、"新京"工业大学（吉林国际语言文化学院楼）、"新京"政法大学（光机所附中楼），以及国民高级中学、国民初级中学、"建国"忠灵庙、中央气象观测所、大陆科学院、满映、康德会馆、海上会馆、开发株式会社、重工业开发株式会社、大兴会馆、日本毛织会社、丰乐剧场、三中井百货等建筑。

（二）政府部门建筑的"兴亚风格"

在"新京"的城市规划中，将其功能和地位定为政治中心和消费中心。

在"新京"的建筑风格上，关东军采取了与日本本土迥然不同的理念，试图展现所谓的"兴亚风格"。也就是说，"新京"的规划建设既不是日本本土常用的欧美古典样式，以及当时国际流行的摩登样式，也不是中国传统样式，而是试图表现日本在亚洲"新建国家"的多民族"协和"的政治性，表现日本对被统治民族的征服性，这种建筑风格在"新京"的整体建筑规划和施工中基本贯彻始终。

体现殖民性和政治性。在城市规划中，把行政区域，即关东军设施和伪满执政府等重要部门所在地作为新建城区的核心，以新皇宫预留地为中心，在顺天广场沿线，设置伪满国务院等"八大部"政府机关。在城市中心，设置关东军司令部、伪满中央银行及"首都"警察厅等政府要害部门。而且，要求对这些建筑集中规划、统一设计、风格要相对统一，突出政治功能。

"新京"的政府部门建筑，如关东军司令部、伪国务院、伪司法部、伪中央法院等大多为钢筋混凝土结构，冠以中式或日式屋顶，即帝冠式的"兴亚风格"，宣传"新兴国家"的"满洲气氛"，体现日本对"满洲国"的领导地位。伪国都建设局建筑科科长相贺兼介曾记述其当时的设计思想："起草设计方案当初，考虑最多的虽说是如何尽快完成设计任务，但是，由

图 2 伪司法部"兴亚式"建筑

资料来源：伪满皇宫博物院院藏图片。

于这是建国初期的项目，在表现一个国家国都的官衙建筑风格方面深感责任重大。"① 早稻田大学教授佐藤武夫曾对"满洲国"官厅建筑如此评价："作为新兴国家的首都，新京在以日本人为主导的相关人员的努力下，其城市建设取得了惊人的发展，在那里，能够反映一系列政治姿态的主要建筑纷纷登场。"② 这种凸显政治功能、为政治服务的城市建筑为"新京"独有。

（三）城市规划建设的现代化

"新京"的城市建设规划，除了体现"满洲国"政权的"威严"和建设"王道乐土"的殖民性质以外，关东军还从长期殖民统治的需要出发，要求把"新京"建设成适合永久居住的城市。

《大新京都市计划》提出："国都新京以 200 万平方公里面积和 50 万人口为目标，建设成为模范城市。"③ 该计划借鉴了 19 世纪巴黎的改造规划模式和英国学者霍华德的花园城市理论，城市风格接近澳大利亚首都堪培拉。

---

① 〔日〕越泽明：《伪满洲国首都规划》，第 172 页。
② 〔日〕越泽明：《伪满洲国首都规划》，第 183 页。
③ 〔日〕满洲国史刊行会编《满洲国史·分论》（上），东北沦陷十四年史吉林编写组译，黑龙江省社会科学院内部发行，1990，第 562 页。

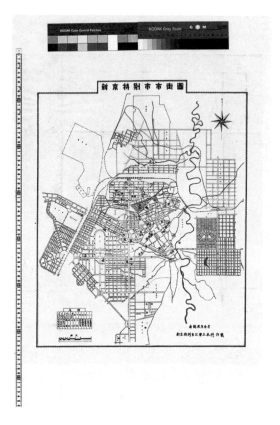

图 3　"新京"街市图

资料来源："新京"特别市公署：《新京市政概要》1934 年 11 月，第 61 页。

"新京"道路规划采取的是放射状、环状和矩形状，在当时已达到现代化城市规划的先进水平。新市区布局采取同心圆内向结构，干线道路为多心放射状，在重要位置都设有圆形广场，中央为公园，采取环岛绕行方式分流车辆，这是学习欧美经验设计的，如大同广场直径达 300 米，成为市中心最大的圆形广场。主要干线南北以大同大街为中心，东西以兴仁大路为轴线，两线直角交叉，放射形、循环形向外扩散的形式。此外，还特别要求街道形式与各地区的特点相适应，适当设置干线、支线和辅助线。满铁附属地的道路是对角线锐角交叉，而其他地区则是放射性干线道路与次干线道路相交。后来，为了防御抗日游击队，又在外围修建了环线道路。

　　"新京"的街路南北走向为街，也称"通"，东西走向为路，也称"町"，38 米以上宽度的称为"大街""大路"，辅助街路为胡同。① 街区道路分为干线、支线、辅助线三种。干线宽 26~60 米，如作为城市中轴线的大同大街，全长 8.8 公里，宽 54 米，日本称其为"亚洲第一大街"；支线宽 10~18 米，辅助线宽 10 米以下。当时，"新京"街道的圆形广场有 10 多个，主要大街有 7 条，另有小街 69 条，主要大路 8 条，小路 65 条，从 1932 年到 1941 年，新建街路 800 多条。

　　在"新京"的城市规划和建设上还有若干限制性规定，而且基本得到贯彻落实。例如，在市区后巷道路设有上下水道、煤气，甚至电信线缆都埋在后巷中，禁止建高架线；在主要干线大街需种植树木，设定绿化区，这成为后来长春园林建设的基础。在商业区，为避免路线型的商业街过于冷清，将其设计成街廊型的集团式商业区，建筑不能低于 23 米，对于住宅区，采用集团住区制。另外，"新京"还有一项在亚洲首创的设计，即成为第一个设计全面实行水冲厕所的城市，但这个强制推行水冲厕所的政策最后没有彻底贯彻下去。在下水道建设上，采用污水和雨水分流模式，雨水流入市内公园的人工湖，污水则流入伊通河，但污水净化问题一直都没有解决。

　　除了道路建设，原计划还要铺设地铁线路。1938 年 1 月，第一期"国都"建设结束，进入第二期建设阶段。第二期建设伊始，伪国都建设局就与日本大阪市交通局用了半年时间，做成了铺设地下铁计划。以"新京"的地质条件，所需资金只是大阪的一半。但是，随着太平洋战争的爆发，这个计划无果而终。

　　1933 年，"新京"交通主要以人力车、马车为主，市内营运线路 3 条，公共汽车只有 50 辆，后来增加到 250 辆，到 1940 年，由于缺少燃料，只有 50 辆在运营。市内的公共汽车原来由俄国人经营，后来先后由"满洲电气株式会社""新京交通株式会社"经营。1941 年，由于战时能源紧张，公交建设也变得很困难，转而铺设有轨电车，车辆及设备全部是从日本国内购置的，同年 11 月，有轨电车通车。到 1944 年全市共铺设有轨电车线路 7 条，其中 6 条线路是以站前广场为始发站。为了城市美观，大同大街、顺天大

---

① 佐藤定勝編『最新満州帝国大観』共同印刷株式会社、1937、616 頁。

街、兴仁大路和至圣大路等主要街路则没有铺设有轨电车。

经过五年的建设，基本完成了对"新京"主干线道路及伪宫内府、伪国务院、伪民政部和伪首都警察厅门前的铺设工程，市区形成了放射状的街道网，基本完成了市区上下水道工程的建设，第一期的"国都"建设费用超过 1 亿元。

1941 年，第二期建设计划结束时，"国都建设局"划归"市工务处"，废止了建设计划的特别财政，城市建设开始陷入财力不支状态。1938 年 9 月在顺天广场开工建设的新皇宫，到日本投降时仅完成了地下部分。规划中的图书馆、美术馆和大会堂等设施始终没有开工。1945 年日本投降，"满洲国"瓦解，"国都新京"规划建设至此终结。

结　语

日本出于长期对中国东北殖民统治的需要，九一八事变后，迅速策划建立了"满洲国"，并将长春定为"国都"，改称"新京"。为了把伪满"国都"打造成"王道乐土"，发挥其作为殖民统治中心的作用，日本不遗余力地集中了国内一流的建筑专家、设计师，投入大量的人力、物力，进行大规模的城市规划与建设，力图把"新京"打造成具有"兴亚风格"的近代化城市。而在日本打造"国都新京"近代化城市的背后是大量掠夺中国农民土地、牺牲广大农民的利益，造成农民背井离乡。在"新京"都市规划中，日本规划建设的是伪满政府机构和日本人居住的区域，电力、煤气、排水、电信等近代化设施完全是为日本人居住区域设计的，当时，其自来水、煤气使用率均达 99% 以上。而对中国人居住的区域既没有规划，也没有改造，老城区房屋破陋不堪，二道河子棚户区别说煤气、排水，连上下水都没有，任其脏乱落后。伪满"国都新京"的规划建设是以日本殖民统治的政治需要为目的，从日本的经济掠夺和军事战略需求出发，来对"新京"城市规划进行定位的，完全是为日本的长期殖民统治服务的。因此，"国都新京"的城市规划和官厅建筑深深地印着日本的殖民记忆，彻头彻尾地体现了城市规划的殖民性。

The Coloniality of the Urban Planning of "National Capital-Hsingking"

Teng Fei   Song Weihong

Abstract   For the purpose of achieving long-term colonial rule in the Northeast China, the Japanese selected Changchun as the "national capital" of "Manchukuo" and began to carry out large-scale urban planning and city construction in "Hsingking". This paper analyzes the colonization of Japan's urban planning in "Hsingking" from the reason why Japan chose Changchun as the "national capital", as well as the urban planning and architectural style of the city.

Keywords   Making Changchun the "Capital"; "National Capital-Hsingking"; Urban Planning; Koa Architecture Style

"满蒙情结"评析

宋成有*

【内容提要】18世纪以来，欧美列强频繁叩击日本国门，日本的国防危机日趋尖锐。日本的经世学派瞄准"满洲"，主张出兵攻取，进而征服中国，建立大帝国。19世纪后半期，经过明治维新，日本蜕变为东亚资本主义新兴国家。通过中日甲午战争、日俄战争和第一次世界大战，日本以武力崛起为帝国主义国家，吞并韩国，殖民辽南，勾结俄国。其间，日本国家的侵略目标，也从"满洲"扩大为"满蒙"。20世纪20年代，日本遭受国内危机、世界金融危机的双重打击，将武力侵占"满蒙"视为脱困的抓手。为此，日本不惜策动九一八事变、脱离国联，升级侵华战争，又乞灵于法西斯化并挑起太平洋战争。"满蒙情结"最终变成"大日本帝国"的绞索，梦碎不归路。

【关键词】"满蒙情结"　经世学　明治维新　侵华战争

东三省自古即为中国领土，春秋末周景王有"肃慎、燕、毫，吾北土也"的宣示。① 战国时燕昭王置辽东郡，郡治襄平（今辽阳），开始有效的行政管理。近世以来，辽东乃至"满洲""满蒙"渐为邻国觊觎之地，尤其以日本为甚。进入20世纪30年代，日本将侵略"满蒙"的局部战争，扩

---

* 宋成有，北京大学历史系教授，中国日本史学会名誉会长，研究方向为日本近现代史。
① 《左传》昭公九年二月条。

大为全面侵华战争。1945 年，日本战败投降，"满蒙"迷梦破产。

"情结"（complex），是一个心理学的概念，改革开放后才出现在现代汉语中的新词语。最早对"情结"的概念与类型做出深入研究的学者，主要有奥地利精神分析学派创始人西格蒙德·弗洛伊德（Sigmund Freud）、精神病学家阿尔弗雷德·阿德勒（Alfred Adler）、瑞士心理学家卡尔·荣格（Carl Gustav Jung），以荣格的情结心理学的影响最大。荣格认为，"情结"是"心象与意志的集合"，在无意识中形成与积累；它不受"我们意识的支配，甚至能够支配我们的意识自我"，当某种情结"逐渐膨胀到一定程度的时候"，对"心理和行为产生极具情感强度的影响"。[①] 本文评析的"满蒙情结"，是指 1945 年 8 月日本战败投降之前，普遍存在于日本官民头脑中的侵略中国东北地区的"心象与意志的集合"，对其"心理和行为产生极具情感强度的影响"，导致侵略战争不断升级。战后，特别是世纪之交以来，"满蒙情结"在日本社会沉渣泛起，值得关注。

一 缘起"满洲"："满蒙情结"由来已久

1910 年 8 月，日本吞并韩国。中国东北暴露在日本新一轮侵略战争的兵锋之下，"满蒙情结"的舆论炒作随之甚嚣尘上。但追根溯源，觊觎"满蒙"的思潮在此前百余年就出现在江户后期经世学派的各种议论之中。1783 年，经世学派的早期代表人物的工藤平助（1734～1800）向幕府进呈《赤虾夷风说考》，建议同沿千岛群岛南下的俄国主动开展贸易，从中赢利并借以开发虾夷地（今北海道），较早提出"开港说"。1785 年著《三国通览图说》、1786 年著《海国兵谈》的林子平（1738～1793），认为俄国的南下已对日本构成最大的国防威胁，岛国日本须建造欧式舰船，演练水军，强化海军军备。[②] 顺便提及，林子平在绘制东亚彩色地图时，用绘制中国版图的同一颜色标记钓鱼岛。

本多利明（1743～1820）在 1798 年著《经世秘策》《西域物语》，1801 年著《贸易论》《经济放言》等，主张幕府改革内政，推行郡县制，开发官

---

① 申荷永主编《荣格与分析心理学》，中国人民大学出版社，2012，第 72、73 页。
② 林子平『海国兵談』、『林子平集』日本思想全集刊行会、1933、18、8、10、11 頁。

营贸易，实现"万民增殖"；待国力富强，则进而开发虾夷地，殖民堪察加，"渐次兴业，取得大成就"，与"西洋的英吉利岛"并驾齐驱，同时成为世界第一的"大富国"和"大刚国"。① 本多颂扬丰臣秀吉是"顶天立地的大英雄"，认为"发动战争，谋取国家利益乃为君之道的秘密"，强调"贸易之道"即"战争之道"，伺机"进攻外国并占领之"。② 本多较早提出改造幕藩体制、殖产兴业的主张，对外扩张并一举成为世界强国的目标，将经世学的阐述提升到新的高度。总体看来，本多等人将"有所作为"的目光集中在堪察加、朝鲜等方面，尚未聚焦"满洲"或"满蒙"。

首倡用兵"满洲"者，为经世学的集大成者佐藤信渊（1769～1850）。佐藤研修兰学和儒学、复古神道国学，喜读阳明学、徂徕学和经世学的名家名作，堪称饱学之士。在文化年间（1804～1817），著《海防策》《铁炮穷理论》《西洋列国史略》等；在文政年间（1818～1829），著《经世要略》《宇内混同秘策》《天柱记》《镕造化育论》《经济要录》《农政本论》《草木六部耕种法》等著作；在天保年间（1830～1843），著《物价余论》《经济问答》《复古法概言》《复古法问答书》等；在弘化至嘉永初年（1844～1850），著《复古法》《海防余论》《存华挫夷论》《垂统秘策》等。一生著书300余部，凡8000余卷，堪称"杂学大家"。

佐藤的学说庞杂，但内外经略的思路清楚。对内，建议幕府实施全面的制度改革：第一，把江户改称"东京"，并迁都于此地；第二，废除邦国林立的幕藩体制，大名改任国家官吏；第三，建立中央集权的三台六府新体制，即在天皇之下，设立教化、神事、太政等三台，下辖农事、开物、制造、融通、陆军、水军六府，形成皇权至上的中央集权体制；第四，撤销现存的士农工商等级身份制，改行诸业平等的八民制，即草民、树民、矿民、匠民、贾民、佣民、舟民、渔民，皆可为国家官吏或国家劳动者，一民一业，不许兼业；第五，废除租税，土地国有，禁止私营，诸业一律公营；第六，确立国民教育制度，在各地设置小学校，普及教育；第七，开办医疗、

---

① 本多利明「経世秘策」『日本思想大系 44　本多利明・海保青陵』岩波書店、1970、42 頁。
② 本多利明「貿易論」『日本思想大系 44　本多利明・海保青陵』、182 頁。

救济、慈善机构，保障民生；等等。① 值得注意的是，早在明治时代到来的数十年前，佐藤就预言了明治维新式的内政改革。

对外，主张通过大规模的侵略扩张，令各国臣服"皇国"日本。佐藤主张开展航海通商，"紧急强化日本总国四海兵备"。1823年，佐藤著《宇内混同秘策》，论述了日本外侵的理由、步骤和极终目标。第一，佐藤从国学即复古神道的"神国论""皇国论"出发，将外侵的理由解释为"皇大御国乃大地最早创建之国，为世界万国之根本"，各国必须向"皇国"日本称臣。第二，强调欲征服他国，必先征服中国；欲征服中国，先从"满洲"着手，即"皇国欲开拓他国，必先从吞并支那开始"，"当今最易被皇国攻取之地，莫如支那之满洲"；欲夺取"满洲"，则应先攻占黑龙江流域，再南下松花江、盛京（今沈阳），继而兵进山海关，占领江南。第三，征服中国之后，东南亚和印度自然降服，"将支那纳入日本版图，其他如西亚、暹罗、印度诸国"，必"慕我之德，畏我之威，叩首匍匐而甘为臣仆"②。

106年后的1929年，南京的《时事月报》曝光了"田中奏折"（《帝国对满蒙之积极根本政策》），舆论为之哗然。将《宇内混同秘策》与"田中奏折"两个文件加以比较，其差异之处在于佐藤的征服对象为"满洲"，田中的目标在"满蒙"，由"满洲"而"满蒙"，是一个递进的关系。换言之，"满蒙"源出"满洲"。二者类似之处，令人瞩目。"田中奏折"的侵略总方针："惟欲征服支那，必先征服满蒙。如欲征服世界，必先征服支那。倘支那完全可被我国征服，则其他如小中亚细亚及印度南洋等，异服之民族必畏我敬我而降于我，是世界知东亚为我国之东亚，永不敢向我侵犯"③，与《宇内混同秘策》的上述思路如出一辙，这种相似性，值得认真对待，至少可以为探讨"田中奏折"的出台经纬，提供一种解密的思路。

经世学派在总体上为近代日本进攻型的国家发展战略提供了若干思想素材，如外侵的武力手段、路线图、终极目标等。众所周知，近代日本武力崛起的主要原因之一，在于明治政府建政伊始，即遵循弱肉强食的强权政治法

---

① 佐藤信淵「混同秘策」『日本思想大系45　安藤昌益・佐藤信淵』岩波書店、1977、439－457頁；佐藤信淵「垂統秘録」『日本思想大系45　安藤昌益・佐藤信淵』、488－517頁。
② 佐藤信淵「混同秘策」、426、428頁。
③ 「田中義一の上奏文（秘）」松下芳男編『軍事事典』（近代の戦争　第8巻）、人物往来社、1966、124頁。

则，迅速制定了诸如《宣扬国威宸翰》之类的国家发展战略。此种国家战略的制定，同经世学的先期探索关联密切。经世学之所以能在德川时代学派林立中异军突起，扮演侵略思想提供者，是因为其综合儒学家国情怀、兰学的国际视野等诸学之长，并以宣扬 "日本优越论" 和对外扩张的国学为构思的制高点。

1853～1854 年，美国佩里舰队两次闯进江户湾，以武力迫使日本开港。陷入惊恐之中的尊攘派志士为趋利避害，不惜以邻为壑。危难之际，"满洲" 再次进入其视野。其中，以长州藩武士吉田松阴的言论最具代表性。1854 年，吉田欲偷渡美国事败被长州藩厅囚禁入狱期间，著《幽囚录》，从确保本国安全的 "善保国" 立场出发，鼓吹进攻型的 "自我防卫论"："善保国者不徒勿失其所有，又有增其所无。今急修武备，舰略具，炮略足，则宜开垦虾夷，封建诸侯，乘间夺取堪察加、鄂霍次加；喻琉球，朝觐会同；责朝鲜，纳质奉贡，如古盛时；北割满洲之地，南取台湾、吕宋诸岛，渐示进取之势。然后爱民养士，慎守边围，则可谓善保国矣。"[1] 明确了 "北割满洲" 的目标。

1856 年，吉田松阴接手主持松下村塾，招徒授业。此时，英法两国发动第二次鸦片战争、美国首任驻日总领事哈里斯为缔结通商条约施压幕府、法国舰队入侵朝鲜忠清道长古岛，欧美列强在东北亚掀起新一轮的殖民征服，形势愈加紧急。于是，吉田也迅速由进攻型的 "自我防卫论者"，转变为 "主动外侵论" 者或 "开国攘夷论" 者。1856 年，撰成《武教全书讲录》。吉田在权衡东西方力量后，提出 "神功、丰国古能为之者，而今不可为乎" 的问题，抛出堪称 "大陆政策" 基本框架的构想："为今日计，不若谨疆域，严条约，以羁縻二虏，乘间垦虾夷，收琉球，取朝鲜，摧满洲，压支那，临印度。以张进取之势，以固退守之基，遂神功之所未遂，果丰国之所未果也。"[2] 文中的 "二虏" 指美、俄两国。吉田主张与美俄维持和平，集中力量在东亚扩张，"满洲" 是攻击目标之一。吉田的上述侵略论影响深远，其弟子伊藤博文、山县有朋等明治官僚在充当政界、军界的大佬期间，践行 "大陆政策"，以邻为壑，损人自肥。

---

[1] 吉田松陰『幽囚録』、『吉田松陰全集』（第 1 卷）、岩波書店、1936、596 頁。

[2] 吉田松陰『復久坂玄瑞書』、『吉田松陰全集』（第 3 卷）、岩波書店、1936、38－39 頁。

二 从"满洲"到"满蒙"：日本武力崛起目标的膨胀

近代日本经明治维新成为东亚资本主义新兴国家。通过中日甲午战争、日俄战争和第一次世界大战，迈出由地区性军事强国、东亚帝国主义国家和世界级大国等武力扩张的三大步。在这个过程中，日本国家的侵略目标也从"满洲"扩大到"满蒙"。

1868年1月，明治政府启动维新。至1889年2月帝国宪法颁布，在国家大法上巩固了明治维新的成果。在21年的维新期间，日本一方面实施富国强兵、殖产兴业和文明开化等近代化政策，发展资本主义，增强综合国力；另一方面，兵犯台湾、欺凌朝鲜、吞并琉球，小试对外扩张的兵锋。在上述过程中，对外扩张的总政策"大陆政策"臻于成熟。

1890年3月，首相山县在内阁会议上发表了《外交政略论》，强调"我国利益之焦点实为朝鲜"；鉴于俄国加紧修筑西伯利亚大铁路的工程进度，山县认为"西伯利亚铁路完成之日，即朝鲜多事之时。朝鲜多事之时，即是东洋发生重大变动之机"。作为应对对策，山县以"主权线"和"利益线"为理论支撑点，完成了"大陆政策"的理论建构。概言之，"盖国家独立自卫之道有二：一曰捍卫主权线，不容他人侵犯；二曰防护利益线，勿失于已有利的地域。所谓主权线，乃国家之疆域，所谓利益线，即与我主权线之安危密切相关之邻近区域"。山县强调："目前，仅仅防卫主权线已不足以维护国家之独立，必须进而保卫利益线，以长远立足于优越地位。如果他人侵入利益线，则务必以强力排除之，若不能保卫利益线，则无望成为完全独立之国家。"① 12月，在众议院发表的总理大臣施政演说中，山县将用"主权线"和"利益线"理论升级的"大陆政策"公布，开始了大规模的扩军备战。显然，山县限于日本的国力，明确将"利益线"圈定在朝鲜半岛，尚无暇顾及"满蒙"。

1894年7月，日本在取得世界头号强国英国的外交支持后，引爆了中日甲午战争。日军迅速控制朝鲜全境，占领辽东半岛和山东威海。1895年4月，清政府被迫订立《马关条约》，承认朝鲜独立，传统东亚封贡体制崩

---

① 大山梓编『山県有朋意見書』原書房、1966、199－200 頁。

溃；日本割取辽东半岛、台湾、澎湖列岛，享有领事裁判权、协定关税率和片面最惠国待遇；中国向日本赔偿军费库平银 2 亿两，沙市、重庆、苏州、杭州被辟为商埠。① 俄国随即联合德法两国，发动"三国干涉还辽"。经过一番权衡，5 月，日本政府决定放弃辽东半岛，但迫使中国追加白银 3000 万两的"赎辽"费。日军在"满洲"的一进一出，刺激了日本的民族主义狂热。鼓吹"大日本膨胀论"的德富苏峰特意从旅顺带回一包沙土，念念不忘一度成为"日本领土"的辽东。

为报"三国干涉还辽"的一箭之仇，将新的竞争对手排挤出朝鲜半岛，日本动用各种手段，与俄国展开博弈。从 1896 年至 1898 年，日俄之间达成《小村－韦贝备忘录》《山县－罗拔诺夫协定》和《西·罗森协定》，日本逐渐走出因"乙未事变""俄馆播迁"造成的外交被动局面，在朝鲜半岛巩固了对俄争夺的阵地。1898 年 3 月俄国强租旅大，1900 年 7 月俄国借口镇压义和团，出兵占领东北。俄国的恣意扩张，对日本朝野的刺激强烈。1901 年 2 月，内田良平等创建民间右翼团体"黑龙会"，头山满出任顾问。其建会宗旨声称："兼顾东亚大局和帝国天职，为挫败西力东渐之势，实行振兴东亚之经纶，当务之急是首先与俄国交战，将其从东邦击退；而后奠定将满洲、蒙古、西伯利亚合为一体的大陆经营之基础。"② 民间右翼势力先政府一步，将"满洲"和"蒙古"即"满蒙"，与西伯利亚并列为日本扩张的目标。

为打赢对俄战争，日本再度依托当时世界头号强国英国的支持。1902 年 1 月，《日英同盟条约》签订，日本承认"英国之利益以关于中国者为主"，英国承认"日本利益除在中国者外，尚有在朝鲜之政治上、商务上及工业上之利益"；在中国和朝鲜遭遇其他国家侵略或发生骚乱时，缔约国双方有权为维护本国利益而采取行动。③ 日本与英国建立攻守同盟关系，强化日本的外交立场。

"满洲"与朝鲜半岛的孰先孰后，成为日本加紧战备的外交博弈课题。1903 年 4 月，首相桂太郎、外相小村寿太郎、元老伊藤博文和山县有朋举

---

① 《中国近代对外关系史资料选编》，上海人民出版社，1977，第 52～54 页。
② 黑龍会编『东亜先觉志士伝』原书房，1977、678 页。
③ 褚德新、梁德主编《中外约章汇要》，黑龙江人民出版社，1989，第 351～352 页。

行"四巨头会议",决定对"满"采取守势,在"韩"采取攻势,以承认俄国在中国东北的优越地位,换取其对日本在朝鲜半岛优越地位的承认。6月,御前会议采纳了四巨头会议的基本方针,实施"满韩交换"策略,展开对俄交涉。俄国坚持独霸中国东北、限制日本在朝鲜半岛的扩张,与日本急欲控制朝鲜、觊觎中国东北的图谋背道而驰,因而被日方拒绝。双方在"满韩交换"上无法达成妥协,战争遂为唯一选择。

1904年2月,日俄战争爆发。经过15个月的陆海激战,日本获胜。1905年9月,在美国朴次茅斯订立《日俄媾和条约》。条约规定俄国退出朝鲜半岛,任由日本"对韩国加以必要的指导、保护和监理",维护日本在韩国的"卓越利益";割让南库页岛给日本;还规定俄国"将旅顺口、大连及其附近的领土及领水的租借权","长春(宽城子)至旅顺间的铁路及其一切支线并该地所属的一切权利、特权及财产,和该地方属于该铁路或为其利益而经营的一切煤矿"全部转让给日本。[1] 这个恣意宰割中国主权的帝国主义分赃条约,刺激日本朝野的"满蒙"扩张野心。通过日俄战争,日本作为新兴的帝国主义国家崛起于东北亚,迅速着手"战后经营"。

1905年10月,日本从俄国手中接管了辽东半岛南部,在辽阳设立了"关东总督府",建立了军政合一的殖民统治机构。1906年8月,"关东总督府"迁至旅顺并改称"关东都督府"。随后设置了关东军,配置1个师团和6个大队的独立守备队,兵力约3万人,构筑了进一步侵略"满蒙"和中国关内的阵地。

1906年7月,南满洲铁道株式会社(简称"满铁")设立委员会挂牌运营,原"台湾总督"儿玉源太郎任委员长,原台湾"总督府"的民政长官后藤新平任满铁总裁。1907年4月,满铁总社下辖总务部、运输部、矿业部、地方部和调查部。其中,调查部的作用至关重要,调查范围包括蒙古和西伯利亚,搜寻有关农业、商业、财政、铁路、水运和地理等方面的信息。其殖民触角还深入北京、上海、哈尔滨、长春和沈阳等地,在满铁调查部的策划和指挥下,多方刺探、收集各方面的情报,使满铁成为"国策会社"和践行殖民扩张的本部。总之,日俄战争后日本在"南满"的殖民经营,既产生了需要维护的"特殊利益",又为进一步扩大侵略创设了出发阵地。

1912年2月,清帝逊位,中国进入动荡的民国时期。日俄乘机扩大殖

---

① 外务省编『日本外交年表並主要文書』(上卷)、原书房、1973、245、246页。

民权益。4 月，出任第二任"关东都督"的福岛安正着手勘察移民地点，土地肥沃、地势开阔的金州大魏家屯成为首选移民地。①7 月，第 3 次《日俄密约》在彼得堡签订，划分日俄在中国内蒙古东部和东三省西部的势力范围。规定：其分界线自洮儿河与东经 122 度向西延伸，至归流河与哈尔达台河分水岭，再沿黑龙江省与内蒙古边界至内外蒙古界线的终端；以东经 116 度 27 分为分界线，将内蒙古分为东西两部分；日本承认俄国在内蒙古西部的"特殊利益"，俄国承认日本在内蒙古东部的"特殊利益"；双方对此条约"严格保密"。②在日本政府的外侵目标中，从"满洲"扩大至"满蒙"。

1914 年 8 月，日本对德宣战，出兵进攻德国在山东的殖民据点青岛，占领胶济线。1915 年 5 月，日本利用欧美列强无暇东顾、袁世凯政府软弱可欺之机，将源自"二十一条"要求的《民四条约》强加给中国。其中，《中日关于南满洲及东部内蒙古之条约》共九条，规定"旅顺、大连租借期限并南满洲及安奉两铁路之期限均展至九十九年为期"；日本国臣民在"南满洲"或东部内蒙古享有经营工商业、租赁土地、居住、往来、合办农业等权力以及领事裁判权；在东部内蒙古从速开辟商埠等。③ "南满洲"和"东部内蒙古"，即"满蒙"，正式出现在上述条约中。至此，在官方文件中，"满蒙"已经成为熟语，亦是日本的国家扩张目标。

第一次世界大战期间，日本政府以最小的代价，从中国劫掠了大量的殖民权益。1919 年 6 月，巴黎和会上通过《凡尔赛和约》。1920 年 1 月，国际联盟成立。日本与英、美、法、意成为国际联盟 5 个常任理事国的一员。至此，日本已被公认为世界五强之一，取得世界级政治大国的地位。国际地位的提升，使日本愈加看重"满蒙"。1921 年 5 月，原敬内阁通过《关于对满蒙之政策》，强调"满蒙与我领土接壤，在国防上与国民经济生活生存上具有非常紧密的关系"，强调"以两大利益为重点，在扶植我势力即我对满蒙政策之根干"；在四项具体的举措中，反复强调"谋求确保活用我在满蒙的

---

① 三年后，19 户日本农民在此建立了第一个移民点"爱川村"，启动"开拓团"入殖中国东北的运作。

② 外务省编『日本外交年表並主要文書』（上卷）、369 頁。

③ 外务省编『日本外交年表並主要文書』（上卷）、407 頁。

既得特殊地位及利权"。① 伴随着日本迈出武力扩张的第三步，"满蒙"俨然已成为帝国扩张的囊中之物。总之，日本扩张的国家目标从"满洲"到"满蒙"的变化，从一个侧面反映了其武力扩张三大步的进程。

三 "满蒙情结"与日本帝国的败亡

第一次世界大战结束后，随着投机性经济景气的消失，大量向银行举贷的公司破产，不良债款越积越多，造成日本经济的内伤。1927 年 3 月，日本金融危机骤发。储户挤兑成风，台湾银行、铃木商店倒闭，社会陷入恐慌。4 月，若槻礼次郎内阁被迫辞职，田中义一组阁，不得不面对金融危机的困局。在中国，1926 年 7 月北伐军分路出击，迅速占领武汉，1927 年 3 月开进上海。中国走向统一的新局势，在日本引起强烈反响。田中内阁先是在 5 月第一次出兵山东，意图转移国内视线和阻遏北伐军。

6 月 27 日至 7 月 7 日，田中内阁在东京举行"东方会议"，制订《对华政策纲领》。其要点有二：一是口头上宣传日本对华政策的根基是"确保远东和平"与"实现日支共荣"；二是强调"鉴于日本在远东的特殊地位，必须对中国本土和满蒙采取不同方针"。其中，"满蒙"对策主要有三个基本要点：一是强调"由于满蒙特别是东三省对国防和国民生存具有重大的利害关系，我国必须加以特殊的考虑"；二是鼓动"满蒙"独立，即"等待东三省人自身努力为最好的策略"；三是"万一动乱波及满蒙、治安混乱，造成对我国在该地特殊地位、权益侵害之虞"，则"采取适当的措施，加以防护"。②

在夺取"满蒙"地区的目标选择上，政党内阁和军部势力的立场完全一致。也是在这一年，关东军中佐作战主任参谋石原莞尔撰成《现在及将来的日本国防》的小册子，主张为备战即将到来的"东西方大战争"，即"世界最终战争"，强调日本生存之路在"满蒙"，声称"满蒙并非汉族领土，与日本关系密切"，"应该承认比亲近汉族更亲近大和民族的满、蒙两

---

① 外務省編『日本外交年表並主要文書』（上巻）、407、523、534 頁。
② 歴史科学協議会編『史料日本近現代史』Ⅱ、三省堂、1985、108 - 109 頁。

民族"实现"民族自决"。① 上述"石原构想"，提供了日本侵占"满蒙"的决策理论和战略思想。

1928年6月，关东军制造"皇姑屯事件"，但阻止不了东北加入国家统一的进程。12月，张学良宣布东北易帜、服从中央。随后，张学良采取筹资修筑葫芦岛港以抵制大连港、限制并抵制日货，支持爱国人士组织东北国民外交协会，开通吉林至海龙的吉海线，引入美国资本等一系列反制措施，挑战日本在东北的特殊地位和殖民权益。

1929年10月，美国纽约股票市场暴跌，引发了整个资本主义世界的金融危机。将挣扎于1927年金融恐慌的日本经济打入谷底。伴随着股值暴跌、中小企业破产、失业激增和米价暴跌，整个日本社会动荡不安。武力解决"满蒙"问题，鼓噪战争，成为关东军摆脱困境的抓手。

1931年3月，关东军高级参谋板垣征四郎在题为《从军事上观察满蒙》的讲话中，鼓吹"满蒙生命线论"。板垣宣称，"满蒙"是对苏作战的主战场或对美作战的补给源泉，日本帝国的生死存亡皆系于"满蒙"。因为"满蒙"年产大豆、高粱、粟、玉蜀黍、小麦多达15000担，稻米1500万石，拥有250万马匹、900亿立方尺木材，总储存量30亿吨的煤、47000万吨的铁以及50亿吨的油母页岩。这里"有着作为国防资源所必需的所有的资源，是帝国自给自足所绝对必要的地区"②。5月，石原莞尔起草报告《满蒙问题之我见》，声称"解决满蒙问题，乃至今第一大急务"。其理由，着重强调在政治上，一是"满蒙正是日本国运最重要的战略据点"；二是"将满蒙置于日本势力之下，对朝鲜的统治才能稳定"；三是"显示日本以实力解决满蒙问题的决心，才能取得对支那本部的领导地位，促进其统一和稳定，确保东洋和平"。经济理由有三：其一，"满蒙的农业足以解决我国民的粮食问题"；其二，"鞍山的铁、抚顺的煤足以确保眼下我国重工业的基础"；其三，"满蒙的各种企业可以救助我国现时有知识的失业者并冲破萧条，总之，满蒙的资源足以使我成为东洋的优胜者，完全打造出挽救当前危急和实现大飞跃的根基"。为此，石原对陆军提出三个目标：一是"彻底确

---

① 猪木正道『軍国日本の興興亡』中央公論社、1995、170–172頁。
② 孔令闻等主编《还在争论的抗战史若干问题研究》，北京航空航天大学出版社，1989，第17~20页。

信满蒙问题的解决是使之成为我国领土";二是"政府与军部合作制订战争计划";三是"仰仗皇族","形成核心力量"等。①

7月、8月接连发生"万宝山事件""中村大尉事件",日本媒体乘机炒热战争舆论。关东军按照作战的需要,将轰击北大营的28厘米口径的重炮秘密运抵沈阳。陆军高级军官举行会议,就解决"满蒙"问题和建立"国防国家"统一了意见。主张"实力行动论"的陆军大将本庄繁出任关东军司令,鼓舞了军内的铤而走险者们。9月18日夜,以柳条湖的巨大爆炸声为信号,关东军独立守备大队攻击位于奉天东北郊区的北大营,第29联队随即卷入,驻扎在辽阳的第2师团出动,赶来增援。翌日,日军占领沈阳城。9月21日,日军占领吉林,省军署参谋长熙洽投降。驻扎平壤的日军第20师团第39旅团闯进中国境内,与关东军会合。参谋本部启动"帷幄上奏权",报告并得到天皇的认可。22日,内阁会议对此举予以承认,追加经费。关东军策动的九一八事变得逞。

1932年1月,张景惠投敌,宣布黑龙江省"独立",关东军进占锦州。至此,东三省沦陷于敌手。同月,昭和天皇裕仁颁发敕语,对关东军"果断神速,以寡制众","扫荡各地蜂起的匪贼","宣扬皇军武威于中外"等侵略行径予以褒奖。② 3月,日本卵翼之下的伪满洲国出台,长春作为伪首都改称"新京",伪年号"大同",清朝废帝溥仪出任"执政"。两年后,东京再赏给溥仪伪满"康德皇帝"的头衔,由日本导演的傀儡戏至此收场。

自1927年以来,"满蒙情结"经过多年的发酵,"满蒙生命线论"的魔魇控制了日本朝野的身心,形成"意识支配",对"心理和行为产生极具情感强度的影响"。最终,由关东军的军事冒险变成血淋淋的现实。自1910年吞并韩国以来,日本攫取了东三省。这里土地肥沃,森林茂密,人口众多,各类资源、物产极为丰富,战略位置十分重要,面积达78.73万平方公里,为日本总面积的两倍多。1932年3月,犬养毅内阁通过了《处理满蒙问题方针纲要》,对伪满洲国的定位是:"在政治、经济、国防、交通、通信等各种关系中,展现作为帝国生存重要因素的性能";"对俄、对华的国防第

---

① 歴史科学協議会編『史料日本近現代史』Ⅱ、121 – 123頁。
② 森末義彰・岡山泰四編『歴代詔勅集』目黒書店、1939、966、967頁。

一线"。① 6 月，参谋本部制定《指导满洲国纲要》。强调伪满洲国必须"适应我国国策"。纲要规定"由关东军司令官指导满洲国政府"；"关东军司令官兼任驻满全权大使"，"掌握外交事务"，"保留关于满洲国日系高级人事的决定权"；"属于满洲国的铁路和主要的水路、港湾、航空，由帝国加强管理，并委任某公司负责经营"；"制铁、制钢、炼油、重要煤矿、电力、轻金属、烧碱、硫铵工业以及帝国的农业移民，由关东军统制和指导"；等等。② 伪满洲国成为日本财阀扩张、军部北进及入关、输出"开拓民"的理想之地和新一轮侵略战争的出发地。日本帝国的"家业"瞬间暴涨，为尽快走出金融危机、产能输出开辟了新场所。

福祸倚伏，成败轮替。在"满蒙情结"的背后，各种诸要素开始发酵，对日本殖民帝国的膨胀过程产生多种影响，并最终导致其战败投降。

第一，巩固"满蒙"殖民统治圈的图谋导致侵华战争逐步升级。

1931 年 9 月 18 日，九一八事变爆发，为巩固乃至扩大"满洲"的侵略成果，1933 年 1 月，关东军进攻山海关，占领热河。5 月，日军闯过长城，扶植蒙汉傀儡政权，包围平津，将战火延烧至华北地区。关东军司令部直言不讳，宣称"就巩固与确立满洲国而言，在华北建立亲日满政权，最为必要"③。

在发动全面侵华战争之前，要挟中国政府承认伪满洲国、日"满"华合作两项基本要求，反复出现在日本对华政策之中。1935 年 10 月，冈田启介内阁的外相广田弘毅提出三原则：一是要求中国"采用对日亲善政策"；二是"正式承认满洲国"；三是日"满"华合作，排除"来自外蒙等地赤化势力"。④ 1936 年 8 月，广田弘毅内阁在《北支处理要纲》中再次强调使华北成为"防共亲日满的地带"，"奠定日满支三国提携互助之基础"。⑤ 然而，无论是冈田内阁还是广田内阁的要求，均为国民政府拒绝。

总之，1931～1936 年，日本占领或控制中国东北、华北、内蒙古东部，

---

① 外务省编『日本外交年表並主要文书』（下卷）、204、205 页。
② 今井清一『现代史资料11　ほか』みすず书房、1965、640、641 页。
③ 《日本帝国主义对外侵略史料选编》（1931～1945），上海人民出版社，1995，第 151 页。
④ 外务省编『日本外交年表並主要文书』（下卷）、303 页。
⑤ 外务省编『日本外交年表並主要文书』（下卷）、347 页。

实现了侵占"满蒙"的百年之梦。"满蒙情结"梦成，产生多方面的效果。其一，将中日关系打上死结。1931年9月19日至23日，国民政府提出三次严重抗议，要求恢复中国东北在九一八事变爆发前的状态；驻国联的代表施肇基也奉命向国联大会控告日本，要求举行临时会议讨论制裁行动。蒋介石固执于"攘外必先安内"方针，将精锐部队用于"剿灭"红军，寄希望于国联的干涉以平息事态。9月19日、20日，中共满洲省委和中共中央先后发表宣言，号召武装抵抗。22日，中共中央通过《关于日本帝国主义强占满洲事变的决议》。决议揭露日本企图"使中国完全变成它的殖民地"，"实行第二次世界大战"等观点不乏前瞻性；但强调"反苏战争是主要的危险"，号召"武装拥护苏联""变帝国主义战争为国内战争"等主张①，则脱离了中日矛盾已上升为主要矛盾的实际。尽管如此，杨靖宇、赵尚志、周保中、赵一曼等优秀党员进入东北，领导武装抵抗。一曲《我的家在松花江上》唱出了东北人眷恋故乡的愁绪和悲伤，感动了关内同胞，激发出同仇敌忾、收复失地的坚定信念。《义勇军进行曲》唱响黄河上下、大江南北，激励中国军民与日寇血战到底。不承认伪满洲国，国共两党共赴国难，坚持抗战的底线与共识。其二，扶植伪满，必然引爆全面侵华战争的导火线。1937年7月，日本发动全面侵华战争。12月，日军攻占南京后，近卫文麿内阁以"战胜国"的姿态，提出"日中议和"的条件，包括中国"正式承认满洲国"；"制定防共政策"，与"日满进行合作"；"日满支三国缔结有关资源开发、关税、贸易、航空、通信等所需要的协定"，中国赔偿日本；等等。② 国民政府拒绝接受此等条件，近卫的如意算盘落空。

1938年1月，近卫发表第一次声明，宣称不以国民政府为对手。11月，发表第二次声明，亮明建立"东亚新秩序"的旗号。12月，近卫发表第三次声明，要求中国政府"抛弃抗日的蠢举"，"与满洲国建立完全的外交关系"，"签订日支防共协定"，等等，诱饵是日本放弃"赔偿军费"、"尊重支那的主权"、积极考虑"撤销治外法权和租界"等。③ 与此同时，近卫内阁通过扶植多个傀儡政权，包括拉出汪精卫，取代蒋介石。近卫内阁又打又

---

① 中央档案馆编《中共中央文件选集》（第7册，1931），中共中央党校出版社，1983，第445、427、429、449、452、447页。
② 外务省编『日本外交年表並主要文書』（下卷）、380、381頁。
③ 外务省编『日本外交年表並主要文書』（下卷）、407頁。

拉，除制造了一个汪精卫南京伪国民政府，演出"日支满合作"、南京伪国民政府承认"满洲国"的闹剧之外，毫无实际意义。相反，坚定了蒋介石坚持抗战的意志，国军在正面战场与日军激战；抗日根据地的军民开辟敌后战场，日军陷入持久战的泥沼之中，处处被动。

总之，痴迷于鲸吞"满蒙"的既定目标，扰乱了日本统治集团的方寸。由东北而华北，而华东、华中、华南，在逐步升级的侵华战争中，当年佐藤信渊和吉田松阴的幽灵，指引着日本军国主义的疯狂战车，沿着"大陆政策"的侵华道路狂奔不止，加速奔向灭亡。

第二，"满蒙情结"导致日本在外交选择上的致命错误。

在 1922 年 2 月结束的华盛顿会议上，美、英、日、法四国签订《四国条约》，废止日英同盟，规定通过外交解决在太平洋发生的争端；美、英、日、法、意的《五国海军条约》限定各国造舰的吨位比例，美英居首，日本次之；《九国公约》规定各国尊重中国主权独立和领土完整，遵循机会均等原则。上述条约构成"华盛顿体系"，美国虽承认日本为太平洋的海军强国，但在造舰吨位和军备实力上，尽最大可能对其加以制约。对日本而言，因日英同盟消亡，明治以来与世界头号强国结盟的外交传统受到挑战。一招不慎，则满盘皆输。

初登世界大国高位的日本不知所措，可谓四顾茫茫。1931 年发动九一八事变，武力侵占"满洲"，破坏中国主权独立和领土完整，挑战"华盛顿体系"，走上外交歧路。1931 年 10 月，国际联盟理事会发表声明，劝告日本从东三省撤军，日本置之不理。1932 年 1 月，日军攻占锦州。美国国务卿史汀生向中日两国提交照会，强调美国对改变东三省现状，违反门户开放政策、《九国公约》和《巴黎非战公约》的行为一律不予承认。"一·二八"事变爆发后，史汀生提高了"不承认主义"的调门，警告日本不要挑战"华盛顿体系"。2 月，李顿调查团从欧洲出发，首站东京。日本政府的回答是加紧导演伪满洲国的"建国"闹剧。

1933 年 2 月，国联以 42 票对 1 票的悬殊比例，通过了以美国"不承认主义"为基础的《对日劝告案》，要求日军撤离中国东北。日本代表松冈洋右在国联总会上发表演说，反诬中国是"远东纠纷的根本原因"；硬说南京政府的政令不出"四个省"，据此声称"满洲完全处于支那主权之下的说法，是对事实和历史的歪曲"；强调"日本在满洲进行过两次战争"，满洲问题"对于日本国民来说，实关生死存亡"，决心"维持满洲国独立"。① 一通狂言之后，松冈随即率领日本代表团退场，日本在自我孤立的道路上越走越远。

3 月，日军占领承德，兵锋直抵长城一线。日本政府则发表《退出国际联盟通告》，借口"在确立东洋和平根本方针上，与国联所信奉者完全不同"，宣布"退出国际联盟"②。外相内田康哉指责国联通过李顿调查团的报告书，是"无视满洲国成立的真相，否认帝国承认满洲国的立场，破坏了稳定远东事态的基础"等。③ 天皇为退出国际联盟发布诏书，声称日本退出国联，是因为"满洲国新兴，帝国尊重其独立，促进其健全发展，以消除东亚之祸根，确保世界和平之基"，但"国联的见解与之背道而驰"④。1934年 12 月，日本通告废止华盛顿《限制海军军备条约》。⑤ 统治集团的上述表态，受到报刊舆论的狂热支持。日本朝野因一手炮制的伪满洲国，陷入对抗国际社会的群体癫狂之中。

这样，自明治维新以来，始终关注与欧美列强协调关系、奉行"脱亚入欧"外交路线的日本，因痴迷"满蒙情结"而开始了不计后果的外交选择。颠顶选择与鲁莽之举，使得日本在外交上继续更加铤而走险。1936年 11 月，日本选择与纳粹德国结盟，在柏林签订《反共产国际协定》。1940年 9 月，日本与德意签署《德日意三国条约》，形成法西斯轴心国集团。1941 年 4 月，日美开始正式谈判。是否承认伪满洲国与日本加入轴心国集团的问题，构成日美谈判的两大难点。日本坚持既定立场，日美谈判毫无进展。日本为固守"满蒙"与联手德意，选择了对美英开战的军事冒险，走上帝国崩溃的不归路。

第三，九一八事变以来的侵华战争致使日本选择饮鸩止渴的法西斯化。

顽固坚持侵占"满蒙"以及随之而来的侵华战争升级，不仅导致日本外交方向选择的致命错误，而且对日本的政府体制和社会思潮产生直接影响，加速了法西斯化的进程。九一八事变前，政党政治余息尚存。九一八事

---

① 外務省編『日本外交年表並主要文書』（下卷）、264 - 265 頁。
② 歴史科学協議会編『史料日本近現代史』Ⅱ、138 頁。
③ 外務省編『日本外交年表並主要文書』（下卷）、268 - 269 頁。
④ 外務省編『日本外交年表並主要文書』（下卷）、269 頁。
⑤ 外務省編『日本外交年表並主要文書』（下卷）、287 頁。

变后，军人法西斯集团猖獗，制造血腥的"五一五"事件，颠覆了政党政治，为法西斯势力执掌政权开辟了道路。

在"华北事变"期间，1935 年实施思想镇压的"国体明征运动"与 1936 年广田内阁的"准战时体制"相配合，加紧对国民的身心控制。1936 年"二二六"事件期间，"皇道派"被彻底击垮，与财阀"合抱"的"统制派"掌握了法西斯化的主导权，"先外后内"方针成为指导日本法西斯化进程的总方针。

1937 年 7 月全面侵华战争爆发后，8 月，近卫内阁通过《国民精神总动员实施纲要》，宣称"无论事态如何发展，战争如何长期化，均须坚忍持久，克服困难"，发起国民精神总动员运动。① 纲要中的"战争"，显然是指侵华战争。1938 年 4 月，近卫内阁公布了经第 73 届国会通过的《国家总动员法》，日本正式进入战时体制。

1940 年 7 月，近卫第二次组阁，着手在日本建立纳粹式的政治、经济、文化新体制，继续侵华战争。近卫内阁通过了《基本国策纲要》，宣称对内建立"新国民组织"和"新政治体制"，"以确立国防国家的根基"；对外"建立以皇国为中心，以日满支三国经济自主建设为基础的国防经济的根基"。② 大本营与政府联席会议通过《伴随世界形势演变的时局处理纲要》，愈加关注"加速解决支那事变"，"集中政战两略的综合力量，特别是使用断绝第三国援蒋行为等所有手段，迫使重庆政权尽快屈服"。③ 紧锣密鼓中的"新体制"运动，与侵华战争和南进方针产生了内在联系。9 月 27 日，就在德日意三国在柏林签订法西斯轴心国同盟条约的当天，近卫内阁通过决议，将"新体制"运动定名为"大政翼赞运动"，设置了推进这一运动的机构"大政翼赞会"。10 月，近卫担任总裁，各府道县知事担任支部长。触角伸展到市町村的仿效法西斯"一国一党"的"大政翼赞会"出台，完成了日本的法西斯化。

近代日本帝国的兴亡，均同侵华战争有关。昭和初期，日本统治集团为鲸吞"满蒙"，不惜发动局部侵华战争和全面侵华战争，推行法西斯化，拼

---

① 吉田裕編『資料日本現代史 10 ほか』大月書店、1984、46 頁。
② 外務省編『日本外交年表並主要文書』（下巻）、436、437 頁。
③ 外務省編『日本外交年表並主要文書』（下巻）、437 頁。

尽全力追逐"征服中国"这个不可能实现的目标。从表面上看，工业化和法西斯化的日本凭借其军事装备、精神总动员的优势，在不长的时间内占领了大片中国领土，来势汹汹。实际上，侵华战争消耗日本的人力、物力、国力，日本不得不乞灵于法西斯化和冒险南进，最终战败投降，"大日本帝国"崩溃。

结 语

第一，"满蒙情结"的产生与践行并非偶然。中日两国"一衣带水"的地理临近环境，既有利于古代二千年的文化交流，也成为倭寇、近代军国主义肆虐的便利条件。是和平交往还是侵扰大陆的关键，取决于日本的当权者或精英势力秉持何种"意识支配"或接受"心理和行为产生极具情感强度的影响"，即受制于何种"情结"的支配。源自近世后期的日本"满洲情结"，至近代扩展为"满蒙情结"，成为军国主义贯彻"大陆政策"的"意识支配"，对日本朝野的"心理和行为产生极具情感强度的影响"。循此损邻自肥、弱肉强食的心理定式，明治维新后日本充分利用地理之便，侵略中韩等邻国，武力崛起。在这个过程中，"满蒙情结"成为继吞并朝鲜半岛之后日本新的殖民动力。

第二，"满蒙情结"是日本帝国走上不归路的指路标。利用中韩两国封建政权的落伍与软弱，日俄战争后，日本占领"南满"，建立了关东军司令部、"关东都督府"与满铁等殖民侵略据点，伺机夺占"满蒙"。待日本吞并韩国，鸭绿江和图们江成为日本的"新国境线"，暴露在日本军国主义兵锋下的中国东北地区首当其冲。中国自1926年北伐战争起，民族觉醒达到一个新高度，北洋军阀割据使局面迅速改观，加快走向统一。为确保殖民权益，1927年田中内阁制定了肢解"满蒙"的侵略政策。蒋介石奉行"攘外必先安内"的方针，1931年关东军策动九一八事变的轻易得手，使日本统治集团产生战略误判。从1935年的"华北事变"，到1937年的"卢沟桥事变"、"八一三"事变，局部侵华战争升级为全面侵华战争。由于国共两党共赴国难，全民族坚持抗战，"满蒙情结"成了日本帝国的梦魇。陷入侵华战争泥沼的日本战车刹闸失灵，沿着孤注一掷的南进冒险、挑起太平洋战争的轨道狂奔，最终败亡。

第三，"满蒙情结"正在死灰复燃。1945 年 8 月，日本战败投降。在美国主导的非军国主义化、民主化改革的过程中，"大日本帝国"连同"大东亚共荣圈"、"满蒙情结"一起被扫进了历史的垃圾堆。数年后，出于美国国家利益和冷战的需要，帝国旧班底复活，结束整肃，重返政界。他们依旧痴迷"帝国业绩""皇国史观"，包括"满蒙情结"，一旦有机会，就顽强地表现其存在。在 20 世纪 50～60 年代，日本经济连续跨越景气增长台阶，快速发展。"走出战后"、洗刷"战败国耻辱"的意识不胫而走，为"大东亚战争"正名的逆流涌动。70～80 年代，右翼势力的活跃，与首相参拜靖国神社和文部省审定歪曲历史、美化侵略的教科书相呼应。

1995 年，右翼议员团体"历史研究委员会"出版《大东亚战争的总结》，仍称侵华战争为"支那事变"，硬说九一八事变发生的"满洲不是中国的领土"，将侵略行为美化为当地居民"请求关东军临时进驻满洲"，借口是"仅凭日本人的强制力量绝不可能发动满洲事变"等。[①] 1997 年，一批右翼学者成立"新历史教科书编撰会"，宣扬"新自由主义史观"，编写篡改侵略历史、颂扬"大日本帝国"的《新历史教科书》。2006 年，产经新闻社推出的《大东亚战争——日本的主张》，继续在 21 世纪老调重弹，宣扬"帝国情结"。时至今日，仍以武力夺取中国的领土，不啻痴人说梦。然而，上述依旧痴迷"满蒙情结"的日本右翼的行径，是在混淆视听，贻误青年，加剧心理对抗，毒化中日关系，因此值得高度警惕。

The "Manchuria and Mongolia" Complex

Song Chengyou

Abstract Since 18th century, European and American powers have frequently attacked Japan, which caused a sharper crisis of the national defense. The Country-Administration School in Japan put their eyes on "Manchuria". They advocated sending troops to capture China and building the

---

① 历史研究委员会编《大东亚战争的总结》，新华出版社，1997，第 19、20、24 页。

Great Empire. In the second half of the 19th century, after the Meiji Restoration, Japan had become an emerging country of East Asian capitalism. Through the Sino-Japanese War, the Russo-Japanese Wars and the First World War, Japan's armed forces reached the level of imperialist countries. Then, Japan annexed South Korea, colonized southern Liaoning, colluded with Russia. In the meantime, the aggressive target of Japan has also expanded from "Manchuria" to "Manchuria and Mongolia". In the the 1920s, Japan suffered the double blow of the domestic and world financial crisis and tried to get out of poverty by aggressiving "Manchuria and Mongolia". As a result, Japan has planned and implemented the "9 · 18" incident, separated from the National Government and escalated the war of aggression against China. What's more, Japan tended to become fascist and provoked the Pacific War. Finally, The complex of "Manchuria and Mongolia" became the noose of "Dai Nippon Empire". The Japanese dream was broken.

Keywords　"Manchuria and Mongolia" Complex; The Country-Administration School; Meiji Restoration; Aggression Against China

石桥湛山对日本"满洲"政策的批判

周致宏*

【内容提要】 反对并彻底放弃殖民统治是石桥湛山在一战、二战时期对外思想的重要主张。对于"满洲"问题的批判是其反对殖民统治思想的核心，是在加入东洋经济新报社后受报社前辈的影响而提出的。一战前后是石桥对"满洲"问题批判的第一个高峰期，石桥分别从经济、政治、外交等多方面论述了"满洲"问题是日本外交上的重大失误。二战时期，由于日本国内外环境及自身因素的影响，石桥对于"满洲"问题的批判方式也相对有所改变。虽然石桥湛山对于"满洲"问题的批判在一战、二战时期表现出了不同的特点，但最终目标仍然是其一直主张的彻底放弃"满洲"，只不过因其思想的特征，且随着国际和日本国内的形势而选择了不同的实现方法。石桥主张彻底放弃殖民统治，提倡世界和平、邻国之间和平友好相处等思想是值得肯定和赞许的。

【关键词】 石桥湛山　满洲　小日本主义

经历了甲午战争和日俄战争，20 世纪初的日本在经济上已经完成了资本的原始积累，开始参与资本和商品输出的国际竞争。在外交上，修改了明治初期与西方列强签订的不平等条约，与英国缔结了同盟；确立了对朝鲜半

---

* 周致宏，吉林大学东北亚研究院历史学博士，辽宁大学日本研究所教师，吉林省伪满历史文化研究基地成员，研究方向为日本史。

岛和中国台湾的殖民统治。在这样的形势下,如何确保并进一步扩大日本的利益,是当时的日本政治家必须面临的课题。主流的日本政治家有两个思路。其一为脱亚入欧、确保"主权线与生命线"。具体来说,日本应该防范其他强国的侵略,保护主权线。其二,由于领土狭小、资源匮乏以及"人口过剩",必须通过扩张来维持所谓的的"生命线"。

保卫"主权线与生命线"在当时的日本被认为是可行的发展方向。在大正民主运动中不断扩大业务量的《东洋经济新报》却发出了不同的声音,石桥湛山就是这个阵地上的"第一支笔"。

从 1911 年加入东洋经济新报社到一战结束,石桥湛山以《东洋经济新报》为阵地先后发表多篇文章,明确提倡放弃对"满洲"、青岛、朝鲜半岛、台湾岛和库页岛等地的殖民统治,停止对中国和苏俄的干涉,缩减军备,停止战争及提出世界和平同盟案,主张追求功利外交(即以最小代价换取最大利益)。这个时期是石桥湛山对于"满洲"问题批判的第一个高潮期。

一 一战前后的批判论

对于"满洲"等殖民统治的放弃论是石桥湛山"小日本主义"对外政策的核心思想,也是"小日本主义"在发展过程中始终坚持提倡的重要主张。

1912 年 9 月 15 日,法学博士末广重熊在《外交时报》上发表《新日俄协约》一文,试析"满洲放弃论"。末广重雄认为日本独占"南满洲"并非良策,指出从国际关系上看这是十分危险的行为。并表示在明治 38 年日俄战争后,日本对于俄国主要采取三个原则,"第一,从《朴次茅斯条约》中的休战条约可见,并没有结束两国的敌视,很有可能再发生战争,因此日本无论是在北满洲,还是在整个远东都期望将俄国势力全部驱逐出去。第二,日俄接近,相互认识到满洲地位,为防止第三国加入,共同采取防御政策。第三,从南满洲的经济延伸到国际上的政治,列国协同和控制一国的野心",① 以上是日本提出的保障日本安全与远东和平的政策。

---

① 末广重熊「新日露協約」『外交時報』1912 年 9 月 15 日号。

对此石桥湛山认为"第三点算是三点之中的最上政策，因为第一点并不是在日俄两国势力比较上提出的，而第二点在同俄国的协同上达成协议，但是从俄国方面考虑它们的协同并不希望是永久的协同，不知何时这种协同关系就会破坏，所以虽然已经达成协议，但是日本为了保证在南满洲的实力，必须要增加相当的军备，这实际上是非常愚蠢的事情。如果是为了国防，保证国家在国际上的地位，这是十分必要的，但是国防以外日本去保护南满洲，那么就是无利益的，所以第三点还算是上策"①。同时石桥湛山表示日本当时处在因虚荣心与恐惧心而不断扩张军备、扩张势力范围的时期，所以像末广重雄的这种论调是十分珍贵的，同时对日本出现类似于这样的种种论调而感到十分欢喜与欣慰。

日本最初的"满洲放弃论"的提倡者是三浦銕太郎，他在 1913 年发表《满洲放弃乎　军备扩张乎》一文，指出："一、满洲政治上的主人是中国，所以日本不可能永久地去掌握中国。二、因满洲有利于促进我国经济发展而占有，实际上反而给我国经济财政增添了负担。三、占领满洲的政策是分割中国的政策，那么必会招致中国内部的反抗，加上各国的争夺，就会致使日本国防受到威胁。四、占领满洲的政策，有损于日英同盟的精神。"② 因此，三浦銕太郎主张日本应该放弃对于"满洲"的占领政策。此思想对石桥湛山的殖民统治放弃论产生很大的影响。

从 1914 年开始，石桥先后在多篇文章中主张禁止对亚细亚大陆的领土扩张政策，宜早放弃对于"满洲"的占领。对于"满洲"，石桥湛山的立场是十分明确的。例如，在《放弃一切的觉悟》《提携中国的太平洋会议的到来》《大日本主义的幻想》《保留就是失败》《军备的意义论日美关系》《就太平洋及远东的军备限制问题会议的劝告》《评价原氏及加藤子对华盛顿会议的看法》等文章中都可以明确看出石桥湛山的主张。

例如，他在《放弃一切的觉悟》中提到要改掉对于弱小国家的占有思想，改为放弃，即放弃"满洲"，允许朝鲜独立，不以武装力量来实现在中国树立经济特权，同弱小国家和平共存，主张日本为了满足大欲，应舍弃小欲。

---

① 石橋湛山「満州放棄論」『東洋経済新報』1912 年 10 月 1 日号。
② 増田弘『侮らず、干渉せず、平伏さず：石橋湛山の対中国外交論』草思社、1993、43 頁。

"中国同日本应相互交好、融洽，相互关照，顺应在地理上、历史上、国际关系上的自然。倘若我国能同中国交好，能被中国人接纳、信赖，那么中国自然就会同我国握手言和，那不但是对于中国的大喜，对于日本而言也是件喜事，会给我国带来更为丰厚的利益。"①

同时石桥湛山列举出中日交好给日本带来的利益。"首先，日本消除了英美等国围攻日本的理由，同时局面将会发生转变，由于对印度的占领、对墨西哥的压迫和对于有色人种的虐待，菲律宾及关岛的武装问题，那么对于远东的威胁就会变成英美，而我国在议谈中的地位，自然就会有所转变。其次，众所周知中国的广阔，满蒙只不过是广阔中国的一小部分而已。如果我们不放弃对满蒙的占有以及特殊利益，那么只能局限在这一地，如果我们放弃，那么我们将可以自由地活动于中国的广大领土，可想而知，日本会得到更大的利益。"②

但是石桥湛山的主张，并没有影响到国内政局，日本当局依然我行我素，拒绝放弃与归还。民众对此的心情也是十分复杂的，就连最热心于缩减军备论的尾崎行雄也表示："满洲灌注了日本 500 万战士的鲜血，花费了 20 亿的经费，今日如果说放弃就放弃的话，那么将如何面对祖先。"③ 对此石桥湛山表示非常愤慨，认为"日本政府并没有从大局考虑，而只是一人之见。必须要有大的觉悟，如果依然占有中国，那么就不会得到英美两国的谅解，这是军国主义的丑态，所谓的和平主义只不过是一种空论而已"④。可见石桥湛山多年来的中国政策论是超越日本各层各界的评论的，直接联系到新的远东国际政治体制。

石桥在《大日本主义的幻想》一文中分别从经济、军事及移民等问题分析"日本对于满洲、朝鲜、台湾等地的占有，及干涉中国、西伯利亚等做法并不能给日本自身带来真正的利益。所以日本不用再执着，应早日放弃，否则只会为此付出更大的代价和牺牲"⑤。

并且石桥湛山指出，列强取得的海外殖民统治已经在瓦解；殖民者可

---

① 石橋湛山「一切を棄つるの覚悟」『東洋経済新報』1921 年 7 月 23 日号。
② 石橋湛山「一切を棄つるの覚悟」『東洋経済新報』1921 年 7 月 23 日号。
③ 石橋湛山『石橋回想』岩波書店、1985、119 頁。
④ 石橋湛山『石橋回想』、120 頁。
⑤ 石橋湛山「大日本主義の幻想 二」『東洋経済新報』1922 年 8 月 6 日号。

以轻易夺取新领土的时代即将终结。例如，"英国等国屡次向海外扩张的时候，被侵略的民族独立意识还未觉醒。但今非昔比，世界局势变化很大，国际法逐步完善，被压迫民族正以'民族自决权'为法律依据谋求独立或自治。在这种背景下，'大英帝国'对印度和爱尔兰的局势颇感棘手。爱尔兰已经遍燃独立烽火，英国对印度的统治能维持到何时也是个疑问。现今朝鲜的独立运动、台湾的议会开设运动、中国及西伯利亚的反日运动等绝不会因警察、军队的干涉压迫而被压制，这和劳动工人反对资本家的运动不会因军队的干涉压迫而被制止是同样的道理。他们在获得某种形式的自主满足之前，是不会停止运动的，而且一定会有给予他们满足的时候。因此对于镇压一方来说，这只是今天由日本主动地允许他们自主或者明天他们亲自获得自主，只不过是这样的差异"①。因此，石桥湛山表示日本违背世界潮流，以各种名义吞并或占领其他国家领土的举措早晚要遭到失败。

同时，石桥湛山认为，"如果仿效列强，能够得到和列强相对抗的有力的海外殖民统治权，那么大日本主义还是多少有意义的。但是如果获得满洲、朝鲜、台湾、库页岛那样的没有天然产物，其收入还不足以维护其统治费用的土地，并且会给列强以保持其广大丰饶土地的口实，事实上这是很不合算的"②。所以主张日本采取促进列强放弃殖民统治的方法。

并且石桥湛山断言，"日本舍弃大日本主义，不会酿成什么不利反而会给日本带来更大的利益。放弃满洲、朝鲜、台湾、库页岛等地，把广大的中国作为我们的朋友，主动地把整个东方甚至整个世界所有的弱小国家作为日本道义上的支持者，那所带来的利益是无法估量的。如果美国依然横行或英国依然傲慢，要是他们欺压东方的各民族乃至世界的弱小国家，日本应成为被欺压者的盟主讨伐英美。这个时候，区区平常的军备就不是问题。战法的奥义在于人和，蛮横的一两个国家纵然有强大的军备力量，而作为自由解放世界的盟主，背后拥有东方乃至全世界的真心支持就一定不会输了这场战争"③。石桥湛山表示，如果日本今后有作战的机会，那场战争也必须是这

---

① 石橋湛山「大日本主義の幻想　二」『東洋経済新報』1922 年 8 月 6 日号。
② 石橋湛山「大日本主義の幻想　三」『東洋経済新報』1922 年 8 月 13 日号。
③ 石橋湛山「大日本主義の幻想　三」『東洋経済新報』1922 年 8 月 13 日号。

样的战争才行。如果日本能有这种觉悟，舍弃一切小利前进的话，甚至不用战争，也许那些蛮横的国家就会衰亡。

综上，一战前后由于国内外的环境因素，"小日本主义"思想在社会上得到了一定的认可，石桥湛山以《东洋经济新报》为阵地，在前辈的影响下发表多篇文章，提倡、阐述自己对于 "满洲" 问题的主张，这一时期石桥湛山对于 "满洲" 问题批判的言辞是明确、具体而又激烈的，对于 "大日本主义" 侵略扩张政策的批判也是很严厉的。尽管如此，石桥湛山强烈希望全面放弃 "满洲" 的主张却仍然没有在事实上被认可。

二 二战时期对于 "满洲" 问题的批判

石桥湛山的声音并没有阻挡军国主义者侵略的步伐。1932 年，日本在长春扶植溥仪建立伪满洲国，中国东北沦陷；1937 年，日本继续武力全面侵华；1940 年缔结德、意、日三国同盟；1941 年 12 月 7 日，日本偷袭珍珠港，日美开战。二战时期，日本的法西斯统治空前黑暗，石桥湛山的 "小日本主义" 也发生了转变。由于严密的思想和言论控制，虽然石桥湛山署名的文章依然频繁地见诸报端，但他无法像大正时期那样疾声呼喊，更不能明确地反对侵略战争。"小日本主义" 的关键词 "和平、自由、民主" 只能隐藏在文字背后。作为一种思想潮流，"小日本主义" 有衰落的迹象。

1936 年 "二二六" 兵变以后，日本全面建立法西斯统治。1941 年，东条英机内阁成立，日本进入了举国一致的 "战时体制"，整个社会大众的思想意识都受到严厉的控制。1941 年 12 月 1 日，东条内阁提出镇压群众的七项措施："一、取缔和检查共产主义者、不法朝鲜人及值得注意的宗教界人士；二、监督国家主义团体中的激进分子；三、取缔流言蜚语，指导舆论；四、逮捕有间谍嫌疑的外国人；五、加重战时犯罪分子的惩罚，简化裁判手续；六、加强警察的非常警备；七、侦察民心的动向。"[1]

同年 12 月 6 日，日本又颁布了《对言论、出版、集会、结社的临时取缔法》，完全剥夺了日本国民的言论和出版自由，严禁报刊登载违反国策、

---

[1] 吴廷璆：《日本史》，南开大学出版社，1994，第 758 页。

妨碍战争的消息，只允许刊登"大本营公报"。1942 年 7 月，日本政府颁布的《对曾犯有思想罪者的措施》规定："一、犯有部分思想罪者，从中央和地方的机关、学校中清除出去；二、犯有思想罪者，继续扣押在拘留所，不宜居住在国内者，强行收容在占领的南方岛屿。"①

上述规定使得这一时期日本军部法西斯的统治达到了令人窒息的地步。同时，日本成立了"大日本翼赞壮年团"，对青年人灌输法西斯思想，实行军训，征集军备用品，一时间整个国家都在鼓吹和支持战争。

在这种背景下，石桥湛山的"小日本主义"失去了民众基础，已经极具影响力的《东洋经济新报》也不得不面对国民情绪的转变和法律、法令的"禁区"。随着日本对外侵略的步步升级，石桥湛山也不得不"对外"修正自己的言论，这一时期石桥湛山对于"满洲"问题的批判是非常柔软而有策略的，隐藏了一战时期的锋芒和激烈的言辞，选择了边让步边抵抗的曲折前进方式，但是也从没放弃过自己的这一思想主张。

1931 年 9 月 26 日至 10 月 1 日，石桥湛山发表连载文章《满洲问题解决的根本方针》，文中指出："中日两国是千百年来的友好国，中国也是日本文化开启的先辈国，纵观历史，千百年来两国一直是保持和睦相处的。而从两国利益考虑，将来也应保持和睦友好的关系，这一点是毋庸置疑的。但何故两国的国交在近十多年急速恶化，尤其近几个月，追究其根本还是在满洲问题上。"② 所以石桥湛山主张日本应在此时彻底解决"满洲"问题，为了两国，同时也是为世界和平，中日两国应重修旧好。但是同时石桥湛山也表示这只是其个人或一少部分人的希望而已，因为当时的日本政府及国民还没有如此高的认识。所以从实际情况出发，实现这一目标是需要一个长期的过程的。

同时，石桥湛山在文中表示："日本应该明白满洲终归是中国的领土，虽在条约中已为日本所占领，但是没有真正得到中国的认可。所以中国国民是不会屈从于日本的统治与占领的。而从日本所谓满洲问题的特殊利益保持方针上看，此时这个问题很难解决。但日本应该明白现今中国的民主主义同

---

① 吴廷璆：《日本史》，第 759 页。

② 石橋湛山「満州問題解決の根本方針如何」『東洋経済新報』1931 年 9 月 26～10 月 1 日号。

日本明治维新的先驱者一样，为国家的统一而鼓吹爱国心的行为是正当的。对此日本政府及国民应该给予正确的理解。"并指出："对于特殊权益的保有应以国家的安全、繁荣为基础。但从现实上看，这种特殊权益的保有反而使我国处于危险之中。无论是从政治、经济还是国防上，我国都没有得到真正的利益。"可见虽然石桥湛山承认"满洲"在原料供给上有一定的重要性，但同时也认为由于日本的占领、统治，从经济角度看破坏了原有的经济关系、商卖关系的平衡。所以"中国民众出于对国家的爱国心，在排他思想的作用下，很难同日本维持正常的经济关系、商卖关系，那么日本实际上在经济方面的特殊权益就等同没有。从国防上，这反而会造成日本的更大危险与孤立"。① 进而石桥湛山提倡应彻底放弃这种特殊权益，实现交好才能达到对于其资源的充分利用的目的。

随着对"满洲"侵略的顺利推进，日本帝国主义侵略野心迅速膨胀，短短三个月就把"满洲"的全域占领。面对这种形势，日本的那些战争鼓吹者更加大肆煽动，使日本国民产生了更大的侵略幻想。对此石桥湛山发表文章，在承认日本占领"满洲"的既成事实的基础上提醒国民与政府防范"满洲景气"乐观论。

石桥湛山首先从经济方面考虑，认为日本国民及军部乃至政府当局，对于"满洲"资源的价值及超高购买力的评估只是一种表面的算法。"基于我国在满洲权益的确保，为了资源的自由而委任本国人开发，其结果我国占得的利益有多少。人们所谓的满蒙辽阔的可耕地，可以解决我国大量的农民移民问题的想法，恐怕也只是梦想而已。虽然我国农民的生活程度很低，但对比中国的劳动者来说，仍属于高的。如果从移民问题上考虑，在满蒙建立巨大的农作场，那么对于我国国内农业的影响又是如何。这会给本身就处在生死边缘的农业带来严重的打击。且不论满蒙地区丰富又廉价的米和其他食物及原料品的生产，所以从大局考虑对于我国并没有利益可言，若想得到利益，应从变革我国自身根本的产业组织开始。"②

而对于"满蒙"有大量的矿物资源的说法，石桥湛山给予了承认，认

---

① 石橋湛山「満州問題解決の根本方針如何」『東洋経済新報』1931 年 9 月 26~10 月 1 日号。

② 石橋湛山「支那に対する正しい認識と政策」『東洋経済新報』1932 年 2 月 6~13 日号。

为这的确是事实。但同样石桥湛山也表示矿物资源就如同农业一样，从大局出发，即使不能造成日本当前的所有矿业全部灭亡，恐怕也会造成日本产业、财界的大混乱。无论日本的劳动者如何使用"满蒙"的矿山，都如农业劳动者一样，是反经济原则的不可能实现的事，而其他的森林等资源亦是如此。指出"无论我们日本人有多少移民在满蒙居住，无论我们用什么样的政治手段去管理，但经济依然是受中国人支配的，因此从经济上看满蒙依然是中国人的。而我国唯有满蒙的经济发达了，且大多数满蒙的中国人富裕了，才能从贸易上得到间接的利益"①。这并非石桥湛山对于未来的简单预测，而是其基于过去的历史事实证明的结果。

石桥湛山认为九一八事变的原因是十分复杂的，但是其中之一就是在"满洲"地区，当时中国的经济势力对于日本已形成压力，而面对中国逐步涌上来的经济势力，日本的经济是无力对抗的，到最后恐怕用军事手段解决也是无力、徒劳的。同时石桥湛山表示："如果把满洲独立划出，禁止与其他地区的中国人的相互往来，那么其同各种各样的商租界就无超越与区别，所以日本想把满洲变成日本领土的想法只是幻想，是百害无一利的行为，其结局只能证明我国的愚蠢。"②

对于当时屡次发生的所谓的"排日、侮日"运动，石桥湛山认为："日本国民对于此事不必过度愤慨，因为如果从中国人的立场出发，自己的家被邻家或强盗所得，那么其做法就是合理的。中国当然希望由自己统治自己的国家，显然这也是最健全的方法。而且从中国的历史事实看，中国自己的统治力是毋庸置疑的。"③ 所以石桥湛山主张日本应该反省，屡屡对四邻进行非合法化的军事行动，是对邻国之间感情的巨大损害。九一八事变只是开始，久而久之就会有因"满洲"引起的更大的中日冲突的危险。

石桥湛山表示："作为邻国，我们所能做的只是维护中国和平的助力而已，这是从现今紧密的国际关系上考虑的。因为无论何时，满洲也好，中国的其他领土也好，永远都是中国人的领土。从过去的事实可以证明，

① 石橋湛山「支那に対する正しい認識と政策」『東洋経済新報』1932 年 2 月 6 ~ 13 日号。
② 石橋湛山「支那に対する正しい認識と政策」『東洋経済新報』1932 年 2 月 6 ~ 13 日号。
③ 石橋湛山「支那に対する正しい認識と政策」『東洋経済新報』1932 年 2 月 6 ~ 13 日号。

无任何把他国领土变成真正自国领土的案例，满洲也一样，唯有从间接利益出发，友好交往、互利共赢，我国才能得到真正的实际利益。"① 所以主张日本应防范对于"满洲"乃至整个中国产生更大的野心，这是十分危险的。并表示现今日本露骨的行为已经引起其他各国的猜疑，激发了中国的强烈反感。如果再如此地我行我素，只会使日本处于孤立而又十分危险之地，那么日本的最终结局可想而知，只会是失败的同时给自身带来惨祸。

出于上述观点，石桥湛山总结出对于当时"满洲"的正确政策："第一，对于在满洲的我国的既得利益，在此时应先以确保巩固为宜，其他今后如何利用或处置都是以后的问题。第二，在满洲除确立所谓为中国保疆安民的目的以外，无论在政治上还是经济上，都应遵从当地中国人自身的意愿，确保满洲绝对自治。"② 石桥湛山表示日本应如同顾问一样，避免有监视人、掌权人的意味为宜。同时日本应尽量与中国交好，要遵守当地生活，要保有当地文明的道理，并努力使当地中国人抱有亲日化的感情，那样日本才能真正在"满洲"得到国民所希望的实际利益。

对于成立的伪满洲国，石桥湛山首先表示："作为记者，对于日本政府发表的所谓此行为是为了满蒙的幸福，是为满蒙保疆安民，为中国人也为日本人，更是为了世界的人类的说法，认为这是喜事，希望真如其所说。"③

但同时也指出，"此新国家，是因去年九月事变的结果，而非经历了一个正常过程而成立的。换言之，是在日本军队权势的影响下，依据其保护乃至干涉而艰难赶制出来的国家"④。石桥湛山表示很难相信这样的"国家"能突然有自治的力量，能健全地经营今后的"满蒙"。认为此"国家"恐怕实质上更多是因日本军部及当局者的意愿和努力支撑诞生的。所以石桥湛山表示："其善也好，恶也罢，今已经如同上了船，无法弃船而行，已经成为日本国民难以避免的责务。"⑤

对于"满洲"问题，石桥湛山在批判其是日本政府在外交、政治上的

---

① 石橋湛山『石橋湛山全集』（第八卷）、東洋経済新報社、1970～1972、52－59 頁。
② 石橋湛山「支那に対する正しい認識と政策」『東洋経済新報』1932 年 2 月 6～13 日号。
③ 石橋湛山「満蒙新国家の成立と我国民の対策」『東洋経済新報』1932 年 2 月 27 日号。
④ 石橋湛山「満蒙新国家の成立と我国民の対策」『東洋経済新報』1932 年 2 月 27 日号。
⑤ 石橋湛山「満蒙新国家の成立と我国民の対策」『東洋経済新報』1932 年 2 月 27 日号。

失败的同时，也有经济方面的。例如对于"日满同盟经济"的反对，石桥湛山提醒国民及政府不要被"满洲景气"的幻想迷惑，要认识到对于"满洲"的权益、资源的获得是以日本在国际社会上的孤立为代价换来的，没有实际价值的。同时，对于日本当局者所谓的在国际联盟的经济封锁下，完全依靠自身资源的自给自足的说法表示质疑。为解决此疑问，1932 年 2 月 12 日，东洋经济新报社举办有关经济封锁问题的座谈会。会议上，听取了财界各方面专家的见解，得出一致的意见，经济封锁会造成日本资源的不足，日本应极力避免实施此政策。

同时石桥湛山对于"满洲"资源的利用程度产生怀疑，认为即便日本能充分地利用，这种经济封锁也必然会引起国际上的纠纷，可见石桥湛山对于"日满同盟经济论"的反对态度。其后石桥湛山提出"为了维护、扩大殖民统治，而不惜破坏自国经济的做法是本末倒置的行为"，并从农业及贸易等问题分析"满洲"开发的无益处，强调"满洲"经济的"国际性"。表示出于自由主义经济的立场，经济上把"日满"作为一体或一个单位看，是脱离自由主义经济而构建的新经济体制，从而对"日满同盟经济"、统制经济进行了严厉的批判。

以石桥湛山为首，东洋经济新报社开始持续发表"日满同盟经济"的反对论，分别从日本国际立场的恶化，"满洲"民众反日运动的酿成及本国经济利益的损失来论证"日满同盟经济"的不可能。提倡日本政府和国民应舍弃"日满同盟经济"的幻想。

其后石桥湛山又在《经济的国际性》一文中分别从贸易关系、产业结构等方面来论述"日满同盟经济论"的缺陷，并从经济发展的必然趋势上加以明示。

"经济，首先从其本质上说，应慢慢地考虑扩张其单位。即从一家开始到一村、一个地区、一国直至世界。何为经济，是依据产业及协作对于个人劳动力的最有效的利用，并且是基于个人的生活上的意图、欲望而引起的思想乃至行动，然后是分工和协作，如果允许的话，促成更多的人和不同区域为一体运行、分工和协作才会更有利。"[1] 基于这种认识，石桥湛山表示

---

[1] 石橋湛山「経済の国際性」『日本国際連盟協会誌』1932 年 9 月 19 日号。

"断绝满洲与外国的经济关系，进而达到密切日满经济的意图"① 的"日满同盟经济论"是逆时代的思想，根本不可能实现。

其后 1932 年 10 月 29 日石桥湛山发表《顺应天下之道》一文："国际联盟及美国对于满洲问题如何看待，前几年对于日本在满洲的所作所为，列国所采用的只是否定的态度，认为是不道义的做法，但出于避免同日本发生军事冲突，只是口头上提出适当的处理此问题的意见。而现今对待此问题，列国出于自身利益考虑，开始利用国际联盟采取一些限制日本的侵略行动，可见我国虽表面上看乐观，但实际上是十分危险的。我国的行动已经引起世界全体的监视，一旦我国超越他们的限度，不但在满洲的所有会丢失，就连我国自身也会招致惨祸。"② 所以石桥湛山提醒日本国民、政府应该有所觉悟，有所限制才能平安度过这一"危险"。

首先石桥湛山主张日本应改变"武力万能主义"的谬想，虽然日本的武力强，但同世界各国相比或与世界全体相比恐怕还是渺小的。所以对于"满洲"问题，日本绝不能抱有"武力万能主义"的幻想，应采取以"满洲"国民自身的利益为中心的政策，主张日本应顺应天道，日本对"满洲国"的武力是无用的。

对于那些认为列国承认日本在"满洲"的主张，大部分是因日本武力的影响的说法，石桥湛山给予严厉的批评并进行详细的分析。"自昭和六年九月以来的满洲问题的发展上，确实是依赖于日本的军事力量。但是这种武力上的施展并不是永久有效的。日本国民不能认同的同时，世界人民也无法容忍，所以只能是短时期有效果而已。因此我国为东洋永久的和平，应迅速打消这种武力万能主义的谬想，顺应天道。"③ 石桥湛山同时提出了具体方案，即"满洲国"的任何方面都应以"满洲国"民众的利益为中心，日本只能作为助力。只有"满洲"发展、富裕，从间接利益的角度出发，日本才会有实际的利益。石桥湛山断言如果日本仍用武力之法，贪念眼前小利必有后悔之日。顺应天道，与各国和睦相处，才是发展日中关系，改变日本同列国关系，使日本度过这一"危险"时期的良策。

---

① 石橋湛山「経済の国際性」『日本国際連盟協会誌』1932 年 9 月 19 日号。
② 石橋湛山「天下を順はしむる道」『東洋経済新報』1932 年 10 月 29 日号。
③ 石橋湛山「天下を順はしむる道」『東洋経済新報』1932 年 10 月 29 日号。

其后在战争时期，石桥湛山在 1940 年因朝鲜经济俱乐部成立的邀请，而对"满洲"及朝鲜进行了实地考察。石桥湛山回国后在整理视察报告中指出："农业方面，满洲的实际耕地与我国最初所预想的非常富裕、辽阔相差甚远。根据统计资料显示，满洲未开耕地的总数仅仅是 100 万町步，不足我们最初预想的 1/5，甚至 1/10，而且交通十分不便利，湿地、强碱地占大部分，这些很难真正实现耕种。"① 并且指出"满洲"农业的生产效率很低，耕地面积是日本的 3 倍，但实际产量仅是日本的 1/10。同时卫生状况也不好，根本不适合过多的日本人移民。② 所以表示从农业方面看，"满洲"对于日本是无用的，指出日本对其资本的大量输出也是无法得到回报的，是无意义的。

从产业方面，石桥湛山认为"满洲"确实有着丰富的天然资源，但因交通不发达，技术发展落后，容易开发的甚少，大部分开发很困难，需要日本大量资本的投入，但是从日本当时的财政状态看，这只会造成日本的贫困，成为日本的经济负担，同时开发也并非短时间内能完成的。这对当时的日本来说是本末倒置的。

石桥湛山从"满洲"当时的农业、产业等现实中的种种困难和负面影响出发，反对日本针对"满洲"的移民、农业开拓以及资源掠夺等政策，对日本军部、政府和大多数国民所抱有的"东亚同盟经济"的幻想及"大东亚新秩序"的神话是一个有力的打击。他指出，日本的上述政策都是一种"出血"的援助，"满洲"仍然是"满洲人"的"满洲"，不如早日放弃，无论是对"满洲"来说还是对日本自身来说都是有益、有利的，同时又能改进双方的关系，反而会使日本得到更大的利益。可见，石桥湛山在战时对于殖民统治仍然是持反对态度的。

综上，从这一时期石桥湛山对于"满洲"问题的主张看，虽与一战前后相比有明显的妥协痕迹，但追寻根本仍然是其一直坚持的"小日本主义"思想。只是因当时的政府对于言论的镇压和国内举国一致的战争热、大国梦而不得已选择了一让一进的抵抗方式。同时也看出石桥湛山的核心思想仍然是以实际利益的得失为判断标准的。那么如果对于"满洲"的占领能使日

---

① 石橋湛山『石橋湛山全集』（第十二卷）、東洋経済新報社、1970～1972、480 頁。

② 石橋湛山『石橋湛山全集』（第十二卷）、415 頁。

本获得实际利益，石桥湛山是否还会坚持这种抵抗，答案也许就不确定了，毕竟我们在其抵抗的言论和行动中看到一种浓烈的爱国主义情愫。所以其提倡的对于"满洲"的政策、主张最后都会落在能否真正给日本带来长远、切实的利益上。这是他自小就树立的远大志向，也是其"小日本主义"思想的最终目标。虽不是出于对被侵略、被压迫的国家及国民的同情，但是其希望世界和平、提倡友好亲善的相处及其独特的"间接利益"论还是值得肯定的。

三　战时石桥湛山对于"满洲"问题的转变与其思想特征

（一）石桥湛山的转变

第一，从国际关系上看，对于"满洲"问题，以前石桥湛山一直都是明确地表示反对，提倡放弃和批判日本帝国主义侵略的野心与行为，但此时期对于"满洲国"的成立等方面，石桥湛山所采取的是对"既成事实"的秩序、现状的事后承认态度。

因此，从开战初期对于中国民族主义的同情，主张放弃殖民统治及特殊利益开始转变成主张军事行动的正当性，从对"满洲国"秩序、现状的追认，到对于热河侵略行动和日本退出国际联盟的承认，可见其主张是不断调整的。并且从种种前后对比明显的态度和迹象看，此时石桥湛山的"小日本主义"是有妥协、曲折前进的迹象的。

但是值得注意的是石桥湛山的这种所谓的妥协、后退等行为是因当时日本国内举国一致的战争热和当局者对于言论的镇压等客观情势的抑制而被迫非主观意愿的选择。而采取"停止所得"的让步行为，积极努力寻求在当时状况的基础上终止战争的扩大，使事态逐渐恢复平稳。可见石桥湛山的让步或后退中隐藏着一种对于"小日本主义"思想的坚持。例如，石桥湛山承认当时"满洲"既成事实的同时，提倡防范军部的"满洲理想国"的创立动向和政府、财界对"满洲"经济繁荣的期待，强调"满洲"应作为"独立国"一样拥有绝对的"自治"，批判把"满洲国"作为附属国、傀儡政权操控的军部的野心。这是对日本侵略行为中帝国主义列强前后双重操控行为的否定，提倡列国对于战争的共同反省。① 换言之，石桥湛山一时的让步、妥协中蕴含着维持现状，防止新的情势的恶化。这是一种低调的抵抗，就如松尾尊兖的评价中所说，"一时的妥协是以迟一步的方法构建新的抵抗线"。② 从当时的国内现状考虑，被迫放弃抵抗、完全的抵抗而选择曲折抵抗的方式，曲折和转向应该是有区别的。

第二，政治上对于"既成事实"承认的不一致，而经济理论上石桥湛山没有渐渐后退这一现象，仍然提倡领土的占有及特殊权益的无意义，坚持自由贸易、国际分工的原则。只不过与战前不同，石桥湛山不是自由激烈地提出放弃殖民统治，放弃"满洲"等主张，而是在承认"既成事实"的基础上，反对"日满同盟经济论"等，其经济思想仍然继承了其"小日本主义"经济发展思想的根底，即以人为中心的自由贸易、国际分工，主张以产业、工商业立国。

第三，对于举国一致的军国主义、法西斯主义的倾向，石桥湛山面对当局者对于言论的镇压和举国一致的战争热潮，其曲折前进地推进自己的主张是其作为社会先驱者尽最大努力的结果。警告向法西斯主义、军国主义倾斜，这种反对论是面对当时国情不得已而采取的婉转的表达。这种有苦衷的心情，从其对于军部的"满洲理想国"的批判，对国民战争热的警告就可以很容易看出来。但石桥湛山的反战思想、和平思想的根本原因，仍是其认为战争对于日本及民众来说是付出大于收获的无意义的行为。

综上，在战争时期，石桥湛山的主张确实有后退和转向的事实，但是其对于"满洲"政策的核心主张仍没有实质的改变。

（二）石桥湛山思想的特征

九一八事变以来，日本国内掀起战争热和排外思潮。对于"满洲"的土地、权力、资源的欲望，政府的言论高压、以军部右翼为中心推进法西斯主义化等，种种的不利于抵抗的客观要素存在。而国际关系上，日本的孤立化，对日批判及日本国民的好战热情，致使战时的"小日本主义"变得非

---

① 姜克实「石橋湛山の思想史的研究」早稲田大学出版部、1992、304 頁。
② 松尾尊兖「十五年戦争下の石橋湛山（近代日本の国家像）」『年報政治学』、1982、231 頁。

常困难。

石桥湛山面对上述这些不利条件，从其"欲望统一"的哲学理论出发，为了能够持续有效地推进自己的"小日本主义"主张，选择了新的推进形式，以对于现状承认的让步和阻止日本帝国主义扩大侵略野心而维持现状的方式，重新制定新的抵抗路线。所以通过石桥湛山一战、二战时期对于"满洲"问题的不同主张，可以分析出其思想的真正特征。

第一，用经济政策、经济理论作掩护，批判日本对于"满洲"所做的一系列帝国主义侵略行为。形成这种特征的可能要素，除因当时日本的法西斯主义在日本国内风靡一时以及言论统制的高压无法从正面抵抗外，还因为作为经济专家的石桥湛山，看出日本法西斯主义在经济方面的浸透是比较缓慢的。虽然满洲的资源和土地令人炫目，但出于对战争花费的考虑，对统治经济、计划经济的排斥，以及对法西斯经济组织变革要求的强烈恐惧感等种种因素，实际上当时支持侵略满洲的日本资产阶级是很少的。而且对于九一八事变，政府一直寻求财界的支持者及调节者，所以对于经济方面的言论统制和镇压并没有十分严格，石桥湛山就是基于上述这些内容看到从经济方面有抵抗的可能性。

巧妙地以经济政策、经济理论方面的法则及专业知识为依据，抵抗战争，当然由于前文所述的不利条件的限制，这种抵抗战争的支持力是很薄弱的，直接提倡放弃殖民统治，放弃"满洲"是不可能的，只能从反对"同盟经济""东亚共荣圈"等方面，间接表达其"小日本主义"思想对于日本帝国主义侵略"满洲"的反对态度。

第二，由于言论统制的高压，石桥湛山的抵抗从文章的字里行间逐渐隐退，转为用纯理论面的思想、哲学等抽象化的言辞。这是当时反对论者普遍一致的做法、特征，石桥湛山凭借哲学、经济学上的素养，巧妙地运用。从世界经济的分工趋势，强调经济上特有的法则来反对"日满同盟经济论"，从而从哲学理论上否定全体主义，以世界经济思想反驳"共荣圈"经济的言论。

石桥湛山提倡自己的间接利益论、"日满同盟经济"的反对论。1938年，默认国家总动员法的同时提倡尊重利益和个人；在太平洋战争爆发后，承认统制经济的同时，提倡不要局限于经济的法则。这种一进一让的方法，是石桥湛山顺应社会环境而进行社会改造的具体表现。石桥的让步不是对国家权力的无限的屈从与迎合，而是要在这种困境中计划着实现目的的方法，设定新的抵抗线、新的手段。

第三，对于日本占领"满洲"问题，石桥湛山更是从多个方面进行分析，战前、战后发表了大量的文章来论证自己的主张。例如，石桥湛山战前认为日本占领"满洲"是放弃大利，追求小利，只着眼于中国的一小部分而忘记了广大的中国的其他部分。同时又将日本推向国际孤立的地位，是一种得不偿失的做法。而战后石桥湛山认为日本对于"满洲"的占领是一种"出血"式的付出。在石桥湛山对"满洲"的考察报告中可以看出，石桥湛山分别从农业、产业等多方面来分析，占领"满洲"所收到的利益其实远小于日本所预想的。而占领的费用却远远超过日本的预算。所以日本对于"满洲"的占领，是以牺牲日本的生产力和经济发展以及国民的幸福为代价的。所以石桥湛山一直强烈主张，日本放弃"满洲"。

可见在"满洲"问题上，石桥湛山是从国际关系、本国生产力和经济的发展、国民的利益以及如何获得更大的长远利益等多方面，用"功利"的视角进行综合分析的。

第四，石桥湛山的最终目的与"大日本主义"者一样，是实现小国日本的大国梦，只不过实现的方法和手段不同，石桥主张用德力和经济，进而解决日本领土狭小、资源匮乏等问题。例如，石桥湛山在 1921 年发表的《大日本主义的幻想》一文中，在提倡"满洲"、台湾、朝鲜等殖民统治的放弃中提出，"要想成为他们的王者，首先要成为他们所用之人。要成为他们的领导者，首先要有成为他们的仆人的想法"。[1]

石桥湛山在二战时期反对"日满"共同体经济、"东亚共荣经济"，提倡世界经济共荣，其主要原因就是"日满"共同体经济和"东亚共荣经济"对于日本的经济发展来说是一种局限与阻碍。只有世界经济共荣才能使日本的经济真正得到发展，实现日本的经济大国梦。

第五，积极的人生观。从石桥湛山的种种言论和活动中可以看到，石桥湛山对于国家的责任感和理性的爱国主义精神。石桥湛山的思想形成受到家庭、宗教、西方哲学等很多因素的影响，而这些影响使其自小就有成为国家栋梁、振兴国家的远大志向和为实现其志向的坚定不移的意志。他的文章中

---

[1] 石橋湛山「大日本主義の幻想 二」『東洋経済新報』1922 年 8 月 6 日号。

攻击性、讽刺性的言语很少,更多的是因诚实感而涌出的建设性意见。屡次用启发、警告的手法来提出改进的建议和具体要求等建设性意见,从而引导国民、社会步入正确的轨道,从战争的泥潭中走出来。批判过去错误的同时努力建设未来。

同时,石桥湛山对于未来的建设,并非那种彻底的打破现状的革新,而是在现存的私有制度、资本主义的前提下逐渐进行改良、改进的,所以石桥湛山与普通的国体论者、日本精神论者的"爱国"认识是不同的。石桥湛山是出于对国家的高度责任感,面对战争的邪恶,认为沉默是让国家走向灭亡的行为,而非前者盲目的爱国、无责任心的支持行为。所以即使在战时艰难的情况下,依然用婉转的方法抵制战争,并基于现实而提出一系列的经济等方面的自救方法来建设日本光明的未来。可见石桥湛山一直遵从着自己的人生格言:"我是日本的顶柱,我是日本的眼目,我是日本的大船。"出于这种远大志向,石桥湛山对于国家的责任感才会如此强烈。

第六,石桥湛山对外提倡反对殖民统治、反对侵略等一些主张,并非完全站在被压迫、被侵略的民族的立场考虑的,更多的是从日本及国民自身的角度考虑的。

例如,石桥湛山提出"满洲"等地的国际上的门户开放政策,其本身就是对"满洲"等地的侵略掠夺政策。可见石桥湛山提出"满洲"等地的门户开放政策,并非出于"满洲"等地的民众及被侵略的国家的立场来考虑的,而是出于使日本自身避免国际上的孤立地位和危险而提出的。

Ishibashi Tanzan's Criticism of Japan's "Manchuria" Policy

Zhou Zhihong

Abstract　The proposal of opposing and completely abandoning the colony is Ishibashi Tanzan's main thoughts to the external world during World War I and World War II, and his criticism of Manchurian issues is the core of his opposition to the colony. Ishibashi Tanzan's criticism of Manchurian issues was proposed after he joined Toyo Keizai and was influenced by seniors there. Before and after World War I was the first peak of his criticism of the Manchurian issues. He analyzed that the Manchurian issues were a major mistake in Japanese diplomacy from economic, political, diplomatic and other aspects. During World War II, because of the influence of domestic and international environment and himself, the way of his criticism of the Manchurian issues got changed. His criticisms of the Manchurian issues during World War I and World War II displayed different characteristics, but the essence was still his advocacy to abandon Manchuria completely. Yet, due to the ideological features, he chose different ways to realize it after consideration the international and domestic trend. However, his ideologies such as to completely abandon the colony, advocate world peace and friendly neighborhood deserve our acknowledgement and approval.

Keywords Ishibashi Tanzan; Manchuria ; Small Japanese Doctrine

战后日本如何书写伪满洲国"合法性"*
——以日编《满洲国史（总论）》为例

陈秀武　林晓萍**

【内容提要】战后日本学界对伪满洲国的记忆与重新书写，引发某些右倾化学者对"满洲国"的"合法性"进行重塑。在相关研究成果中，日本"满洲国史编纂刊行会"所编写的《满洲国史（总论）》具有一定的代表性。本文拟围绕《满洲国史（总论）》书写"满洲国"历史的内在逻辑理路、提出此逻辑背后的"合法性"塑造"根据"，以及所谓"根据"的"合法性"展开等进行论述。战后日本学界对"难忘的满洲记忆"的历史书写，体现了日本对侵略反思的不彻底性。

【关键词】《满洲国史（总论）》　"满洲记忆"　历史书写

　　战后日本学界的"满洲记忆"大体可分为三种：一是以松村高夫等《日本帝国主义的满洲》、铃木隆史《日本帝国主义与满洲》等为代表的研究著作，可以将其概括为"反思性的满洲记忆"；二是在 20 世纪六七十年代日本兴起美化战争热潮、拒绝承认侵略史的背景下，以 1945 年成立的日本归侨组织——满蒙同胞援护会编写的"满铁史"（前篇）、"满洲国兴亡史"（本篇）、"满蒙撤还史"（后篇）三部曲为代表，被称为"难忘的满洲

　*　本文为东北师范大学哲学社会科学校内重大培育项目（17ZD010）的阶段性成果。
　**　陈秀武，历史学博士，东北师范大学日本研究所教授，吉林省伪满历史文化研究基地主任，研究方向为日本近现代史、伪满洲国史。林晓萍，北京大学历史系博士研究生，研究方向为近现代中外关系史。

记忆"；三是 20 世纪 90 年代以来，在细川护熙首相和村山富市首相先后对日本发动侵略战争行为进行反省、道歉和所谓"自虐史观"等影响下，出现了一方面认为"满洲国"是"傀儡国家"，另一方面又认为其是"理想国家"的历史著作，笔者将其称为"暧昧的满洲记忆"。① 而本文所研究的《满洲国史》一书，正是"难忘的满洲记忆"中最具代表性的三部曲之一。《满洲国史》的特别之处在于，其主编是原关东军参谋片仓衷和伪满总务厅次长古海忠之，顾问是岸信介、鲇川义介。这些"满洲国"亲历者的参与使得此历史文本成为一个进行"满洲回忆"的重要场域。正如昭和 29 年（1954），"在满蒙同胞援护会的请求下，驹井德三就'满洲国'成立前后经过进行介绍并录音"。② 可以说，对于驹井德三等"满洲国"经历者甚至制造者来讲，其在"满洲国"的经历都不可避免地成为自身的一段重要回忆，而这段回忆又因其作为历史亲历者的身份，不断被想重新书写历史者唤醒，并成为"客观历史"的重要组成部分。因此，在面对这种将"回忆"客观化，"回忆"历史化的情况，厘清、揭露《满洲国史》中的逻辑理路显得更为迫切。

一 书写"满洲国"历史的内在逻辑理路

1931 年日本发动九一八事变并占领东北后，于 1932 年在中国东北地区成立伪满洲国，直到 1945 年 8 月日本宣布投降伪政权解体，对东北地区进行了长达 14 年的统治。日本对中国进行殖民统治擅长运用"以华治华"政策，在其侵略期间扶持诸如"满洲国"、汪伪政权等③表面以中国人为主导

---

① 笔者参照相关内容归类整理而成，参见解学诗《伪满洲国史新编（修订本）》，人民出版社，2008，第 11 ~ 15 页。
② 『近代政治関係者年譜総覧：戦後編　第 3 巻』ゆまに書房、1990、353 頁。
③ 日本在华扶持的伪政权有：1932 年 3 月，日本利用爱新觉罗·溥仪等建立"满洲国"；1935 年 11 月，日本唆使殷汝耕等成立"冀东防共自治委员会"，不久改名为"冀东防共自治政府"；1936 年 5 月，日本扶植德穆楚栋鲁普（德王）建立伪蒙古军政府；1937 年 9 月日本在张家口唆使于品卿等成立"察南自治政府"；1937 年 10 月，在大同唆使夏恭等成立"晋北自治政府"；1937 年 10 月，在归绥把"蒙古政府"改组为"蒙古联盟自治政府"；1937 年 12 月，日本与王克敏等在北平建立"中华民国临时政府"；1938 年 3 月，日本指使梁鸿志等在南京成立"中华民国维新政府"；1939 年 9 月，日本策动"蒙古联盟自治政府"与"察南自治政府"、"晋北自治政府"合流为"蒙疆联合自治政府"；1940 年 3 月，日本又支持汪精卫等建立"中华民国国民政府"。具体参见费正、李作民、张家骥《抗战时期的伪政权》，河南人民出版社，1993。

的本土政权，希望借此实现以最小阻力有效统治侵略地区的目的。日伪政权以"满洲国"存在时间最长，以 1932 年 3 月 1 日清朝遗帝溥仪被推举为"执政"为起点，到 1945 年 8 月 18 日凌晨溥仪在张景惠、臧式毅、熙洽等的簇拥下仓皇宣布"退位诏书"为终点。"满洲国"不仅存在时间最长，受日本控制最为彻底，而且作为一个被建构起来的"国家"，其"国家"建立理念基础也最为完善。可见，如何认识"满洲国"是关系到如何认识近代中日关系的一个重要节点。《满洲国史（总论）》① 由日本"满洲国史编纂刊行会"编写，于 1971 年 1 月由日本第一法规出版社出版发行。正如《满洲国史（总论）》中译本序中所言，"本书是日本战后出版的数以百计的有关伪满洲国著述中，内容较为庞杂，部头较大，政治色彩浓厚的综合性代表著作之一"②。同时本书的编纂者和推荐人岸信介、星野直树、古海忠之、十河信二等皆是"满洲国"建设过程中的重要参与者。可以说，研究《满洲国史（总论）》的具体历史书写逻辑，对于我们了解战后日本"满洲国"建设参与者如何理解这段历史，研究战后日本如何面对既往历史来讲，是一个有效途径。正如中译本序中所指，《满洲国史（总论）》并没有在"冷静、严肃、谦逊的反省基础上"，"写出一部客观而公正的伪满洲国史"，③ 反而"通篇为一种不健康的怀旧气氛和情感所笼罩，并且以大量笔墨渲染殖民者为拼凑傀儡政权而进行'奋斗'的'业绩'，从动机到实践均给予充分肯定"。④ 下文将对《满洲国史（总论）》的编撰者及其发刊词进行一一分析，尝试解读战后日本如此书写"满洲国"历史的深层逻辑。

《满洲国史》是中国国内学者的重要参考文献之一⑤，姜念东等著的《伪满洲国史》，亦参考了此书。目前，国内以《满洲国史（总论）》为对象的研究较少，除了王元年撰文对其进行过批判外，尚未有对日编《满洲

---

① 由于《满洲国史（分论）》上、下两册主要内容为分门别类介绍"满洲国"经济等各方面具体情况，其主要观点呈现在《满洲国史（总论）》一书中，故本文仅以此书为主要研究对象。

② 〔日〕满洲国史刊行会编《满洲国史（总论）》，步平、王希亮等译，黑龙江省社会科学院，1990，中译本序，第 1 页。

③ 〔日〕满洲国史刊行会编《满洲国史（总论）》，中译本序，第 1 页。

④ 〔日〕满洲国史刊行会编《满洲国史（总论）》，中译本序，第 2 页。

⑤ 例如，费正、李作民、张家骥：《抗战时期的伪政权》，河南人民出版社，1993；刘晶辉：《民族、性别与阶层——伪满时期的"王道政治"》，社会科学文献出版社，2004；刘晓丽：《异态时空中的精神世界——伪满洲文学研究》，华东师范大学出版社，2008；等等。

国史（总论）》的历史书写逻辑进行全面解析和批判的著述。王元年在《日本帝国主义与伪满洲国——兼评〈满洲国史（总论）〉》一文中，通过三方面反驳了《满洲国史》的论述。其一，介绍了"满洲国"为日本帝国主义一手制造的傀儡政权的事实过程；其二，再现"满洲国"政权背后的关东军统领大权的事实与《满洲国史（总论）》中所描绘的溥仪统治之虚伪；其三，揭示了日本在"满洲国"的残忍殖民统治事实。① 王元年的另外一篇文章《历史罪恶，铁案难翻——评日本出版的〈满洲国史·总论〉》亦沿袭上述书写思路，对《满洲国史（总论）》鼓吹"特殊权益"，标榜"平等""尊重"，歌颂"王道乐土"等一一进行批判，将《满洲国史（总论）》定性为"名为写史，实是为军国主义招魂"。② 王元年虽然对此书编者进行严厉批判，但并没有解决"作者所持的立场，书中所述的内容和观点，令人十分惊讶而难以理解"③ 这一困惑。为什么"甲级战犯岸信介能够纠集了一批日本战犯，以《回忆录》的形式，歌颂日本关东军发动的九一八事变，认为由它创造了'满洲国'，歌颂'满铁'给东北这个落后地区带来了'现代文明'等等"？日本战后所编写的这部几十万字的《满洲国史》到底对其书写"满洲国"这一存在意味着什么，这亦是急需我们探究的。

《满洲国史（总论）》在发刊词中，强调"本史的编纂着重阐明构成满洲国的五族青年，不满其各自国家的现状，立志革新，扫除祸根，为保全东亚，建立近代模范的王道仁政国家，联合亚洲人民而共同奋起，齐心协力的事实，以此作为撰写的基本原则"。④ 为什么参与"满洲国"建设的日本当事人至今仍持此言论，仅仅只是因为日本人"死不悔改"，缺乏承担历史责任的意识与勇气吗？缺乏历史责任意识固然是一个重要原因。但笔者更为关心的是这套说辞为什么对现在的日本人仍然具有一定的号召性和影响力。这套话语的"合法性"来源于何处？针对诸如此类的问题，可以从详细研读、分析此书的发刊词和推荐辞入手进行分析。

---

① 王元年:《日本帝国主义与伪满洲国——兼评〈满洲国史（总论）〉》,《北方工业大学学报》1992年第4期，第84~86页。

② 王元年:《历史罪恶，铁案难翻——评日本出版的〈满洲国史·总论〉》,《抗日战争研究》1993年第3期，第213~218页。

③ 王元年:《日本帝国主义与伪满洲国——兼评〈满洲国史（总论）〉》，第80页。

④ 〔日〕满洲国史刊行会编《满洲国史（总论）》，发刊词，第6页。

首先，参与“满洲国”开拓的要人认为自己确确实实给东北地区带来经济复兴。发刊词中说道，“在此暂短期间，满洲国却经受住了战争的沉重压力，产业经济、文化教育等所有方面都取得了飞速发展，实堪称为近代史上的奇迹，它不仅促进了亚洲各民族的独立，而且也是中国今日发展的一大动力”，认为这是“不可否认的历史事实”。众多参与撰写“推荐辞”的要员们，各有不同地书写着错误的“满洲记忆”。① 其中，岸信介强调，“如今，在中国的经济领域中还残留有许多当年的设施、制度、技术和人材的踪迹”。椎名悦三郎则认为，日本青年技术员来到“满洲国”后，“使满蒙的资源终于从长眠之夜中苏醒，得到了开发利用”。② 并将东北经济发展统统归结于日本不畏艰辛的青年们的奋斗结果。这是“满洲开发论”的基本主张。

其次，“满洲国”的要人们杂糅政治理念与理想主义，阐释“满洲国”的“合法性”。岸信介延续“满洲国”建立时期积极宣扬的“五族共和”和建立“王道乐土”的政治理念，强调“满洲国”是“建立民族协和的理想国”。作田庄一则主张“满洲建国乃是满洲的复兴，摆脱中国的控制，以各族协和一致为核心创建近代的新国家”。细川隆元则认为“满洲国”的建立“证明年青、坚强、崭新的世界理想国顺利地实现了”等。③ 由此可见，日本人将建设“满洲国”寄存在“新国家”“理想国”的理想主义之中，为“满洲国”蒙上了一层理论“合法性”外衣。

再次，将“满洲国”经验与现在亚洲复兴这一正当诉求相联系。岸信介在“推荐辞”中讲道：“我曾屡次遍访东南亚各国，每次都会想起满洲国的事情。当时为了复兴大东亚，为了首先在满洲建立民族协和的理想国……”而十河信二则将本书作为“推进新亚洲复兴的标志之一”。④ 原“满洲国”参与者和日本要人试图以重新书写尘封于记忆中的“满洲国”，并将之纳入东亚乃至亚洲复兴的语境之中，赋予“满洲国”以现代研究价值，进而赋予其一定的“历史正当性”。

然而，在深入思考战后日本知识分子如何反思二战、如何面对历史问

① 〔日〕满洲国史刊行会编《满洲国史（总论）》，发刊词，第6页。
② 〔日〕满洲国史刊行会编《满洲国史（总论）》，推荐辞，第6~9页。
③ 〔日〕满洲国史刊行会编《满洲国史（总论）》，推荐辞，第8、12页。
④ 〔日〕满洲国史刊行会编《满洲国史（总论）》，推荐辞，第8、10页。

题、在何种逻辑上思考历史问题之际，有些日本近现代史研究者的"理论创建"似乎给出了一种带有普遍意义的"逻辑理路"，即有些学者强调日本塑造对满洲拥有权益的逻辑理论是，通过将文化含义的满洲转化为地域概念的满洲，在此基础上通过《日俄协定》将其分为"南满蒙"与"北满蒙"，以确认自己在该地域的"特殊权益"，再将其"特殊权益"延伸至"满蒙"的方式来实现自己的理论扩张。[①]

二 重新书写"满洲记忆"的所谓"合法性根据"

阿斯曼（A. Assmann）认为"记忆"分为两类，分别是"记忆术"与"记忆力"。"记忆术"强调输入与输出的一致性，这方面可以通过外物载体和技术设备存储记忆。而"记忆力"则是有时间等诸多因素介入的回忆过程，被召回的记忆会发生"移位、变形、扭曲、重新评价和更新"。[②] 正是这种回忆特质为历史被重新书写提供了空间。由如所知，通过对历史事实的重新书写可以塑造有利于特殊群体既得利益的舆论环境。一方面，中国古代历朝频频为前朝书写历史的目的之一，便是通过对历史的再书写展现本朝继承前朝的合法性或者本朝推翻前朝的合法性等。例如清乾隆便通过修纂《钦定胜朝殉节诸臣录》《贰臣传》《逆臣传》等，"从表彰明末忠臣，但却删禁他们的反清言论的政策来看，清政府是希望利用一弛一禁的手法，重构社会对明、清易代史的集体记忆"。[③] 另一方面，徐冲在《中古时代的历史书写与皇帝权力起源》中将历史书写与皇帝权力相结合，仅就"起元"问题对魏晋国史书写的"禅让后起元"、南北朝国史书写的"起元"前移等历史现象进行详尽分析。其推论出魏晋国史书写的"禅让后起元"的原因在于将"君始之年"推至禅让之后，使得新继承者从前朝功臣，于国居功至伟的身份获得继承权力的合法性，并且通过禅让实现去臣化。正如徐冲所言："'禅让'则是中古时期王朝更替的基本模式，那么就必须承认，借由

---

① 加藤陽子『日本近現代史 5：満洲事変から日中戦争へ』岩波書店、2007、19 - 28 頁。

② 〔德〕阿莱达·阿斯曼：《回忆空间：文化记忆的形式和变迁》，潘璐译，北京大学出版社，2016，第 22 页。

③ 陈永明：《清代前期的政治认同与历史书写》，上海古籍出版社，2011，第 215～216 页。

'禅让'所进行的王朝更替在当时的历史世界之中具有无可否认的'正当性'。"① 而南北朝国史书写的"起元"前移则是由于"创业"本身成为权力的合法性来源。这里所体现的问题有二：一是通过对历史的重新书写可以增强本王朝的合法性；二是书写王朝历史的时候所处环境对何为最具合法性的认知，也影响着历史的书写方式。

很明显"满洲国史编纂刊行会"的编者们也深谙此道。在如何书写满洲历史问题上，该书作者似乎将所有的能量聚焦在下述几点，刻意歪曲那段历史。第一，强调满族与蒙古族的地域性，乐于描述汉族作为外来者，甚至是作为外来"侵略者"的身份。例如强调清朝政府对满洲的封禁以及阻止汉族流入一面。第二，将汉族进入东北与俄国侵略东北的行为并列谈论，② 有意混淆二者，同时强调不同民族之间矛盾冲突。认为"汉族人迁入东满与鲜族发生冲突，蚕食满蒙地区与蒙古族相抗争，甚至到北满边陲谋求土地，毫无止境"。③ 将近代苦于战乱与天灾的山东、河北人移居至东北地区定性为"曾被视为清朝天领圣地的满蒙，完全成为汉民族的殖民之地了"。④ 第三，着重描绘俄国、欧美列强对满洲地区的侵略暴行，并在此基础上注重营造日本的"营救者"身份。强调"1905 年日本战胜俄国，取代俄国得到了在南满的经济地盘，把这里当作日韩国防的第一线，并以铁路、港湾、矿山等业为中心，励精图治，勤奋经营"。⑤ 将日本塑造成将东北从俄国魔爪、张作霖政治棋子的阴影下"解放"出来的"英雄"。第四，设立专节强调日本与满洲地区从古代到近世的密切交往。

显然，"满洲国史编纂刊行会"编者采用上述角度撰写"满洲历史"并不是毫无来由的。程美宝研究近代广东知识分子如何理解"民族国家"时，便谈及近代知识分子将"国家"观念置于"天下"概念之上的原因。程美宝引用顾炎武、梁启超、列文森（Joseph R. Levenson）等的观点，认为这是因为近代有推翻清朝统治这一目标，而清王朝的统治并没有破坏中国之"道"，所以只能借助民族主义，"从种族观念入手，重新定义'国家'的观

---

① 徐冲：《中古时代的历史书写与皇帝权力起源》，上海古籍出版社，2012，第 14 页。
② 〔日〕满洲国史刊行会编《满洲国史（总论）》，第 1~2 页。
③ 〔日〕满洲国史刊行会编《满洲国史（总论）》，第 2 页。
④ 〔日〕满洲国史刊行会编《满洲国史（总论）》，第 78 页。
⑤ 〔日〕满洲国史刊行会编《满洲国史（总论）》，第 2 页。

念，结果是政治意识形态的转化"。① 王柯《民族主义与近代中日关系》一书，更是强调理解"近代"必须具备两个不可或缺的视点，其中与本文讨论密切相关的视点便是，"其一为中国进入近代国家时期之前，最后一个王朝的最高统治阶层是一个非汉民族集团"。② 同时也指出，20 世纪初"民族主义"输入中国，而中国的民族主义正是"驱逐鞑虏"，推翻清朝统治以实现五族共和。正如近代中国民主革命先行者孙中山便同时具备了汉族领袖与国家元首双重身份一般。③ 这些研究指明"民族"问题在近代中国历史上与政治合法性树立具有紧密的联系。日本强调满族、蒙古族与汉族的矛盾冲突，正是建立在中国近代知识分子自己所依据的"反满"逻辑夹缝之间。很显然，这一依据是建立在恶用孙中山等的"民族主义"概念基础上的存在。

但将汉族进入东北地区并谋求经济利益的行为与俄国侵略行为混为一谈，则涉及另外一个重要问题。即在思考"天下体系"或者说"华夷秩序"（或类"华夷秩序"）下民族之间的交往与冲突时，以近代才出现的"民族"理念进行套圈。一方面，正如盖尔纳所言，民族并不同于民族主义，近代民族主义理念强调族裔的疆界（ethnic）与政治的疆界具有一致性。认为"事实上，民族和国家一样，同是偶然的产物，不是普遍存在的必要"④，还认为"是民族主义造就了民族，而不是相反"。⑤ 这证明了"民族"与"民族主义"之"民族"是具有根本差别的。另一方面，中国古代奉行的"华夷观"并不是强调种族上的差异，而是强调文明类型的不同。当然，我们也发现中国近代至少存在三种话语：一是已有的天下体系，二是汉族中心主义，三是民族主义。在讨论近代历史中满族与汉族之间的关系时，绝不是将其简单投放进殖民主义与反对殖民的现代话语框架之中，或者投入已有的"华夷秩序"中便可以解决的。因为我们注意到近代作为传统与现代的交界点，许多既定的合法秩序受到严重冲击，更确

① 程美宝：《地域文化与国家认同：晚清以来"广东文化"观的形成》，三联书店，2006，第24 页。
② 王柯：《民族主义与近代中日关系："民族国家"、"边疆"与历史认识》，香港中文大学，2015，前言。
③ 王柯：《民族主义与近代中日关系："民族国家"、"边疆"与历史认识》，第 45 ~ 46 页。
④ 〔英〕厄内斯特·盖尔纳：《民族与民族主义》，韩红译，中央编译出版社，2002，第 8 ~ 9 页。
⑤ 〔英〕厄内斯特·盖尔纳：《民族与民族主义》，第 73 页。

切的说法则是没有哪一种秩序可以占据绝对权威。王海洲在《合法性的争夺》一书中将合法性的严谨概括为"经历了一个重'法'向重'合'再向两者并重的转变过程"。① 认为无论是西方还是中国,古代都重视自然法,自然法作为"最高的伦理道德体系和至高无上的公正观念"存在。两者的区别仅在于西方古代重视合法性的理论,而中国传统则偏重实践方面。但是到了近代,正是这种拥有绝对权威的理论开始面临各方质疑。而日本正是利用了近代衡量合法性秩序的混乱,借助"民族主义"之"民族"与历史上的"民族"表达的相同,有意或无意将二者混淆。由此将汉族进入东北纳入"反殖民"的"正当性"之中,将其视为与俄国侵略东北相等同的行为。

关于俄国与欧美在满洲地区的侵略活动和所谓的"日满密切交往史",该书的叙述逻辑则比较简单。日本一边通过追溯日本与东北地区在历史上的友好交往,营造两者的密切关系;另一边通过描绘俄国、欧美列强对东北的侵略,制造日本干预东北的"合法性"。借助塑造友好盟友的形象与突出中国东北近代陷于水深火热的处境,而为自己干预中国内政,甚至最终建立伪政权"满洲国"提供了所谓的"依据"。

三 "合法性"书写的具体展开

虽然《满洲国史(总论)》在发刊词中强调此书编纂"使命"中的亚洲范围的意义,"本史的编纂着重阐明构成满洲国的五族青年……联合亚洲人民而共同奋起,齐心协力的事实,以此作为撰写的基本原则"。② 甚至强调其在世界范围内承担着重要使命,"满蒙同胞援护会前此应有识之士的要求,组成了满洲国史编纂刊行会,着手编纂满洲国史……以便使正确史料留传后世,以供现在及将来日本对亚洲、非洲制定政策的参考",③ 强调《满洲国史》是为了"由衷地祈求世界真正和平心愿的一种表白"。④ 但是,众所周知《满洲国史》作为以日文出版的书籍,其亚洲乃至世界意义具体如

---

① 王海洲:《合法性的争夺——政治记忆的多重刻写》,江苏人民出版社,2008,第1页。
② 〔日〕满洲国史刊行会编《满洲国史(总论)》,发刊词,第6页。
③ 〔日〕满洲国史刊行会编《满洲国史(总论)》,发刊词,第7页。
④ 〔日〕满洲国史刊行会编《满洲国史(总论)》,推荐辞,第11页。

何实现或尚未可知，日本民众却无可置疑地将扮演这部历史作品的主要阅读对象和审判者。即使在论述日本"二战"战败后的情景，也着重刻画满洲地区日本民众所遭受的苦难的一面①，以博取日本国内民众对这段历史的同情。由此，《满洲国史（总论）》一书中的许多叙述与其说是出于日本自身的立场，不如说是历史亲历者如何向现在的日本民众解释自己的所作所为。希望借助这本书的出版，寻求与日本民众的历史和解，同时在此基础上，构建出前后一致的历史记忆。为了达到这一目的，《满洲国史（总论）》在歪曲事实上做了如下"努力"。

第一，塑造日本在"满蒙"获取特殊权益的"合法性"。

书中认为，日本在"满蒙"获得特殊地位或特殊权益的主要原因是多样的，可以归为以下三种。一则通过签订"合法"的条约以谋取清朝的东北利益。比如，"根据 1905 年日俄讲和后的日清条约，以及 1915 年的对华二十一条要求"，"承认日本在同其领土接壤地区之特殊权益"。② 二则强调当时世界上重要帝国对日本在东北权益的认可。比如，上述日俄条约的签订。再如，"美国也是承认此种特殊权益的"，虽然"在 1921 年的华盛顿会议上，否定了上述石井—蓝辛协定"，日本被迫放弃了"二十一条"中的一部分权利。三则强调日本与东北在地理、历史上的亲近。例如，"日本政府在 1932 年对所谓李顿报告书的意见书的意见中说明：'即日本于该地根据条约所享有之各项特殊权利之总和，并加上由于毗邻的地理位置与因历史交涉而形成之自然结果'"。强调日本在东北具有特殊权益，"主要还不限于依据条约的规定，满蒙同日本原来就有地理和历史上的密切关系，而政治的和经济的关系又与之相纠缠在一起，以至不久便产生了'满洲是日本生命线'的说法"。③ 通过着重强调东北与日本的地缘与历史"亲近感"，可以使日本获得两种侵略方便：一是可以将对东北的政治干预与经济侵略包裹在"关心友邻"之中；二是通过将日本与东北之间的关系描绘成"超条约关系"，有利于日本继续扩大在"满蒙"以至中国其他地区的权益，而不仅仅局限在具体签订的条约内容之束缚中。

---

① 〔日〕满洲国史刊行会编《满洲国史（总论）》，第 824～825 页，
② 〔日〕满洲国史刊行会编《满洲国史（总论）》，第 58 页。
③ 〔日〕满洲国史刊行会编《满洲国史（总论）》，第 58 页。

第二，叙述日本在"满蒙"的特殊权益被侵害，强调日本"捍卫"自身利益的必要性与急迫性。

具体表现在两个方面。其一，认为张作霖权力扩张侵害日本铁路权益、对在东北的日本企业满铁实行不正当课税、侵犯日本商租权、侵犯日本人居住权、对日本在华工商业实行压制、阻碍日本的矿山经营和"迫害"朝鲜人。关于最后一点，即强调中国官员对朝鲜人的"迫害"。强调"朝鲜人原来很早即在满洲尤其是东满地区定居，也可称为当地的土著民族，诸如水田等，都是由朝鲜人开发的"。而"中国官员诬称将朝鲜人移居满洲乃是日本侵略的证据，采取所有的直接间接手段不断进行迫害"。[1]事实上，日本或许意识到无论如何制造地理与历史上的友邻身份，日本在东北毕竟还是外来者。因此通过将日本在东北的利益与在东北具有土著身份的朝鲜族利益相结合，可以为日本的所作所为提供保护层。其二，认为中华民国成立以后，弥漫于中国本土的排日运动逐渐波及"满蒙"地区，而日本1922年在华盛顿会议上放弃"满蒙"的优先权和山东省的权益，反而助长了中国方面的自信，使得反日运动日趋尖锐化。日方还认为中国积极对"天真无邪的青少年"输入"反日思想"，为了达到此目的"着手编纂教科书"。[2]

第三，着重强调东北地区的秕政与日本对于开发东北的"重要贡献"。

该书强调日本在此地"维持治安"，以及满铁为经济发展做出的"卓越贡献"。将日本人到达东北进行开发的行为刻画为"以日本的命运为赌注，以10万人的生灵和20亿国帑为代价，通过战争取得的满洲，在二十年当中，经过20万日本人和80万朝鲜人的惨淡经营，赢得了同3000万中国人的共存共荣生活"[3] 的"英雄义举"。通过宣扬大日本帝国旗帜，希望引起有爱国主义情怀的日本民众的支持。认为除了以哈尔滨为中心的外国工业外，当地工业屈指可数，"在旧东北政权时代，产业资本制度最终并未能确立"，只能算是"从封建社会向半封建社会徘徊而已"。同时指责旧东北政权征收苛捐杂税、多次向关内出兵、滥发纸币，导致"农民不可避免地遭

---

① 〔日〕满洲国史刊行会编《满洲国史（总论）》，第67页。
② 〔日〕满洲国史刊行会编《满洲国史（总论）》，第69页。
③ 〔日〕满洲国史刊行会编《满洲国史（总论）》，第86页。

受商业、高利贷资本的残酷盘剥"。① 认为"满蒙历来资源丰富，但人口稀少，虽具有很大开发潜力，但旧军阀无暇顾及，而且还阻碍日本等外国资本进行开发"，在此逻辑上形成了所谓的"以日满共存共荣为轴心的计划经济，并拟对其实行统制政策"。② 在介绍"建国"后的经济情况时，《满洲国史（总论）》一方面强调新"国家"在税收、建立"满洲中央银行"与整顿旧币、制定"合理财政预算"等方面的杰出表现；另一方面时刻强调东北旧政权统治期间，经济混乱，财政腐败，而日本所主导的"满洲国"则完成了治理乱象的"重则"。例如，"东北四省除关税和盐税收入向南京政府缴纳外，各省依然独立地存在，其财政由省政府恣意动用"，③ 引用评论讥讽"在东三省旧政权下的满洲，货币制度本身是否存在，值得怀疑"。④

第四，营造建设"新满洲"乃实现中日"共同愿望"的表象。

在建立"满洲国"时，在商议何人适合担当"满洲国"元首时，"中央同驻外机关"一致支持"拥立宣统帝为元首"。认为"新政权"元首，必须具备以下条件："（1）必须是满洲三千万民众景仰之德高望重人士；（2）满系血统；（3）不同张氏政权、国民政府交涉；（4）能同日本合作等。"据此，他们认为溥仪完全符合上述条件。当时还有一种意见提名孔子后裔或当地的实力派张景惠等，但"如与溥仪比较均不够适宜"。⑤ 这里溥仪至少有两重"合法性"身份便于成为"满洲国"元首，一是作为中国清王朝的废帝，天然具有对中国大地的既有继承权，尤其是在清帝优待条件未经"合法途径"被暴力取消的情况下；二是溥仪作为清王朝的合法继承人，而东北又是满族政治发祥地。本间泰次郎所作《满洲史要》亦是十分强调清朝对满洲地区的封禁，将满洲描述为属于清朝的故土，强调满洲自古以来属于清统治者，⑥ 而溥仪作为清朝遗帝正是这一地域的"最合法"的继承人。事实上，日本筹建"满洲国"，以郑孝胥、罗振玉为代表的遗老所扶持的溥仪

① 〔日〕满洲国史刊行会编《满洲国史（总论）》，第 384 页。
② 〔日〕满洲国史刊行会编《满洲国史（总论）》，第 387 页。
③ 〔日〕满洲国史刊行会编《满洲国史（总论）》，第 280 页。
④ 〔日〕满洲国史刊行会编《满洲国史（总论）》，第 293 页。
⑤ 〔日〕满洲国史刊行会编《满洲国史（总论）》，第 178 页。
⑥ 本間泰次郎『満洲史要』大同館書店、1933、130－131 頁。

以及东北地区实权人物积极参与塑造"满洲国"的"合法性"之中。其中，比较有代表性的是郑孝胥于1932年从历史溯源角度证明"满洲国"具有合法性的作品《满洲建国溯源史略》①。郑孝胥便通过追述自上古时代到清朝统一时期的满洲历史情况，得出"满洲自古以来为独立国"②，进而指出"近代之中国人，何以指满洲主张为中国领土欤？是则中国人不知清朝建国本义结果之错误而已"③。郑孝胥通过对满族历史传统的再解释，确立了以溥仪为代表的清朝统治者对东北的合法统治权，也为"独立"的"满洲国"找到了"历史依据"。而奉天市赵欣伯以"关于奉天新政权的成立"为题，用中日两国语言通过奉天广播局发表讲话时，也强调原有东北政权腐败不堪、当权者残忍不仁，使得"东北三千万民众饱尝涂炭之苦"。④ 认为九一八事变是旧东北执政者咎由自取的结果，而日本与东北联系密切，主张"借用日本的人才，开发土地，兴殖产业"，大喊"各位，让我们同日本携起手来共存共荣，在世界上树起一个典范吧"的口号。⑤ "满洲国"成立之后，南京国民政府通过驻日代理公使江华本于当日提出抗议书，而日方却回答说"其后，中国民众之治安维持运动卓有成效，以至终于促成建立独立国。上述满洲民众之自发行为与帝国政府毫无关联……"⑥ 如上所述，正是这种共谋叙述，使得"满洲国"披上了一层"合法外衣"。

结　语

事实上，要对日本上述"野蛮"逻辑进行批驳并不困难，就本文第三节"'合法性'书写的具体展开"第一个方面的三个要点进行批判，就能说明问题。第一点日俄签订利益分割条约，仅仅体现了近代以来通过签订条约以解决国际纠纷具有合理性，但忽略了作为东北主权拥有者中国的立场。而与中国政府签订条约的叙述中，也往往有意忽略实乃"城下之盟"的性质。

---

① 郑孝胥：《满洲建国渊源史略》，载吉林省图书馆伪满洲国史料编委会编《伪满洲国史料》（第一部第一册），全国图书馆文献缩微复制中心，2002，第459～481页。

② 郑孝胥：《满洲建国渊源史略》，第472页。

③ 郑孝胥：《满洲建国渊源史略》，第474页。

④ 〔日〕满洲国史刊行会编《满洲国史（总论）》，第184页。

⑤ 〔日〕满洲国史刊行会编《满洲国史（总论）》，第184页。

⑥ 〔日〕满洲国史刊行会编《满洲国史（总论）》，第238页。

第二点当时主要世界强国出于自身利益，或如俄国战败，或如美国摇摆的东亚政策都在一定程度上默认了日本对东北的非法利益诉求。当然，主要帝国对弱国与地区进行利益瓜分是近代殖民历史不可否认的既成事实，但是这并不意味日本的行为便具有正当性。第三点日本强调与中国东北地缘和历史的亲近感，更不能作为日本侵犯中国权益的借口。正如《满洲国史（总论）》的编纂者在叙述日本获取满蒙特殊权益时，也不得不陈述日本与俄国的侵略行为本质上具有继承性。书中将日本特殊权益的种类分为四个阶段，其中第一阶段便说"日俄战争后，即根据 1905 年（明治 38 年）的朴茨茅斯条约，及同年 12 月的日清满洲善后条约取得的，乃是原封不动地继承了俄国在条约上的及事实上的权益"。①

但是这样的反驳足以彻底推翻日本的侵略逻辑吗？事实上笔者认为以上批评仍然过于粗浅，未涉及日本侵略逻辑背后的一些深层次问题。日本之所以可以借用条约之名为自己在东北的所作所为提供"合法性"，深层原因在于近代原有的东亚国际秩序受到挑战后，"条约"在东亚地区获得了"合法性"，而日本主观上不断赋予自己条约代表者身份，并在东亚事务中积极运用新的国际规则。② 我们不能仅停留在揭穿日本的"把戏"这一层面，而是要进一步探究日本为什么能够借助这一套话语，借助这套近代化逻辑又会带来什么结果等多个面向的问题，而问题所指的核心终究还是落在了"近代化"问题之上。

深入思考"近代化"对于东亚的意义才是对日本侵略逻辑最有力的批判。然而大部分时候，部分日本研究者多将这种"主张"简单定性为荒谬之谈或者日本侵略者不知悔改的表现，随后，并不具体细究其持有该主张的深层逻辑所在。正如刘晓丽在《异态时空中的精神世界——伪满洲文学研究》中提出破除二元思维的重要性，认为"受制于 1980 年代的研究环境，虽然思想解放运动已经普遍展开，但过去的思维方式还在束缚着一部分研究者，他们依然采取'反抗'与'附逆'的二分思维对待复杂的伪满洲国时期的文人及作品，还沿用着是与非、敌与我的两极批评标准，并且简单地认

---

① 〔日〕满洲国史刊行会编《满洲国史（总论）》，第 59 页。
② 韩东育：《从"脱儒"到"脱亚"——日本近世以来"去中心化"之思想过程》，台湾大学出版中心，2009，具体参见"'朝贡体系'和'条约体系'的遭遇与变容"一章节。

为和日本人有交往的文人都可能有不好的讨论的问题"。① 因此，如何超越民族主义视角，从更多样的角度来观看历史，勇于直面复杂的历史事实，才是还原历史真实的必经路径。以《满洲国史》等为代表的"难忘的满洲记忆"叙述的存在，其实是战后时期日本对其侵略历史缺乏反思的重要表现。本文试图厘清"难忘的满洲记忆"中的逻辑思路和所谓"根据"来源，希望可以为亚洲和平稳定提供一些有益的思考。

How Japanese Fabricate the "Legality" of "Manchukuo"

—Center on *The History of Manchukuo* (*pandect*)

Chen Xiuwu Lin Xiaoping

Abstract The Japanese historian circle rewrites "Manchukuo"'s history and memory after Second World War. Some scholars fabricated the "legality" of "Manchukuo" because of the political right-deviation, and The history of Manchukuo (pandect) written by the commission of the "Manchukuo" history of historiography is one of the most representative work in the existing research. This article elaborates and analyzes how Japanese fabricate the "legality" of "Manchukuo" to improve "Manchukuo"'s "feasibility". The fundamental reasons of all they did lie in the incompleteness of reflecting on wartime atrocities.

Keywords *The History of Manchukuo* (*pandect*); "Memory of Manchuria"; History Writing

---

① 刘晓丽:《异态时空中的精神世界——伪满洲文学研究》，第 236 页。

小泉菊枝在日本侵华战争时期的
政治活动及影响研究[*]

小泉菊枝在日本侵华战争时期的政治活动及影响研究[*]

李晓晨[**]

【内容提要】 小泉菊枝是石原莞尔的心腹，活跃于侵华战争时期东亚联盟协会妇人部的组建和《东亚联盟》杂志的政治宣传工作，并产生了较大的影响和作用。本文以小泉菊枝的政治活动及其在《东亚联盟》上刊行的文章为依托，厘清以小泉菊枝为代表的日本女性在侵华战争中所起的作用。在侵华战争期间，部分日本女性不仅沦为法西斯主义的帮凶，而且产生了恶劣的社会影响。她们虽然没有直接参与战争，但对侵略战争的肆虐同样负有应予反省的历史责任。

【关键词】 日本侵华战争　小泉菊枝　《东亚联盟》

在日本女性社会地位变迁史上，二战结束即 1945 年 8 月 15 日被认为是日本女性地位变化的分水岭，明治以及明治以前的日本女性的法律地位是不被承认的，女性没有选举权、被选举权等基本的公民权利。1925 年颁布《普通选举法》，这种情况表面上看有所改观，但实际尚无变化。二战结束后，"占领之初，盟军司令部即向日本政府下达了推进社会民主改革的五项指令，其中第一条即为解放妇女，给妇女以选举权"。[①] 日本女性是在二战

---

* 本文为吉林省社会科学院规划项目（编号：2019QN44）、东北师范大学哲学社会科学校内重大培育项目（编号：17ZD010）的阶段性成果。
** 李晓晨，吉林省社会科学院日本所助理研究员，研究方向为日本思想史、日本社会与文化。
① 于朔、陈然：《日本女性政治地位的变化及其原因》，《日本研究》2013 年第 4 期，第 67 页。

结束之后，在盟军的促进下才取得了选举权，获得了参与政治生活的权利，由此提高了女性参与政治生活的热情和意识，开始对日本的政治产生影响。因而中国学术界对侵华战争时期日本女性的政治活动和影响研究较为薄弱。纵观目前中国学术界对日本女性的研究，主要内容也多集中在女性文学、女性社会地位、妇女运动、妇女团体等方面。

二战期间在东亚联盟协会的运动中，东亚联盟协会中的女性成员作为东亚联盟协会政治宣传以及政治生活的一部分而活跃于政治舞台之上。小泉菊枝是东亚联盟协会中最具代表性的女性成员，同时也是东亚联盟协会的中央参与会员。她在《东亚联盟》上载文共27篇，仅次于石原莞尔的载文数量（30篇）。在东亚联盟协会的协助下，小泉菊枝还出版了很多图书，是宣传东亚联盟理论的主力成员。在日本女性没有取得相应政治地位的时期，小泉菊枝在东亚联盟运动期间所进行的政治传播，以及在《东亚联盟》上的载文数量和质量，不仅是东亚联盟协会中的"佼佼者"，也是昭和时期活跃于政治舞台上的日本女性代表。

小泉菊枝作为东亚联盟协会的女性代表、石原莞尔的助手和追随者，一直跟随石原莞尔直至他去世，然而中国学术界和日本学术界对小泉菊枝的研究可以说寥寥无几。在这种研究现状下，我们走近小泉菊枝，对以其为代表的日本女性在侵华战争时期的政治活动，及其对侵略战争所产生的作用和影响进行研究。

一　小泉菊枝的政治活动

小泉菊枝是东亚联盟女性成员中最具有代表性的人物。她在思想上与石原莞尔产生共鸣，一直跟随在石原莞尔的左右直至他去世。可以说，她是石原莞尔思想的追随者和执行者。她对石原莞尔的东亚联盟思想、日莲宗、"最终战争论"的执行和宣传是最为彻底的。在《东亚联盟》还没有刊行之际，小泉菊枝就与石原莞尔相识了，此后与石原莞尔一起致力于宣传东亚联盟思想，并在东亚联盟协会妇人部的组建和管理上助力颇多。

（一）小泉菊枝与石原莞尔

小泉菊枝又名白土菊枝，曾用名泉掬子。1904年10月出生于青森市，

1919 年毕业于东京府立第三高等女学校，1936 年在东京精华会报上发表了
与"满洲少女"蒋桂芳的生活记录。1937 年以《满洲少女》为契机与石原
莞尔见面，1939 年 10 月东亚联盟协会成立，小泉菊枝成为中央参与会员，
之后跟随石原莞尔开展宗教（日莲宗）活动和东亚联盟运动。1945 年 12 月
作为石原莞尔的代讲人到关西云游，1953 年成为橘学苑的讲师，连任了 13
年。1956 年毕业于立正大学哲学科。1967 年 4 月到 1968 年 3 月担任立正大
学熊谷分校宿舍监管。1992 年 5 月 19 日去世。

　　小泉菊枝一直跟随石原莞尔，直到他去世。石原莞尔临终前，对小泉菊
枝说："请您一定要写石原莞尔。通过战前、战中、战后的东亚联盟运动，
可以断定东亚联盟始终是日本唯一的男女同权的团体。"① 可以说，石原莞
尔对小泉菊枝寄予厚望，将书写自己的任务交给了一名女性，并且在遗言
中不断强调"男女同权"问题，也表达了他对女性的尊重和对小泉菊枝
的信任。因此，小泉菊枝信守着这份临终嘱托，40 年以来一直将此作为
命题来完成，在 87 岁高龄之际完成了《将军石原莞尔》一书的写作。该
书的刊行工作是在她去世后完成的，由诚会发行，中央公论事业出版社印
刷，全书共 368 页。

　　该书还有一个副标题——"触及这个人及其信仰"，这个副标题准确地
概述了小泉菊枝是以信仰方面为主体来论述石原莞尔的。文章的前言是以石
原莞尔的两封遗书以及近代被石原莞尔及小泉菊枝等人预言准确的苏联解体
为主要思想，论证和叙述了人类之后的历史是科学的、知性的时代。序言记
录了东亚联盟的解散以及小泉菊枝作为代讲人跟随石原莞尔四处演讲的时
光，记录了石原莞尔后期的生存状况以及后期对东亚联盟的宣传状况。

　　《将军石原莞尔》一共分为两章，第一章论述了石原莞尔其人以及他
的思想，第二章讲述了石原莞尔的信仰。无论是该书的内容，还是该书的
思想，都不能算作对石原莞尔本人及其思想研究较为全面的书籍。但该书
以半纪实半论述的形式回忆和记录了石原莞尔在战中及临终前的一些行为
与思想，是研究石原莞尔的宗教思想、后期活动的重要参考资料。该书是
第一个以女性视角来观察和描写石原莞尔的书籍，书中的石原莞尔不仅是
冷酷的军事家，也是日莲宗的虔诚信仰者，还是提倡"男女同权""进步

---

① 　白土菊枝『将軍石原莞爾』まこと会、1995、10 頁。

思想"的思想家，这一侧面的描写在一定程度上弥补了其他论著中对石原莞尔研究的不足。但是，作为石原莞尔的追随者，小泉菊枝的写作难免会带有个人情感色彩，她并没有对石原莞尔的侵华思想进行全面的分析，而是全部是以赞扬和崇拜的姿态完成的写作。所以我们在阅读的时候要仔细甄别其中所记载的历史事实，去伪存真，以求更加真实地了解石原莞尔和"东亚联盟思想"。

在该书的第一章开头小泉菊枝回忆了与石原莞尔初相识的时光。1937年12月初，小泉菊枝在长春关东军副参谋长的宿舍里见到了石原莞尔。当时小泉菊枝的丈夫也就职于关东军司令部，担任陆军会计少校一职。她与石原莞尔见面后主要谈论了连载于《月刊满洲》的《满洲少女》的生活记录事宜。① 当时作为关东军副参谋长的石原莞尔就发现了小泉菊枝除书写才能之外，还有作为思想家和组织家的潜能，因此在东亚联盟运动期间对小泉菊枝十分器重，而小泉菊枝也表现得非常出色，两人相互信赖的关系一直持续到石原莞尔去世。在东亚联盟运动期间，小泉菊枝倾尽自己的力量协助石原莞尔，她对石原莞尔的支持和激励是对石原莞尔当初知遇之恩的回馈与报答。在东亚联盟运动期间，小泉菊枝一直是石原莞尔身边的重要人物。在石原莞尔去世后，小泉菊枝继承其思想并竭力宣传，她参与编辑了《石原莞尔全集》，信守了与石原莞尔临终许下的承诺出版了《将军石原莞尔》，并活跃于石原莞尔研究会以及人类后史文明研究所。

小泉菊枝与石原莞尔是伙伴、知己，也是并肩作战的"战友"。小泉菊枝也在促进东亚联盟思想宣传上做出了努力，是女性成员中煽动力较强的核心领导者。

（二）小泉菊枝在"满洲"的经历

东亚联盟成员中，很多人有在满经历，小泉菊枝也不例外，在"满洲国"生活的经历对她是十分重要的，也是促进她走上东亚联盟道路，开始宣传侵华思想的转折点。我们主要从三个方面来谈她的在满经历：第一是渡满的机缘，第二是在满的社交，第三是在满的所得。通过这三个方面梳理小泉菊枝渡满、在满的经历，最终探讨在"满洲"的经历赋予她怎么样的战

---

① 白土菊枝『将軍石原莞爾』、91 頁。

争观和价值观。

1. 渡满机缘

谈到小泉菊枝去"满洲国"的机缘，首先要从她加入日莲宗说起。1931 年初，在丈夫就职的京城（现韩国首尔）郊外龙山朝鲜军官司令部，小泉菊枝患上了肺尖黏膜炎，卧床大半年。9 月的第一个星期日，病情基本稳定了，小泉菊枝带着两个儿子到京城的朝鲜神宫（现在的南山公园）进行参拜。可以说，小泉菊枝是在卧病期间，渐渐有了信奉佛教的想法。正是有了这样的想法，她在报纸上看到近期有"明治会的朝鲜神宫月例参拜"就带着两个儿子去了，并且遇到了旧时的学姐——津田节子夫人，也在参拜的队列中。小泉菊枝希望她能介绍自己加入日莲宗。就这样，小泉菊枝加入了日莲宗，开始接触田中智学，并试着接受石原莞尔的侵华思想。

九一八事变爆发后，小泉菊枝的丈夫作为关东军的支援部队"出征"，她在韩国独自一人带着两个儿子生活，一个五岁，一个两岁半。这一阶段，小泉菊枝致力于参与日莲宗的各种活动和组织团体，如"绿旗联盟""夫人之友社"等由日莲宗在韩国的国柱会演变而来的团体。[①] 然而，1932 年 1 月 30 日，小泉菊枝的大儿子患病去世了，这让她十分悲痛，也让她对佛教更加依赖，在精神上对佛教寄予的情感更加深刻。同年 2～3 月，由于丈夫工作的变动，小泉菊枝离开了韩国，回到了东京。

回到东京后，小泉菊枝一心一意地进行日莲宗的相关学习，在国柱会听取了田中智学、山川智学等讲师的演讲。不仅如此，小泉菊枝还参与创设了女性团体研究会"诚会"[②]，并且这个研究会在东亚联盟协会组建之后，成为东亚联盟活动的外围团体。由此，小泉菊枝慢慢走进日莲宗的核心机构层面，担任研究会中的领导级别人物。

小泉菊枝同父异母的哥哥在"满洲"生活，在哥哥与嫂子的邀请下，以及精华会、诚会的支助和扶持下，她带着对"满洲"的好奇和欣喜之情，决定出发去"满洲"。1936 年 5 月 15 日，精华会以及诚会在东京曲子町的宝亭为小泉菊枝开送别宴。小泉菊枝于 1936 年 11 月带着精华会与

---

① 白土菊枝『将軍石原莞爾』、212 頁。

② 日文原文为"まこと会"，笔者鉴于论文是由汉语写作完成的，因此翻译为"诚会"。下文中的"诚会"均为"まこと会"的翻译。

诚会的嘱托和期许，来到了奉天（现在的沈阳市），后又辗转到了"新京"（现在的长春），开启了她在"满洲"的生涯，并以此经历为基础，完成了《满洲少女》的写作，打开了通向石原莞尔、通向东亚联盟运动的大门。

2. 在满社交

小泉菊枝同父异母的哥哥出身于上海的东亚同文书院，在她刚到"满洲"之时，她的哥哥担任"满洲国"军政部大臣于芷山的秘书，当小泉菊枝辗转到了"新京"之后，她的哥哥担任了"总理大臣"张景惠的秘书。可以说，小泉菊枝的哥哥是她在"新京"建立关系网的核心人物，也是她走入"满洲国"政府管理层面的引领者。

在小泉菊枝来到"新京"之后，她的哥哥就利用个人关系，带她到张景惠的家里。小泉菊枝结识了第一个"满洲"事务管理层面的相关人员，并且与张景惠的第五夫人结识之后建立了比较亲密的关系。由此，小泉菊枝在其哥哥和嫂子的介绍下，结识了很多在"满洲"生活的日本人，还有很多"满洲"高官及其太太。

在小泉菊枝结识的"满洲"高官中，代表性人物有：张景惠（伪满洲国国务总理），张景惠的第四、第五和第六夫人（前三个夫人去世了，因此只剩第四、第五和第六夫人），韩云阶（先后任"新京"市长及"满洲国"经济部大臣）的夫人。[1] 小泉菊枝经常与张景惠的夫人在大同公园散步，也经常到张景惠以及韩云阶家里做客，同时她们也会到小泉菊枝家里拜访，关系十分密切。

小泉菊枝由于有机会接触"满洲国"高官以及对"满洲国"进行管理的日本人，她的视野也发生了改变，她的世界观紧随着她接触的人群发生了质变，促使她在政治舞台上崭露头角。日本部分思考亚洲问题的女性作家或者女性政治活动家，都是以"满洲国"为起点和依托的。例如，富山妙子，"她对于作为日本傀儡国家'满洲国'的体验成为她思考亚洲问题的原点"[2]。"满洲国"为部分日本女性提供了走出国门探寻亚洲的机遇，也为她们提供了思考亚洲问题的野心和舞台。

---

① 白土菊枝『将军石原莞尔』、167 页。
② 李卓、胡澎：《东亚社会发展与女性参与》，中国社会科学出版社，2013，第 67 页。

3. 在满 "所得"

小泉菊枝在 "满洲" 的经历，在精神上赋予她与以前截然不同的世界观，在思想上赋予她写作《满洲少女》最直接的素材，她开始为自己的 "信仰" 进行社会活动，开始为宣传石原莞尔的侵华思想走上政治舞台。

首先，小泉菊枝的世界观发生了质的改变。在来到 "满洲" 之前，小泉菊枝仅仅是照顾两个孩子的母亲，由于自身生病和大儿子的去世而一心向佛，她并没有对 "满洲国" 以及日本法西斯主义有靠拢之意。但是来到 "满洲" 之后，小泉菊枝接触到 "满洲国" 高官以及政府管理层面的人物之后，她开始思考日本政府对 "满洲国" 的政策，以及作为日本人对 "满洲国" 的未来规划问题。

其次，她在 "新京" 结识了《满洲少女》中的女主角之一阿桂，可以说这段 "满洲" 经历以及阿桂的出现使她萌发了写作的想法，也是这段经历为她的写作积累了素材，使得她能够被石原莞尔关注到，最终加入东亚联盟协会，成为东亚联盟运动的核心人物。她来到 "满洲" 后，看到 "满洲" 的报纸上对来满日本人的丑态进行报道，以及当地人民对日本人的不友好等事情频发，激发了她的写作欲望。

综上所述，小泉菊枝在 "满洲" 的经历是她人生的转折点，改变了她的世界观以及她今后的活动轨迹。并且她与石原莞尔的初次见面地点也是 "新京"，两人的交流话题是由小泉菊枝的《满洲少女》开启的，之后石原莞尔对小泉菊枝有了更全面的认识，也是在此之后，小泉菊枝跟随石原莞尔走上了东亚联盟运动的道路，开始为日本法西斯战争服务，成为鼓吹东亚联盟思想以及组建东亚联盟协会妇人部的核心人物。

二 小泉菊枝的政治宣传活动

（一）东亚联盟妇人部的核心人物

从东亚联盟协会创立伊始，小泉菊枝就是协会的核心成员，她在东亚联盟协会妇人部的运动上做出了很大的努力。在《东亚联盟》1944 年 8 月、9 月号中，小泉菊枝发表了《东亚联盟妇人运动的概念》一文，并在文中指出了东亚联盟妇人运动的主旨和运动方法。首先，在东亚联盟妇人运动的主旨上，小泉菊枝指出，东亚联盟妇人运动是从"生活革新"和"道义家庭"的方面出发，来实现东亚联盟同志会的宣言，可以说是妇人的"昭和维新运动"。

在东亚联盟妇人运动方法上，小泉菊枝从三个方面论述。第一个方面是指导原理的研究，第二个方面是职务范围的研究，第三个方面是妇人部的设立。首先，妇人部的指导原则与其他会员一样，均为昭和维新的内容，通过讲习会传达东亚联盟思想。并且提议不必再单独组织针对妇人的讲习会和训练，不仅浪费场地、时间和人手，还让女性成员感觉被区别对待。其次，在职业范围的研究上，小泉菊枝提出女性会员不仅有将昭和维新内容贯彻到自己家庭的责任，还要通过讲习会和各分会支部间的传递信息，来充实全国妇人运动的职责。最后，对于妇人部的成立，小泉菊枝说明了妇人部的成立不是由东亚联盟协会中男女差别对待造成的，而是作为不同的运动体系而成立的。东亚联盟协会妇人部是东亚联盟运动的中枢组织，并兼有联络东亚联盟运动以外的妇人运动团体的责任，在没有妇人部的地方，女性会员与男性会员是一样的，可以共同参与东亚联盟运动的相关组织活动。

在东亚联盟协会中有很多女子青年团的成员，她们有"理想"、有"抱负"，又没有家庭及婚恋的束缚，所以她们可以放开手脚，实现自己的"理想"。女子青年团的发迹是从名古屋开始的，青年团的中心事务就是运营例会。青年团分为实践部和生活部。实践部又分为国防班（国防学的研究，家庭防空）、卫生班（保教卫生，救护）、文化班（分团的运营和慰问）、勤劳奉侍班（企业及实践）；生活部分为食粮班（国防国家的饮食生活）、农业班（将来的农业及农业研究）、生活班（集体生活的合理化）、经济班（家庭经济）、调查班（乡土历史及地势）、衣服班（改良衣服及更生）。①这个组织简直就是小东亚联盟协会，甚至比东亚联盟协会的分工还要明确。她们拥有女性特有的细腻又有相对自由，年轻、热爱学习也是她们的优势。在小野文子的文章中，提到了名古屋的中国女性以及朝鲜女性家务做得非常快，不耽误自己的劳动和业余生活，女子青年团提倡女性们也要

---

① 小野文子「立ち上る我が町の女子青年団」東亜連盟刊行会編『東亜連盟』（復刻版）第六巻第八九号、柏書房、1996、64 頁。

向她们学习这些生活技巧。

综上所述，小泉菊枝根据当时的女性社会地位状况，因时制宜地对女性成员进行指导和要求。小泉菊枝无论在社会活动还是文化宣传上都不亚于任何一名东亚联盟成员。她在严格的自我要求下，对其他的女性成员按照其活动能力的大小来分配不同的团队职能。

小泉菊枝不仅是东亚联盟妇人部运动的核心人物，她在《东亚联盟》上刊行的文章数量相当多，也是杂志的主力写手，并且其文章的题材广泛，内容丰富。

《东亚联盟》创刊号就曾刊登过小泉菊枝的文章。直到《东亚联盟》停刊，小泉菊枝的文章发行量大、连续性强且质量高。她在《东亚联盟》上刊行的文章总数，仅次于石原莞尔的刊文数量，是女性成员中刊行文章数量最多的。可以说，她是东亚联盟女性成员的代表人物，也是对石原莞尔的东亚联盟思想宣传助力最大的女性成员。因此，东亚联盟运动期间，小泉菊枝在《东亚联盟》杂志中的"贡献和作用"，最能够体现她的政治宣传立场和动机。

（二）在《东亚联盟》杂志刊行的载文评析

小泉菊枝在《东亚联盟》上的载文一共有 27 篇，表 1 是小泉菊枝的载文一览。

表 1　小泉菊枝在《东亚联盟》上的载文

文章名	1939 年创刊号
女性史开显（一）	1940 年 1 月号
女性史开显（二）	1940 年 3 月号
女性史开显（三）	1940 年 5 月号
戏曲　满洲少女	1940 年 5 月号
女性史开显（四）	1940 年 6 月号
女性史开显（五）	1940 年 7 月号
七·七禁令与女性群体	1940 年 9 月号
年轻的女性们凝视着绝对真理	1941 年 3 月号
道义家庭论	1941 年 11 月号
跨越民族的东西	1942 年新年号
献给不朽	1942 年 3 月号

文章名	1939 年创刊号
献给不朽(续篇)	1942 年 4 月号
昭和维新读本	1942 年 4 月号
昭和维新读本(二)	1942 年 5 月号
昭和维新读本(三)	1942 年 6 月号
昭和维新读本(四)	1942 年 7 月号
昭和维新读本(五)	1942 年 8 月号
昭和维新读本(完)	1942 年 9 月号
邻组生活的五个月	1942 年 10 月号
伊地知其人与"东亚的日本人"	1943 年 2 月号
衣服的革新	1943 年 5 月号
衣服的革新与石原阁下的讲话	1943 年 7 月号
关于东亚联盟妇人运动	1943 年 12 月号
东亚联盟妇人运动的理想	1944 年 8 月、9 月号
东亚联盟妇人运动的概念	1944 年 8 月、9 月号
邻组生活的五个月	1944 年 8 月、9 月号

资料来源：東亜連盟刊行会『東亜連盟』(復刻版、1－17 卷)、柏書房、1996。

纵观小泉菊枝的 27 篇文章，我们将文章分为三类：第一类是与女性解放相关的文章，第二类是与东亚联盟宣传相关的文章，第三类是与日常生活相关的文章。

在第一类与女性解放相关的文章中，要算《女性史开显》系列最具有代表性，并且东亚联盟协会将文章以单行本于 1941 年发行。文章主要论述了日本神代、大和时代、奈良时代、平安时代、武家专政时代，最终到明治以及昭和时期的女性社会地位变迁。文章论述的主线是日本政治社会的发展，其中夹杂着日本文学界和日本宗教观中对女性认知的改变，较为全面地分析了女性政治地位的变迁。在最后一部分明治维新之后的女性政治地位变化中，小泉菊枝写道："东亚联盟的结成与昭和维新的实行都是在建设日本女性生活的正确之路。"① 可见，其女性史变迁的最终落脚点仍然是东亚联盟和昭和维新。在侵华战争时期，这些文章助长

---

① 小泉菊枝「女性史開顕（五）」東亜連盟刊行会編『東亜連盟』（復刻版）第二卷第七号、柏書房、1996、98 頁。

了日本国民（尤其是女性群体）的抗战"热情"，鼓动部分日本女性沦为法西斯的帮凶。

第二类是与东亚联盟宣传相关的文章，这一类的文章中以 1942 年 4 月到 1942 年 9 月连载的《昭和维新读本》为代表，文章一共分为四章。第一章是"人类历史的最大节点是什么"，先是论述了人类历史的前段，然后认为"大东亚战争"开启了人类历史的转换期，最后引出了"最终战争"时人类即将面对的最大节点。第二章是"世界最终战争是什么"，主要论述了"最终战争论"，从战争的指导思想和战争的形式进行了解读。第三章是"在人类史上的国体地位与昭和维新的实质"，从国体的构成和历史来引出东亚联盟以及昭和维新中的"王道统治"思想。第四章是"昭和维新运动与东亚联盟"，主要论述了昭和维新的实质和东亚联盟的结成条件等相关内容。关于东亚联盟运动与昭和维新具体政策著作的另有《东亚联盟建设纲要》和《昭和维新论》等。小泉菊枝的这一系列连载文章对昭和维新的实质以及规模进行了介绍，是她在昭和维新以及东亚联盟宣传方面的集大成。小泉菊枝宣传东亚联盟的文章，集中体现了东亚联盟协会中女性成员政治生活的落脚点。可以说在侵华战争时期，部分女性被法西斯团体腐蚀和利用，对其所宣扬的侵略思想进行大力的宣传，强化了侵华战争的舆论宣传。

第三类是与日常生活相关的文章，如《道义家庭论》《衣服的革新》《邻组生活的五个月》等。其中《道义家庭论》论述了孝道和王道的关系，并且提出了"王道家庭"的观念，其中心思想是通过女性成员在家庭中的影响来宣传东亚联盟思想，将建设"王道家庭"作为女性成员的课题。《衣服的革新》和《邻组生活的五个月》均描述了邻组①生活的体验，以及小泉菊枝在当上邻组组长之后的一些经验之谈。其中指出实际上邻组生活的一切事物都是以女性为主，由女性来完成，男人们只是经过一天的事务处理回来休息罢了，因此女性在邻组生活中极为重要。并且小泉菊枝将邻组生活视作为了"最终战争"而做准备的一部分，将对"最终战争论"的宣传也融入

---

① 邻组是日本于昭和十五年（1940）规定的，二战时因所谓的国民精神总动员体制而设立的基层组织。约十户为一个单位，受地方政府、町居民会等控制。由政府下发通知，物资配给、勤劳作业及防空训练等都通过该组织实施。

其中。激励日本女性成为侵略战争的协助者，煽动部分女性盲从统治阶级发动的侵略战争。

从内容上看，小泉菊枝在《东亚联盟》上刊行的文章中，在语言表述上以《昭和维新读本》最为特殊化。在《东亚联盟》中，《昭和维新读本》的版面分为上下两部分，上面一部分是对下面文章的概述，可以让人更为快速地找到文章中的重点内容，也可以让读者更为明确地了解文章内容的分布情况。从这一点上来说，小泉菊枝的语言表述是具有女性特有的细腻情感的。从叙述方式上来看，小泉菊枝更喜欢先讲前史，缓慢地带入主题，由浅及深地推出东亚联盟思想和"昭和维新论"。

从政治宣传角度来看，小泉菊枝的文章无论是哪一类型，均是为"东亚联盟论"与"昭和维新论"宣传服务的。小泉菊枝的政治宣传受到日本法西斯独裁体制影响，并且服务于日本国内实行的法西斯恐怖政策。"动员全体国民参与的总体战发展到最后就是全民皆兵。"① 可以说，日本侵华战争的扩大化和长期化，迫使在政治和社会上一直被忽视，没有参政权利的妇女也被卷入进来。尤其在家庭生活、政治宣传以及劳动奉献上，日本妇女都贡献了自己的力量，在日本侵略战争的国家总体战特征不断增强的局面下，部分妇女以及妇女团体成为日本侵华战争的牺牲品。

三　小泉菊枝活动的影响

（一）政治影响

在日本侵华战争期间，小泉菊枝等日本女性参与到战争中，其既有被动的一面，也有主动的一面；她们既是战争的受害者，也是战争的加害者。她们虽然不是侵略战争的发动者，也不具有战争决策的力量，但在开展包括慰劳官兵、资源回收、爱国储蓄、家庭报国等"铳后奉公"活动上支持战时体制，因此对侵略战争的肆虐同样负有应予反省的历史责任。

小泉菊枝自在满经历之后，开始为侵略战争辩解，她在《将军石原莞尔》中写道："一万余人的军队，与二十倍的敌军相抗衡，在一天多的时间

---

① 胡澎：《战时体制下的日本妇女团体》，吉林大学出版社，2005，第119页。

里就夺得了战争的士气，在任何兵法中都不能被称作侵略战争。"① 在"满洲国"接触了被称作"汉奸"的高官，以及在日本法西斯主义的熏陶之下，她走上了为日本军国主义服务的道路，开始为侵略战争找借口，开始强调"满洲国"存在的合理性和必然性。我们可以看到，小泉菊枝等日本女性已经沦为了法西斯主义的帮凶，并且产生了极其恶劣的影响。

尤其是随着侵略战争的扩大，越来越多的日本男性被派往战场，日本女性随之成为留守在日本后方基地的主力军，其言行举止就显得日益重要。然而，这一时期小泉菊枝开始关注"满洲建国"、石原莞尔的"最终战争论"以及"满洲"农民的移民政策等与国际关系和战争战略相关的实事政治。这些思想也从侧面反映出日本当局的需求。在战时体制下，日本当局推崇法西斯主义，并且要求人民忠君爱国，对天皇和国家要绝对地服从。因此留守在日本的女性，不自觉地加入战争，并且积极服务于战争，将社会生活和家庭生活全部战争化了。

"满洲国"的经历给了小泉菊枝思考战争、国际关系以及侵略战争实施等相关话题的原点和舞台，而东亚联盟运动则是小泉菊枝成为侵华战争实施者的转折点。在东亚联盟运动时期，小泉菊枝的学术活动最活跃，学术成果也最丰硕，完成的著作相较其他时期也颇多。可以说石原莞尔是小泉菊枝的"伯乐"，同时为小泉菊枝提供了施展才华的舞台。小泉菊枝作为东亚联盟协会元老级的人物，从东亚联盟运动开展到石原莞尔去世，她一直尽自己最大的努力为"东亚联盟理论"和石原莞尔思想进行宣传，在东亚联盟协会的全部会员中她是"贡献"较大的成员，是《东亚联盟》的"主力军"，是东亚联盟运动的"先锋人物"。

小泉菊枝在东亚联盟运动期间还通过组建东亚联盟协会妇人部，对东亚联盟思想进行广泛的宣传，扩大其侵略思想传播的广度和深度。从小泉菊枝对东亚联盟协会妇人部的指导原理与运动要旨的制定和策划看，她对东亚联盟协会妇人部的女性成员的要求仍然停留在对家庭进行改革的层面。可以说这一时期虽然有女性团体相继成立，女性在社会劳动事业中也开始占有一席之地，但仍然不能摆脱传统思想的束缚，女性的社会活动和重心很难离开家庭。因此，女子青年团相对较为活跃。然而，日本女性应该清醒地认识到，

---

① 白土菊枝『将軍石原莞爾』、180 頁。

她们支持的侵略战争并不能给她们带来幸福，只能带来一个又一个噩耗，在侵略战争时期生活的颠沛流离，乃至生命无意识的消亡。

小泉菊枝不仅在政治方面产生了一定的影响，在文化方面也产生了很大的影响。"女性主义者认为：妇女是文化的重要传授者，在民族主义的背景下，文化就是某个民族的文化，因此，民族文化的传授者便具有了政治意义。"① 小泉菊枝在"满洲国"期间，就开始写作，以《满洲少女》为开端，其书写的目的：一方面是想让"满洲人"理解日本人的思维和想法，希望"满洲人"不再有抵触情绪；另一方面是想让在日本国内的日本人也能了解在满日本人的行为和状态，希望日本人能尽量约束自我，在"满洲"境内与汉民族能够和谐共处。由此可见，这一时期的文学也不是单纯的文学，变成了有目的的政治宣传，下文将以小泉菊枝的单行本为依托，考察她在文化方面产生的社会影响。

（二）文化影响

除在《东亚联盟》上刊行的文章之外，小泉菊枝还出版了单行本著作，一共八本（见表2）。

表 2　小泉菊枝著作一览

书名	刊行时间	发行社
满洲少女	1937 年	月刊满洲社
东亚联盟与昭和之民	1940 年	东亚联盟协会
日莲圣人的教义	1941 年	东京精华会
女性史开显	1941 年（禁售）	东亚联盟协会
法华经物语	1944 年	东京精华会
日莲宗的介绍	1962 年（共同执笔）	日莲宗新闻部
日莲教入门	1968 年（共同执笔）	教育新潮社
石原莞尔全集	1976 年（编辑）	石原莞尔全集刊行会
将军石原莞尔	1995 年	诚会

资料来源：白土菊枝『将军石原莞爾』まこと会、1995。

---

① 胡澎：《战时体制下的日本妇女团体》，第 120 页。

小泉菊枝出版的单行本，可分为三种类型：第一种类型是对石原莞尔和东亚联盟思想的宣传著作；第二种类型是与日莲宗相关的介绍和研究著作；第三种类型是对女性问题的研究著作。20 世纪 40 年代初，也就是东亚联盟运动开展的昌盛期，小泉菊枝的学术成果也相对丰硕。在这一时期的著作只有四本，《女性史开显》与《东亚联盟与昭和之民》是东亚联盟协会刊行的丛书，其中《女性史开显》是根据《东亚联盟》上连载的系列文章编辑的，《东亚联盟与昭和之民》是对东亚联盟思想进行宣传的著作。《日莲圣人的教义》和《法华经物语》是东京精华会刊行的丛书，主要是对日莲宗的宣传和相关研究。在 20 世纪 70 年代及 20 世纪末与东亚联盟相关的书籍是《石原莞尔全集》（参与编辑）和《将军石原莞尔》。

在石原莞尔的带领和指引之下，小泉菊枝专著的主旨内容几乎全部是对东亚联盟和日莲宗的宣传，尤其是上文分析的《东亚联盟与昭和之民》是小泉菊枝对东亚联盟宣传得最为全面和深刻的。小泉菊枝作为东亚联盟协会女性成员的代表，也作为东亚联盟协会的核心参与人员，承载的东亚联盟协会或者说石原莞尔所赋予她的使命和期望值都太高了，她在《东亚联盟》上刊行的文章以及她的专著都是她为这份沉重的期待所做出的努力，也为了给东亚联盟协会中的女性成员做出"表率"。虽然不能作为女性文学家或者女性思想家来认识小泉菊枝这个人，但在整个东亚联盟运动中，她是鼓吹东亚联盟思想的主要干将。

结　语

本文通过对小泉菊枝在东亚联盟运动期间的政治活动机缘和轨迹进行考察，探索她在东亚联盟协会的地位和贡献。同时将小泉菊枝在《东亚联盟》上刊行的文章进行分类整理和分析，总结出她在《东亚联盟》刊行的过程中所产生的作用和影响。小泉菊枝以日莲宗为思想依托，以《满洲少女》为契机，在"满洲"结识了石原莞尔之后，在东亚联盟运动期间积极配合石原莞尔的侵华思想，大肆宣传和鼓吹"东亚联盟论"，是石原莞尔的心腹。

小泉菊枝在《东亚联盟》中的"贡献"是其他东亚联盟女性成员所不可取代的，她发表的文章数量最多，篇幅最长，同时对石原莞尔的侵华思想诠释得最为全面。在女性没有得到相应政治权利的时期，小泉菊枝在侵华战争时期，对"东亚联盟论"宣传的一系列政治活动，具有一定的代表性。女性学家克内则威客（Knezevic，Djurdja）指出："在历史上，无论什么时候，当深刻的社会变化发生时，当整个社会似乎受到威胁时，女人就会被'邀请'去积极参加公共生活，这几乎是一条规律了。一直以来，女人的力量在帮助建立男性统治时都会受到欢迎，而女人也常常很高兴地承担这样的角色。"① 可以说，在侵华战争时期，虽然女性政治地位并没有得到肯定，但男女不平等的性别问题被搁置了，民族才是最为重要的。因此，日本政府和日本社会开始有意识地宣传妇女对国家的重要性，促使部分女性为法西斯主义团体的政治宣传活动服务，并取得了一定的成效，小泉菊枝便是其中的典型代表。我们对小泉菊枝的研究，不仅有助于厘清侵华战争期间日本法西斯团体在思想战方面的手法和手段，而且对分析日本女性在日本侵华战争的舆论宣传中所起到的作用有着重要的现实意义。

The Influence and Function of Political Activities by Koizumi Kikuji in the War of Aggression Against China

Li Xiaochen

Abstract　　Koizumi Kikuji was the right heart of Kanji Ishihara, she was active in the formation of the Women's Department of the East Asia Union Association during the period of the war of aggression against China and the political propaganda work of the *Association of East Asia Nations* (*AEAN*) and these had a great influence and effect. This paper will depend on Koizumi Kikuji's political activities and articles published in the *AEAN*, summing up Japanese

---

① 克内则威客：《情感的民族主义》，北塔、薛翠译，载陈顺馨、戴锦华选编《妇女、民族与女性主义》，中央编译出版社，2004，第 145 页。

women who represented by Koizumi Kikuji, became facilitators of fascism during the war of aggression against China and produced bad social influence. Although they were not directly involved in the war, they also bear the historical responsibility for invading the war of aggression.

Keywords　The War of Japanese Aggression Against China; Koizumi Kikuji; *Association of East Asia Nations*

牛岛春子在"满洲"时期的文学创作[*]

尚一鸥　王春意^{**}

【内容提要】本文以牛岛春子在"满洲"时期的创作为研究对象，将其在"满洲"时期的创作划分为奉天时期、拜泉时期和"新京"时期，分别选取三个时期的代表作品《王属官》、《祝廉天》和《女人》作为主要研究对象。通过主要人物形象剖析与故事情节分析，结合"满洲国"当时的政治背景，考察每个时期作品的主要特征、各不同时期的变化，以此解读牛岛春子在"满洲"的体验与创作变化。

【关键词】牛岛春子　满洲　国策文学

日本女作家牛岛春子曾在"满洲国"居住长达十年之久，创作了大量以"满洲"为题材的文学作品。1937年，牛岛春子以短篇小说《王属官》（原作篇名为《猪》）登上"满洲"文坛，该小说因被评为"第一届建国纪念文艺奖"二等奖（一等奖空缺）而轰动一时。1940年，牛岛春子发表小说《祝廉天》，连载于报刊《满洲新闻》，因为该小说成为第十二届"芥川文学奖"的候选作品之一，随即在日本本土文坛引起了广泛的关注。1942年，牛岛春子创作了小说《女人》，因其故事情节符合当时日本的国策需

* 本文为国家社科基金一般项目（编号：13BWW026）的研究成果。

** 尚一鸥，文学博士，东北师范大学日本研究所副教授、博士生导师，主要研究方向为日本文学。王春意，东北师范大学日本研究所硕士研究生，主要研究方向为日本文学。

要，被日本当局大力宣传。

牛岛春子在"满洲"时期的创作可以划分为奉天时期（奉天，现沈阳）、拜泉时期（黑龙江省拜泉县）和"新京"时期（"新京"，现长春）三个阶段。本文选取了牛岛春子在"满洲"时期的创作谱系中具有标志性存在意义的三部作品《王属官》、《祝廉天》和《女人》进行解读，意在通过牛岛春子根据自己的"满洲"体验创作的文学作品来探究这位作家的中国认识。

一 奉天时期的文学创作——《王属官》

1936 年秋，牛岛春子随夫渡满，在奉天定居，"到了满洲后，我打算在那儿开始写小说"①。1937 年春，牛岛春子发表短篇小说《猪》，并获得"第一届建国纪念文艺奖"二等奖（一等奖空缺）。不久，在未经牛岛春子允许的情况下，赤川幸一擅自更改小说的题目，将《猪》改名为《王属官》，从 1937 年 5 月开始，分七次连载于《大新京日报》。②

在"满洲"时期，牛岛春子的写作素材大多来源于丈夫的工作环境，关于《王属官》的创作背景，她在随笔《感伤的满洲》中这样回忆道："我丈夫所在的奉天省公署有一位姓陈的同事，有一次我丈夫把他带到了我们家，他们两个人聊了很多。我在旁边听他们谈话，并决定把他们谈话中的一件事写成小说。"③"我从日本来到奉天刚六个月左右，对满洲的农村一无所知。我手边有一本大同学院发行的《满洲国农村实地调查》的书，于是反复阅读这本书，在此基础上写成了这篇小说。"④ 可以看出，牛岛春子是根据丈夫与陈姓同事的谈话，同时参考了《满洲国农村实地调查》的记载完成《王属官》的创作的，小说主人公王属官的原型便是这位陈姓同事。

牛岛春子曾在《描写农村——以〈王属官〉为中心》中，表达自己的创作初衷：

---

① 川村湊監修『牛島春子作品集』ゆまに書房、2001、308 頁。
② 川村湊『満洲崩潰：「大東亜文学」と作家たち』文芸春秋、1997、333 頁。
③ 川村湊監修『牛島春子作品集』、301 頁。
④ 川村湊監修『牛島春子作品集』、301 頁。

首先，我要通过《王属官》来描写农村，也就是说我主张描写农村。如果认为代表满洲国的是由日新月异的国都新京和领会建国精神的日本人的话，那就大错特错了。实际上真正成为满洲国巨大基石的正是庞大的农民大众，他们像石头一样，几个世纪以来被践踏、被无视，同时一边默默地忍受，一边耕耘着这片土地。如果说满洲国是树，那么农民就是它扎根的土地。其次，我主张使用写实主义的手法来描写农村，也就是说关于满洲的描写，我提倡运用写实主义手法。但是，我所说的写实主义并不是一般意义上的写实主义，真正的写实主义并不是仅仅停留在表面现象，而是要深入现象，从而把握现象的本质。①

由此可见，牛岛春子意识到了农民群众的重要性，试图用写实主义手法从本质上对农村进行描写。

《王属官》的主人公原名王床子，属官为官职名称。在省里工作的王属官，正月假期里回家探亲，无意间知道了满系官吏非法收税的事情。王属官也是农民出身，但与一般社会低下、文化程度低的农民不同，他有文化，有胆识，是一个公职人员。王属官的家里有近三百亩的田地，是村里有名的大户人家。像所有的大户人家一样，王属官的长兄继承了家业，作为小儿子的王属官则去外面求学。对农民来说，知识、社会地位可望不可求，而农民出身的王属官却实现了这一切，这让王属官的父母感到欣慰和骄傲。从农业学校毕业后，王属官在县城的农业试验场工作。工作到第五年的时候，"满洲国"成立，会日语的王属官顺利地成为县公署的翻译，这是王属官踏入官途的第一步。不久，王属官从翻译晋升为实业股长，当事的参事官被调到省公署，王属官也一起去了省公署，成为那里的属官。② 至此，王属官完成了由农民到属官的蜕变，成为家乡的"精英人物"，父母的骄傲。王属官出身农村，因此非常了解农村的状况以及农民的性格。在农村，90%的农民几乎没有文化，王属官虽然按照父母的意愿进入了政府机关，但由于"满洲国"要职全部受日

---

① 川村湊監修『牛島春子作品集』、32頁。
② 川村湊監修『牛島春子作品集』、32頁、10－11頁。

本人控制，他的社会地位仍然非常低下。虽然他急切地想要改变农村的陋习，但仅凭他一人之力是难以完成的。

在当时的"满洲国"，当地最高长官名义上是满洲人，但真正的权力掌握在任副县长的日本人手里。王属官发现了家乡非法征税的事情后，并不是直接处理，而是收集那些假收据回到省里，向日本人上司中村报告。当时，"满人"批判"满洲国"是大忌，而王属官也可能考虑到了这一点。王属官与其他满系官吏一样，在日本人面前小心谨慎，时刻注意自己的言行。王属官会说日语，忠于日本人上司，属于亲日派。王属官正是日本所期待的新型"满洲人"，忠实于日本人，接受日本风俗习惯与文化的影响，行动越来越像日本人，同时积极致力于"满洲国"的建设。

在《王属官》中，日本人中村被塑造成一个"完美"的领导者。从处理"非法征税"事件的过程可以看出，中村表示坚决要彻查这件事，但同时又注意问题的解决方式，表明他是一个"既负责又顾全大局"的人，并且他认真负责的态度感染了其下属王属官。同时，中村提醒王属官注意解决问题的方式，避免给百姓带来麻烦。综上所述，日本人中村扮演着"完美"领导的角色，是王属官强大的"后盾"。王属官与中村是合作关系，但更是上下级关系。王属官是满洲人，很了解"满洲国"当地的情况，而日本人中村有着"卓越"的领导能力，但并不是太了解当地的情况，所以两人一起工作、相互配合。

在处理完"关玉福事件"后，王属官将农民们聚集在一起，做了一番"激情昂扬"的演讲。王属官将"满洲国"描述为保护农民，打击无良旧官吏的"新政权"，号召大家拥护"满洲国"政府。"满洲国"是日本侵略中国东北地区所建立的傀儡国家，牛岛春子借王属官之口为"满洲国"正名，宣传其合理性，这也是《王属官》获得当局青睐的重要原因。

王属官对"满洲国"的执政方针深信不疑，并以此去教化百姓。百姓也从对王属官的不信任与猜疑，到后来的"佩服"与"信任"。王属官在工作中逐一向日本人上司汇报，听从指挥。同时，在与农民相处中，按照"满洲国"的"理念"感召农民。这样的王属官起到了上传下达，连接日本人与中国农民的桥梁的作用，这也与王属官的翻译身份相符。王属官像一个木偶一样执行命令，一言一行都在日本统治者的掌控之下，成为侵略者的代言人，完全没有自己的个性。

奉天时期，牛岛春子的创作主要通过借鉴与想象完成，与现实存在着一定的距离。作为日本人官太太的牛岛春子衣食富足，她看到的是"满洲国"虚假的繁荣，是日本人天堂的"满洲国"。而满洲当地人民深受日本殖民者的压迫，生活于水深火热之中。

《王属官》表现了牛岛春子对"满洲"的初次印象，但仍然没有超出当时日本人对中国的偏见。在人物关系安排上，小说将日本人描写为"指导民族"，处处可见作为"指导民族"所特有的傲慢与自以为是。在"满洲"，外来者日本人对当地人民的统治，本身就具有不正当性与侵略性，而牛岛春子并没有意识到这一点。

二 拜泉时期的文学创作——
《祝廉天》

牛岛春子因《王属官》在"满洲"文坛声名鹊起，开始收到各种约稿。与《王属官》不同，《祝廉天》是牛岛春子应邀而作的。随着战局的发展，关东军进一步要求文化要追随政治，而文化工作者积极响应号召，文坛更是如此。在牛岛春子着手写作《祝廉天》之前，满洲新闻社组织了一次集会，召集了包括牛岛春子在内的十余名日本人作家。时任"满洲文艺家协会"的山田清三郎做了策划说明，鼓励作家创作符合政局的作品。参加完这次会议之后，牛岛春子开始创作《祝廉天》。①

1940 年 9 月 27 日至 10 月 8 日，牛岛春子的新作《祝廉天》分十次连载在《满洲新闻》上。山田清三郎将《祝廉天》推荐给"芥川文学奖"评奖委员会，这篇小说成为"芥川文学奖"有力的候选作品②。"芥川文学奖"作为日本文学界有影响力的奖项，在政治局势的影响下也开始关注"满洲"文坛。《祝廉天》虽然没有获奖，但受到了日本本土文坛的极大关注。

虽然《祝廉天》写成于"新京"，但其题材来源于作者在拜泉时期的

---

① 坂本正博「牛岛春子年譜 三稿」。

② 山田清三郎曾是日本无产阶级运动的重要领导人，在运动受挫后来到"满洲"，转而成为一个为时局摇旗呐喊的御用作家，曾出任《满洲新闻》学艺部部长，权倾一时。川村湊监修『牛岛春子作品集』、307 頁。

生活经历。1937 年 10 月，牛岛春子之夫牛嵨晴男升任龙江省拜泉县（现在的黑龙江省）的第四任副县长，夫妇二人便移居到拜泉县拜泉公馆。至1938 年秋迁居"新京"为止，牛岛春子在拜泉住了大约一年的时间，这短短的一年时间却是牛岛春子创作的重要转折点与素材积累时期，其后的"满洲"作品大多与拜泉有关。牛岛春子称拜泉为"年轻时候的故乡"，也曾在战后的写作中多次提及与回忆拜泉。牛岛春子之所以如此热爱拜泉，与拜泉优越的地理环境以及当时稳定的治安状况有着重要关系。牛嵨晴男在《回忆拜泉县》中，这样描述拜泉的状况："那时，拜泉县连续三年丰收，农民都很富裕，治安也很稳定"，并感叹拜泉才是真正的"满洲乐土"。[①]

"满洲国"成立后，日本将中国东北纳入自己的经济体系之内，制订了"产业开发五年计划"和"北边振兴计划"等经济政策，疯狂掠夺中国经济资源，其目的是"以战养战"。第一次"产业开发五年计划"于 1937 年 4月 1 日开始实施，1941 年末结束；1941 年 11 月，"满洲国"制订了第二次"产业开发五年计划"，并决定于 1942 年初开始实行[②]。"北边振兴计划"与"产业开发五年计划"相配合，为期三年，从 1936 年 6 月 1 日开始实施，1942 年 5 月末基本完成指标，大规模实施主要集中在 1940 年和 1941 年。[③]"北边振兴计划是要把物资和劳动力聚集到国境地带，扩充军事设施，以提高对苏作战为目的"，[④] 拜泉县正位于该计划的实施范围内，是日本的战略要地。

1940 年，牛岛春子创作了《祝廉天》，正是"满洲国"集中经济建设的时期。"满洲国"经济政策的实施，同样离不开满洲人。《祝廉天》便是以此为时代背景创作的，小说中的日本人风间在满洲人祝廉天的协助下，顺利完成了工作。《祝廉天》和《王属官》一样，与当时"满洲国"的社会背景紧密结合。

---

① 牛嵨春男「拜泉県を思う」『月刊満洲』第 14 巻第 11 号、1941 年 12 月。

② 王承礼、孙继武：《东北沦陷十四年史研究》（第一辑），吉林人民出版社，1988，第96 页。

③ 井志忠：《伪满洲国的统治经济政策浅析》，《外国问题研究》2010 年第 3 期，第 20 ~26 页。

④ 〔日〕冈部牧夫：《伪满洲国》，郑毅译，吉林文史出版社，1990，第 53 页。

《祝廉天》的人物设置以及情节与《王属官》有着极为相似之处，可谓异曲同工，是《王属官》的深化。小说的主人公祝廉天与风间真吉也都是现实中真实存在的人物，风间的原型是牛岛春子的丈夫牛嶋晴男，祝廉天的人物原型是拜泉县公署一名满洲人翻译，出身于山东，毕业于一所日语学校。祝廉天原写作"祝廉夫"，在发表时，编辑误将"夫"看成了"天"，于是就这样一直沿用了下来。

《王属官》突出表现了"建国精神"，《祝廉天》则突出了"民族协和"的"建国理念"。近代日本人以"先进民族"和"救世主"自居，特别是甲午战争和日俄战争之后，日本人的民族优越感和种族歧视意识严重膨胀，他们认为日本民族优于其他民族。"满洲"时期很多日本人的作品中所描述的日本人都是聪明能干，而中国人都是犹如奴隶般，听从日本人的指挥。

小说《祝廉天》中，主人公祝廉天的人物形象给人留下深刻的印象。祝廉天瘦骨嶙峋，表情冷漠，一口金牙闪闪发光，如猛禽般令人不寒而栗。日系职员憎恶祝廉天，这不仅仅是因为他有不好的传言，更是因为祝廉天与一般的满系职员不同，他带有一种危险性和锋利性。风间的朋友河上评价祝廉天说："第一他是非常官僚主义的呀，满洲旧官吏中再也找不到像他这么傲慢的人了，即使在县公署他也是最嚣张的。"[①] 在满洲旧官吏与日系职员微妙的关系中，日系职员处于优势，自然带有一种优越感，满洲旧官吏也总是小心翼翼避免得罪日系职员。而唯独祝廉天不把日系职员放在眼里，这自然让日系职员感到不舒服。此外，在"吉村事件"中，平时对吉村忠心耿耿的祝廉天，一旦出事便不顾及一点情面，祝廉天的这种异于常人的冷漠与无情，让日系职员不寒而栗。日系职员们意识到，虽然现在祝廉天表面上效忠日本人上司，但是当形势发生变化，祝廉天会毫不犹豫地将枪口指向他们。日系职员从祝廉天身上嗅到了危险性，这也是他们排挤祝廉天的最重要原因。

风间上任后，祝廉天面对欺凌弱者的案件表现得极为愤懑不平，并积极协助风间查明真相，惩治恶人。赌徒诬赖张某杀害了自己的哥哥，实则企图争夺张某的女儿。祝廉天识破徐某的骗局，在风间审讯徐某的过程

---

① 川村湊監修『牛岛春子作品集』、78 頁。

中，担任翻译的祝廉天表现得极为严厉，并威吓徐某，巧妙地让徐某招供了。作为满洲人的祝廉天，对满洲人十分了解，所以徐某的一言一行都逃不过他的眼睛。对于还不完全了解满洲人的风间来说，祝廉天这样的人是十分必要的。无论是对吉村还是对风间，祝廉天都表现得忠心耿耿。他可以为了吉村欺凌强弱，搜刮农民钱财；也可以在风间面前，转身为"正义之人"，惩戒恶人。祝廉天和满系、日系职员都交恶，唯独与日本人上司相处良好，正像祝廉天自己说的那样"我忠诚于上司"。和王属官相比，祝廉天更为日本化。

祝廉天在作品中始终以冷漠高傲的姿态出现，示弱哀求的场景出现了两次。第一次是风间刚上任的时候，祝廉天祈求风间继续留用自己；第二次是风间离任之际，祝廉天祈求风间让自己随行。祝廉天向风间示弱，不过是为了自己的生存。祝廉天对其他满洲人与日本人不屑一顾，但对于关系到自己前途的风间却极力献媚。二人看起来有着深厚的上下级关系，实则是相互利用，不可能有真正的感情共鸣。第二次风间拒绝祝廉天，是因为在内心他始终没有真正信任过祝廉天，一直把祝廉天当作统治拜泉的工具。风间和其他日系职员一样，敏锐地觉察到了祝廉天潜在的危险性，他对风间来说是一把双刃剑。

日系与满系是统治与被统治的关系，两者之间是不可能实现和谐相处的。作者的最初用意是要描写祝廉天与风间之间的交流，宣扬"民族协和"，但最后呈现在读者面前的是两人之间扭曲的关系，这或许是作者本人意料之外的结果。《祝廉天》以祝廉天为风间送行结束了全文，并没有触及祝廉天以后的结局。祝廉天总是随身携带着枪，其人物原型曾对作者说"如果满洲国倒台了，我将第一个被干掉"。祝廉天十分清楚，自己见风使舵出卖同胞的行为深受同族人的痛恨，总有一天会受到惩罚。牛岛春子从曾与祝廉天一起工作的日本人黑泽那里得知了祝廉天被处死的消息，感到非常难过。

与《王属官》的写作方法相比，《祝廉天》的悲观色彩明显增强。牛岛春子试图通过《祝廉天》构造日本人领导中国人建设"满洲"的愿景，以及宣扬"民族协和"，但也意识到了"满洲国"潜在的危机，流露出了悲观的情绪。

《祝廉天》和《王属官》虽然同属于素材加工型创作，都宣扬了"建国思想",在结构上也较为相似,但《祝廉天》在创作水平上远远超越了《王属官》。这主要是因为拜泉时期牛岛春子开始真正接触"满洲"社会,摆脱了奉天时期单纯依靠素材加工的创作模式,在一定程度上描写了真实的"满洲"社会。与《王属官》时期相比,这一时期的作品在人物形象塑造上更加鲜活,在思想上开始触及"满洲国"的本质。

第一,人物形象刻画更加深入,故事情节更加复杂。奉天时期的王属官完全听从日本人的指挥,缺乏个性,作品中的农民也只是简单地被描写成愚昧无知。而《祝廉天》中的每一个人物都很鲜活,作者通过祝廉天的外貌、心理以及旁人评价等,将祝廉天置身于各种事件中,刻画了祝廉天复杂多变的性格。《祝廉天》不再单纯地描写中国人与日本人的上下级关系,登场人物增多,穿插了多起事件,故事情节更加完整。人物关系涉及满系内部、日系内部和日满之间,纵横交错,比较复杂。

第二,《王属官》一味地塑造日本侵略者的光辉形象,将日本的侵略战争描绘成造福"满洲"的行为,而《祝廉天》则开始暗喻地揭示日本侵略者的暴行,说明作者从最初来到"满洲"的肤浅认识,到拜泉时期实际接触到"满洲国"的农村后,对日本的侵略战争已经有了进一步的认识。

第三,《王属官》描绘了"日满一心"共建"满洲国"的和谐画面,而《祝廉天》时期牛岛春子意识到满系和日系职员之间看似和谐的关系背后,隐藏着难以逾越的民族矛盾,敏锐地觉察到"满洲国"隐藏着深刻的危机。由此可以看出这一时期牛岛春子的创作开始触及"满洲国"的本质,她本人也禁不住对"民族协和"产生了怀疑,对"满洲国"的未来充满了不安。

三 "新京"时期的文学创作——《女人》

日本因长期战争伤亡巨大,尤其是太平洋战争爆发后,日本政府更加积极鼓励女性生育。1938 年设立了厚生省,实施《母子保护法》,1940年出台了早婚和生子奖励政策。1942 年 5 月,"日本文学报国会"成立,该组织与读卖新闻社合作,在日本所侵占的各个地域寻找"日本母亲",报道这些"军国母亲"的光荣事迹。"为了确保人力资源而进行国策性结婚宣传,在此背景下母性法西斯主义被大肆鼓吹,与此时代状况相应,母性文学被倍加推崇。"①

在此背景下，牛岛春子描写女性的作品明显增加，她将女性与战争结合起来，塑造了"积极协助"战争的"军人之妻""军国母亲"的日本女性形象。姊妹篇《女人》和《女人灯》是最具有代表性的作品，这两部作品在结构、情节和主题上极为相似，都将日本女性和战争结合起来，塑造"积极协助"战争的日本女性，美化日本侵略战争。

《女人》和《女人灯》是根据牛岛春子自身的经历写成的，带有很强的自传性色彩。《女人》以 1941 年太平洋战争爆发为时代背景，讲述了一个叫和江的日本女性的故事。和江年轻时参加工人运动受挫，之后结婚组建家庭，随夫迁居"满洲"。和江因分娩回到了阔别六年的日本娘家，不幸的是婴儿一出生便没有呼吸。在和江悲痛万分之时，传来了日本侵占香港的消息。这让和江顿时"热泪盈眶"，并由此将个人的悲痛与国家此刻的"庄严"结合在了一起，喊出了"男人的使命是打仗，女人的使命是生孩子"的口号。和江的原型是春子本人，据她本人回忆，她当时生下的是一个女婴，一出生便没有呼吸，这让她十分难过。

《女人》在前两章并没有触及与战争相关的话题，但第三章笔锋一转过渡到战争的描写上。第三章是全文的重点部分，充满殖民主义和军国主义色彩。1941 年 12 月 25 日，和江正好失去孩子一周，她沉浸在悲伤中难以自拔，这时她听到了日本侵占香港的新闻，顿时"感动得泪流满面"。"失去孩子的个人悲痛与日本现在庄严时代所产生的感动，在身处产褥中的和江的心中像绳子一样捻搓，最后成为一个念想。"和江失去孩子的悲痛与高昂的"民族自豪感"融合在一起，个人情感与民族情感交会融合。六年来一直居住在"满洲"的和江，通过这次回到日本再次找回了民族归属感，民族意识也变得愈加强烈起来。

可以看出和江像当时其他的日本人一样，对日本发动的侵略战争并没有真正地认识，是鼓吹战争以及殖民侵略群体的一分子。通过牛岛春子写给其好友野田宇太浪的书信，可以看到战争后期春子很向往特别攻击队，并想让自己的儿子成为其中的一员。"看着日益严重的战争局势，所有观念上的东

---

① 郑颖：《后殖民主义视角下的"伪满洲国"日本女性》，《大连大学学报》2014 年第 1 期，第 69～74 页。

西都变得无力。因为我的孩子全都是男孩，所以我经常设想着男孩子们成为特别攻击队的一员出击的画面，我觉得这在支撑着我现在的生活。"①

牛岛春子在作品中描写了日本士兵在战场舍命作战的场景，借和江表达了对日本士兵的“赞赏”，并认为战争精神是“最纯洁无瑕”的。因此，牛岛春子向往着自己的儿子成为特别攻击队的一员，并以此为精神支柱。可以看出牛岛春子本人对日本社会所描绘的日本士兵形象深信不疑，和当时其他日本民众并没有太大区别，更没有走出狭隘的民族主义。牛岛春子的这些言论在客观上鼓吹了战争，是战争的助推手。

刚开始和江只是将生儿育女看作个人的事情，当孩子夭折时她只是表现出一个母亲的丧子之痛，并没有想太多。但当和江回归本民族，很快便认同了国家政策，认识到生儿育女不再是个人的事情，而是作为日本女性对国家的神圣义务。和江更是喊出了“男人的天职是打仗，女人的天职是生孩子”的口号。

在《女人》中作为牛岛春子分身的和江，被日本的“大东亚战争”所感动，热烈地呼吁日本女性响应日本政府的号召，大力生育和抚养儿女。在《女人灯》中则更加详细地描写了对过去的反省以及个人转变的心路历程。《女人灯》的时间则设定在1942年，是牛岛春子《访友记》的第三篇，以第一人称“我”为叙述者，讲述了“我”回家乡探访好友史代的故事。“我”利用回国的机会去探望女友史代，正好赶上史代分娩。史代和“我”一样参加过工人运动，后来受挫，与当时的男朋友盐田结了婚，过起了相夫教子的生活。史代在丈夫参军期间，积极关心丈夫，她的坚强让“我”十分钦佩。最后，“我”感悟到了作为日本女性，在战争年代所具有的“崇高使命”以及“自豪感”。

在《女人灯》中涉及了“转向”的话题，牛岛春子借主人公史代之口表明了自己的态度。史代和“我”一样也曾是马克思主义者，曾参加工人运动。史代不顾双方家庭的反对，执意与当时的男朋友盐田结了婚。盐田也是史代在参加工人运动时认识的，同为马克思主义信奉者。柴米油盐的生活很快冲淡了二人的热情，盐田时不时地拈花惹草。九一八事变的

---

① 鄭穎「牛島春子研究——『満洲』は彼女にどう作用したか」、城西国際大学、博士学位論文、2007、55頁。

第二年，盐田便应召入伍，去了中国。此时，史代已有身孕，她便一个人独自抚养孩子。虽然生活艰辛，史代仍然给身在战场的盐田寄旧书、编织物，甚至信封的颜色都十分讲究，这时候的史代又恢复了从前的活泼。盐田本是一个不堪的男人，但他参军后在史代眼中就变成了一个优秀、令人尊重的战士，而史代作为军人妻子也感到十分"光荣"。曾经在琐碎生活中失去激情的夫妻，因为战争重新燃起了爱情的火花。这里很显然是在美化战争，告诉人们战争使平凡的人不平凡，不但参军的人是高尚的，作为军人之妻的女性也是高尚的。

史代独立抚养孩子，支持着丈夫。"我"对史代的转变十分好奇，追踪了史代的心路变化历程。"卢沟桥事变爆发，战争很快蔓延到了整个中国，那时候我们并没有意识到这一事件的重大意义，更没想到那会成为太平洋战争爆发的导火索。世界变得一片混乱，当时自由主义和个人主义的思考方式与生活态度，不像现在这样是严厉批判的对象，曾一时如病菌般腐蚀年轻人心灵的唯物思想还没有被彻底清除。"① 史代与盐田便是那个时候结缘的，但两个人结婚后全部"改邪归正"了。对此，史代解释道："我们并没有转向，只是没落了"，那时候虽然被唯物思想所"迷惑"，但心里总感觉到有摩擦，所以当身边出现了盐田出征的问题，史代便很自然地摆脱了它。牛岛春子一边为日本的侵略战争摇旗呐喊，一边又不愿承认自己背叛信仰的事实，所以她说"我们并没有转向，只是没落了"，以此为自己开脱。她内心深处既有"转向"的失落，也有对未"转向"者的羡慕。春子始终不承认自己"转向"了，但彻底否定了过去的信仰。

牛岛春子将自己曾经信仰的唯物主义和西方物质观等形容为"洪水猛兽"和"病菌"，是"有毒思想"，那时候的自己以及很多年轻人都被这些"有毒思想"所欺骗了。现在"转向"的原因是，战争使"我"彻底清醒，认识到日本民族精神才是最美好的。至此，"我"彻底清算了过去的"错误思想"，抛弃了曾经的信仰，领会到了"日本精神"的"美"，回归了日本民族的怀抱。

在战争期间，日本在国内大力提倡"多多生育"，并塑造"军国母亲"

---

① 牛島春子「女の燈」『植民地文化研究：資料と分析』植民地文化学会、不二出版、2004、142 頁。

形象，鼓励女性为战争服务。在很多杂志上能看到相关内容，例如，《主妇之友》就是代表性的女性杂志，刊载了很多关于结婚和分娩的文章以及母子像插图等，引导与鼓励女性生育孩子，服务战争。牛岛春子在《女人》和《女人灯》中都呼应了这一主题，其言论充满蛊惑性。

同时，牛岛春子也意识到女性相对于男性所受到的歧视问题。在《“在满女性”的问题》一文中，春子指出有“在满女性”的说法，为什么没有“在满男性”的说法的疑问。“在满女性”是指在“满洲”生活的日本女性，她们长期生活在“满洲”，与日本本土的女性之间产生了差异，被日本本土所疏远。在牛岛春子看来，这一特殊群体的女性远离家人来到异国他乡，为了适应中国东北的条件，做出了很大的努力与改变。她们本是值得“同情与赞美”的，现在却受到了来自日本本土的歧视。春子为此感到不平，在该文中指出了这些女性特有的优点，批判不公正的待遇。牛岛春子还进一步指出，在满日本女性作为“指导民族”女性，在生活中时刻要注意自己的言行，以便使其他民族的人心服口服，学会掌控其他民族的能力。即使是在描写女性，牛岛春子也时刻以“指导民族”自居，在实际生活中试图发现统治中国人的诀窍。

牛岛春子在寻求男女平等，强烈地想要和男性站在同一平台上，找到抗衡男性统治地位的点。牛岛春子羡慕着男性，男性能够上战场，为国争光。在这一点上女性与男性完全处于失衡的状态，男性处于统治地位。一直追求独立人格，想要做新型女性的牛岛春子，不甘落后于男性。牛岛春子终于从日本政府的“军国母亲”、鼓励生育的政策中，寻找到女性优于男性的地方。她意识到只有女人才可以生孩子，而男性却不可以，这也是女性所具有的独一无二的能力。她想男人可以上战场，而女人可以生孩子，所以女性并不比男性差，两者是平等的。这让牛岛春子感到了新生，找到了作为一个女人的骄傲与价值，所以最后和江抚摸着自己的身体，得到了新生。

在《女人灯》的结尾处，牛岛春子两次提到“女人灯”，第一次是自己的好友史代等举着女人灯，第二次是自己要像她们一样坚定地举起女人灯。牛岛春子本身也和史代一样，在丈夫出征之时，已有身孕。1944 年 12 月即牛嶋晴男入伍的七个月后，春子生下了第三个孩子。史代坚定地支持丈夫的入伍，并独自一人抚养孩子。史代被塑造成一个坚定的“军人之妻”、坚强的孩子母亲。牛岛春子本人也决心以史代为榜样，立志做一个像史代那样的日本女人。可以看出这里的女人灯则是指女性在战争时代无偿地为国奉献，坚定地支持与爱护自己入伍的丈夫或儿子，勤劳勇敢地抚养好孩子。牛岛春子这里所谓的"家"是指在"满洲"的家，"那里也有山与河，将来也会一直都在"，其强烈的殖民侵略意识昭然若揭。

在追究战争责任时，往往忽略了女性的存在。东北沦陷时期，在大批日本移民中也不乏日本女性的身影，她们背井离乡，以"大陆新娘"等形式来到"满洲"，成为殖民侵略集团的一员。"满洲国"崩溃后，她们又携儿带女开始逃亡，历经艰辛。但作为殖民统治集团的日本女性，在这场侵略战争中不仅仅是受害者，对被统治人们来说她们更是加害者。很显然，牛岛春子也是这众多女性中的一员，其所创作的"国策文学"，对战争起到了推波助澜的作用，有着不可推卸的战争责任。

与前两个时期相比，这一时期牛岛春子从书写"满洲"众生相到开始关注女性主题，是回归女性自我认识的创作历程。春子将目光投向在满日本女性的生存问题，呼吁男女平等，但她没有意识到日本的侵略战争是造成"大陆新娘"悲剧的真正凶手，而是主张让日本女性利用自身独特的优势服务战争，以此与男性实现平等。此外，春子在创作中首次提及个人信仰与"转向"问题，她否定曾经的信仰，模糊自己的"转向"问题，响应日本政府的侵略政策。这一时期的作品中为日本侵略战争助威呐喊的言论比以往任何一个时期都要强烈，出现了不顾故事情节的发展，刻意将日本女性与战争结合起来的现象，具有典型的"国策文学"特征。同时，随着 1941 年太平洋海战的全面爆发，二战格局中日军战况急转直下，牛岛春子未必没有意识到战败的必然来临，作品中充斥着悲观情绪和自省。但这一时期牛岛春子在殖民主义道路上彻底沦陷，一味地为国策而创作，成为一个为战争服务的"军人之妻"兼日本女作家。可以看出牛岛春子的创作始终与日本政府的文化策略和政治局势紧密结合，这一时期也只是改变了创作主题，创作性质并没有改变。

结　语

牛岛春子一生跌宕起伏，有着复杂的人生经历，这深刻地影响了她的文学创作。她参加工人运动，受到日本政府迫害，沦为阶下囚；渡满后，她摇身成为官太太，以及备受追捧的女作家，创作了一系列带有殖民标识的文学作品。战后，她再次回望"满洲国"，才真正地意识到"满洲国"是日本侵略中国的产物，也开始反思自己的战争责任。

奉天时期，牛岛春子对"满洲国"知之甚少，乐观地以为"满洲国"是一片"自由的王国"。她笔下的满系官吏王属官在日本人上司的指导下，积极建设"王道乐土"的"满洲国"，带有强烈的殖民主义色彩。同时，牛岛春子积极强调农民的作用，描写农村，这明显是受到了她早期的左翼思想和农本思想的影响。这一时期，她努力想要和"王道文学"保持距离，但由于她的民族立场和殖民主义者身份，最终仍然没有逃脱落入"王道文学"的命运。到了拜泉时期，牛岛春子开始接触"满洲"社会，创作也逐渐触及"满洲国"的实质。春子打破了日本人和中国人固有的形象模式，她讥讽日本人的丑陋行为，展现满洲人不为人所知的一面，觉察到了日本人试图统治异族的虚妄和不可能性。她试图描绘"日满协和"的美好愿景，却以失败告终，她的写实手法暴露了"满洲国"的实质，以及自己的悲观情绪，对"民族协和"流露出忧虑和怀疑。"新京"时期，随着战争局势和日本文化政策的变化，牛岛春子的创作主题也发生了变化。她开始将目光投向女性，刻画为战争服务的日本女性形象。牛岛春子一直有作为女性的自卑感，她想获得与男性同等的地位。她从日本政府鼓励生育的政策中得到灵感，意识到只有女性才能生孩子，而男性却不能。牛岛春子认为女性生儿育女，与男性上战场是同样重要的，是当下女性为国家做贡献的途径。这一时期，春子发自内心地为日本的"大东亚战争"感到自豪，更是为日本的侵略战争摇旗呐喊，在殖民主义与军国主义道路上越走越远。

牛岛春子三个时期的创作虽有不同，但其创作性质不变。根据社会政局与文艺政策的改变，牛岛春子的创作主题也随之改变。牛岛春子并没有清醒地认识到"满洲国"的实质，也始终没能抛弃她的殖民者身份。而她的文字中所流露出的不安和背离究竟是出自作家本人之意还是文学创作本身所产生的，已经无从考证。战后，牛岛春子仍然创作了许多与"满洲"相关的作品，可以看出她对"满洲"始终充满着依恋。虽然牛岛春子也进行过反省，并认识到"满洲国"是日本侵略中国的产物，但这样的反省显然是不彻底的，且有为自己粉饰之嫌。在那个特殊的年代，有着特殊的政治背景，不能排除政治力量对作家个人行动的约束与制约，但这不是作家逃避与推卸自我责任的理由。"满洲"离我们越来越远，很多历史的真相也已经无从追究，但我们应该以史为鉴，珍惜和平，共建人类和谐家园。

The Literary Creation of Ushijima Haruko During "Manchuria" Period

Shang Yiou   Wang Chunyi

Abstract   This paper takes Ushijima Haruko's creation in "Manchukuo" as the research object, which is divided into Fengtian period and Baiquan period and "Xinjing" period, selects three representative works of *Shuguan Wang*, *Liantian Zhu* and *Female* as the main research object. Through the analysis of the main characters and plot, combining with the political background of "Manchukuo", this paper studies the main features of each period work, and the changes in the different periods, to interpret Ushijima Haruko's "Manchukuo" experience and the creative change of the author.

Keywords   Ushijima Haruko; Manchuria; National Policy Literature

日本殖民统治"关东州"时期的右翼组织[*]

——"满洲青年联盟"综述

王 健^{**}

【内容提要】"满洲青年联盟"是 1928 年 11 月 13 日成立的日本殖民统治"关东州"期间的重要右翼组织之一。通过发展会员、建立支部、举办各种报告会和演讲会,大造中国"排日"舆论,煽动在华日本人的反华情绪。通过"新满蒙确立运动",印发小册子、派遣代表团回日本国内游说各界,更使其成为侵略中国东北的舆论先锋。与关东军勾结,积极参与九一八事变和伪满洲国的建立,推动了其侵略活动的不断扩大。

【关键词】满洲青年联盟 榊原农场事件 新满蒙确立运动 关东军

"满洲青年联盟"是日本殖民统治"关东州"期间成立的右翼组织,在日本侵略中国东北的过程中发挥过重要的舆论先锋作用。

"满洲青年联盟"成立于 1928 年,它的成立与 20 世纪 20 年代的东北局势有密切关系。因为这一时期,张作霖已经成为"东北王",并开始问鼎中原,张作霖与日本人的关系也处于既勾结又斗争的矛盾状态中,这使在中国东北的日本人产生了深深的"危机感"。于是,"满洲青年联盟,是在满的各种职业的日本人针对中国人的排日运动,为倡导民族协和,于 1928 年 11

---

* 本文为东北师范大学哲学社会科学校内重大培育项目(编号:17ZD010)的阶段性成果。

** 王健,辽宁师范大学历史文化旅游学院讲师,研究方向为中日关系史和大连地方史。

月结成的团体"①。"满洲青年联盟"的成立打着所谓的"民族协和"的旗号，而实质上，"满洲青年联盟"成立的目的有二：一是煽动在华日本人的反华情绪；二是敦促日本政府以武力解决所谓的"满蒙问题"，所以它是名副其实的右翼组织。

一 从"满洲青年议会"到"满洲青年联盟"

"满洲青年联盟"是在"满洲青年议会"的基础上成立的。"满洲青年议会存在的时间并不长，只有不到1年时间……但满洲青年议会的活动却为法西斯右翼组织——满洲青年联盟的成立做了思想上和组织上的准备。"②

"满洲青年议会"由当时"关东州"最大的官办日文报《大连新闻》的社长宝性确成和"关东厅"长官儿玉秀雄等人策划的，把中国东北地区划分为20个选区，最终选出了90名议员。该"议会"宣称使议员们"聚集一堂，以纯真热诚之爱国心讨论满蒙问题"。③

1928年5月4日，"满洲青年议会"在大连的满铁协和会馆（今大连铁路文化宫）召开，会期3天，"议长"平岛敏夫是满铁总公司的地方课长。

这一时期的日本首相田中义一，采取"对华积极外交"，即"强硬外交"，其代表性事件就是5月和6月相继发生的"出兵山东"与"东方会议"的召开，这两次事件不仅对此时的中日关系产生重大影响，也极大地影响了在满洲的日本人的情绪。"对满洲的日本人来说，外交理论如何姑且不论，他们所需要的是能肯定自己存在的依据。"④

"满洲青年议会"的议员以满铁职员为核心，还包括满铁旁系公司的职员以及律师、医生、农业及畜牧业的经营者、中小企业的经理和商店老板等，这些正是在满日本人"中间阶层"的代表。⑤ 这些有自己政治诉求的议员们"感到政治是和自己息息相关的"。在"满洲青年议会"召开的过程中，他们的政治诉求被催化，于是在这次议会召开的最后一天以紧急动议的

① 宫脇淳子『世界史のなかの満洲帝国』PHP研究所、2006、207页。
② 郭铁桩、关捷主编《日本殖民统治大连四十年史》，社会科学文献出版社，2008，第358页。
③ 满洲青年聯盟史刊行会编『満州青年聯盟史』原书房、1933、21页。
④ 〔日〕草柳大藏：《满铁调查部内幕》，刘耀武等译，黑龙江人民出版社，1982，第293页。
⑤ 〔日〕草柳大藏：《满铁调查部内幕》，第297页。

形式提出设立"满洲青年联盟"。

会后，由奉天的田实次郎、鹤原文雄，开原的龙田道德等人提供巨额经费援助，以大连的平岛敏夫为中心，在大连敷岛町（今民主广场）的青年会馆设立三木会［以每月第三周的木曜日（星期四）为聚会日子，故名"三木会"］筹建"满洲青年联盟"。三木会成员从 1928 年 8 月下旬开始定期聚会。在会上，大羽时男、山田重次两人提出了"满洲青年联盟"的设立提案，"满洲青年议会"内的各党派各自派 1 人组成 6 个人的起草委员会，这六人分别是山田耕平（议长）、冈田猛马（副议长）、山口重次（青年自由党）、山崎藤明（民众党）、高木翔之助（独立青年党）和石井胜美（青年同志会）。[①] 起草委员会在大房身经营农场的冈田猛马家中不断开会，讨论联盟的宣言、议会选举法草案、议员规则等事宜。

1928 年 11 月 11 日，"满洲青年议会"第二次会议召开，在会议的第三天宣布"满洲青年联盟"正式成立。同时选举小日山直登为首任理事长（满铁理事，1943 年担任满铁总裁，1945 年担任铃木贯太郎内阁交通大臣），并由其宣读了拟定好的联盟宣言及规约。

联盟的盟约由冈田猛马起草，内容如下：

第一条 满洲青年联盟致力于满蒙青年的大同团结，研究满蒙诸问题。

第二条 满洲青年联盟由赞同本联盟宗旨的在满青年同胞组成。

第三条 满洲青年联盟为达成其目的从事以下工作：开设满洲青年议会；发行联盟报；其他的可达成本会目的的必要的各种事业。

第四条 满洲青年联盟本部设在大连，并在枢要之地设支部。

第五条 满洲青年联盟设理事长 1 名，理事及委员若干名，支部设支部长。

第六条 满洲青年联盟可设顾问、名誉会员若干人。上述顾问及名誉会员依满洲青年议会决议由理事长委任。

第七条 理事长代表并统辖本联盟。理事辅助理事长，在理事长不能工作时由其中的年长者代理。委员执行联盟事务。

第八条 理事长依本联盟的总意推戴；理事由联盟议会选举；委员

---

① 满州青年聯盟史刊行会编『满州青年聯盟史』、32－33 頁。

由理事长任命；各职务任期 2 年。

第九条　满洲青年联盟向会员征收会费，年金 1 元。

第十条　本规定的改废需由议员 1/2 以上出席，2/3 以上同意。①

此次会议还选出 8 名理事及 19 名顾问和各地的创立委员。

联盟建立时，其本部事务所设在大连市纪伊町 91 号的满洲法政学院内，后来随着联盟运动的扩大，事务逐渐增多，再加上与各支部联络不便，于是迁至山城町 7 - 1 号（今胜利桥北烟台街），这里靠近大连火车站，方便与铁路沿线各支部联络。

"满洲青年联盟"成立后，发展会员、创立各地支部便成为第一要务，为此联盟组成了地方游说队，人员以理事长小日山直登为首，加上金井章次、中西敏宪两位顾问，冈田猛马、山田耕平两位理事，还有委员神崎种鑑。该游说队通过在铁路沿线各地举行演说会，鼓吹联盟精神和宗旨，扩大联盟的影响，逐渐建立各地支部。

联盟支部中首先成立的是安东支部，于 1928 年 12 月 9 日在安东公会堂举行成立仪式。之后仅一年时间就在东北陆续建立了 20 个支部，拥有 3000 名会员，其成员半数以上是满铁职员。"满洲青年联盟"建立之时正是由山本条太郎担任满铁总裁，此人大力主张对满蒙采取"积极政策"。因此，当时的"满洲青年联盟"中除了理事长小日山直登是满铁理事之外，总公司的课长和地方上的办事处主任等也都纷纷加入联盟，并亲临第一线指挥。②"满洲青年联盟"各支部的成立时间及支部长情况见表 1。

表 1　"满洲青年联盟"各支部成立情况一览

支部名	成立时间	支部长
安　东	1928 年 12 月 9 日	粟野俊一
吉　林	1928 年 12 月 22 日	吉原大藏
四平街	1928 年 12 月 23 日	宇佐美宽尔
鸡冠山	1928 年 12 月 26 日	小杉辉男

① 满州青年联盟史刊行会编『满州青年联盟史』、36 - 37 页。
② 〔日〕草柳大藏：《满铁调查部内幕》，第 407 页。

续表

支部名	成立时间	支部长
大　连	1929 年 1 月 7 日	山口重次
公主岭	1929 年 1 月 10 日	久保田贤一
鞍　山	1929 年 1 月 14 日	渥美直吉
本溪湖	1929 年 1 月 15 日	塘慎太郎
奉　天	1929 年 1 月 16 日	鲤沼忍
长　春	1929 年 1 月 18 日	老木近信
营　口	1929 年 1 月 19 日	加藤让此
大石桥	1929 年 1 月 20 日	河内由藏
旅　顺	1929 年 1 月 25 日	中川寿雄
金　州	1929 年 1 月 26 日	儿玉资一
熊　岳	1929 年 2 月 3 日	小原启介
瓦房店	1929 年 2 月 10 日	草津光雄
哈尔滨	1929 年 2 月 11 日	小林九郎
开　原	1929 年 2 月 25 日	川崎亥之吉
抚　顺	1929 年 3 月 15 日	佐藤正秀(干事长)
沙河口	1929 年 6 月 29 日	结城清太郎

资料来源：笔者根据《满洲青年聯盟史》整理，参见满州青年聯盟史刊行会编『满州青年聯盟史』原書房、1933。

二　煽动在满日本人的反华情绪

1929 年 2 月 28 日，在大连的满铁社员俱乐部举行"满洲青年联盟"第一次支部长会议，出席会议的有理事长、理事、顾问及 21 个支部长。理事长小日山直登在发言中表示："拥有满蒙发言权的我国，却在今日之满蒙陷于经济不发展、外交不自主、经营困难的境地，长此下去，必会陷入举白旗撤退之命运，对此我等断不能置之不理。吾青年联盟之使命就是要为此奋斗至最后一个人。……挑起明日满蒙的重担是诸君之使命，亦是我联盟之精神。"[1]

从上述发言中他首先使用了"拥有满蒙发言权"这样一种特别"暧昧"的表述，从中不难看出以小日山直登为代表的日本人对所谓"满蒙"的野心；其次，对日本在满蒙的现状，使用了"经济不发展、外交不自主、经营困难"等来形容，这些明显是通过夸张的言辞来加深在中国东北地区日

---

[1]　满州青年聯盟史刊行会编『满州青年聯盟史』、72－73 页。

本人的所谓"危机感"，以借此大做文章；最后，又强调了"我等断不能置之不理。吾青年联盟之使命就是要为此奋斗至最后一个人……挑起明日满蒙的重担是诸君之使命"，通过这些蛊惑性言论鼓噪情绪，达到动员及煽动的目的，为联盟的成立及其活动进行解读。

为贯彻联盟的宗旨，加深成员和在中国东北日本人的"时局认识"及密切与各方面的联系，联盟自成立后便不断举办各种活动，通常有参观甲午战争和日俄战争的遗址、纪念馆，定期举办各种报告会和讲演会，到东北各地日本驻军中进行慰问，等等。

以大连支部为例，其昭和五年（1930）的活动内容有：三崎山（指金州北山，又叫"虎头山"，日本为纪念在甲午战争中在金州被清军捕获处死的 3 名日本间谍而改名，并设立纪念碑）三勇士慰灵祭及"建国精神"普及演讲会；生活标准化运动；军队慰问（柳村屯、旅顺 6 次）；海军船员市内导游；与本部合作举行时局问题演说会。1931 年和 1932 年的活动有：遗骨、军队、伤病兵迎送和慰问；募集"爱国日"、抚恤军人的资金；"爱国日"、市民"爱国"示威大游行；传单分发（关于国际联盟的）；伤病兵慰问（奉天卫成医院）；派遣代表凭吊战迹；辅助派遣游说队回国内；主办伪满洲国"建国精神"普及和演说会；其他教化团体的加盟。[①] 从大连支部三年间的活动大致可以看到，有对日本人在中国东北地区参与活动的遗迹、遗址、纪念馆的参观；有通过各种报告会、演讲会宣讲所谓的日本人受"排挤"状况；更多的是与军队的有关联系活动，有慰问、抚恤、遗骨处理、伤兵慰问等。这些活动使"满洲青年联盟"扩大了在中国东北地区的影响，为其制造扩大"侵略有理"理论奠定了基础。

这期间各支部分头在所属地区开展活动，推进所谓的"事业"，但那些图谋更大、更多利益的盟员们并不能满足，于是，利用这一时期在东北发生的几次所谓的"中日争端"事件，如本溪湖石灰石矿事件、大石桥滑石矿区纠纷事件、沈阳榊原农场事件、葫芦岛港事件，"满洲青年联盟"都积极参与"调查"工作，举行报告会，极力歪曲事实真相，借机大造中国人"排日"的舆论。

我们以 1929 年 6 月沈阳发生的榊原农场事件为例，看看"满洲青年联

---

① 满州青年联盟史刊行会编『满州青年联盟史』、928－929 页。

盟"是如何利用该事件大造中国"排日"的舆论，煽动反华声势。榊原农场事件的真相是，日本人榊原政礁在光绪末年霸占了北陵附近的一片土地，清政府派人与日方为此事交涉了 10 余年之久而没有结果，只好以 20 万元的代价将该地赎回。1914 年，榊原以浦本政一郎的名义，租用了由三陵衙门掌管的北陵水田 1600 亩、旱田 30 亩和房屋 7 间。在缔结商租契约时，规定承租方每年需交纳水田租奉小洋 600 元、旱田和房屋的租奉小洋 100 元。但后来因日本人积欠租金，拖延不纳，经三陵衙门照会，日领催交无效。1925年三陵衙门被撤销，省长公署命令解除契约，将地收回，日本领事不但不允，而且以种种威胁相恫吓。东北大学理工学院所属工厂为生产需要，修筑了一条北宁铁路北陵支线。其中有一段通过榊原农场地界，已敷设铁轨并通车。榊原于 1929 年 6 月 27 日招来日本铁道守备队 80 余人，将东北当局的北宁铁路北陵支线路轨多处拆毁，并立木桩，上书"不准通过榊原农场"。[①]

此事件一经传出，"满洲青年联盟"即将其视为"重大事件"，迅速在大连基督教青年会馆召开理事会，经协议决定派遣理事冈田猛马到奉天，会同奉天支部调查事件的真相，并提出相应的对策。7 月 14 日，又在奉天召开联盟全体理事及各支部长会议，商讨对策，决定派出代表团进行事件调查。"满洲青年联盟"的"榊原农场事件"调查团包括本部理事及全满支部长一行 36 人，由奉天支部长鲤沼忍将本次事件的经过概况做了报告。然后一行人前去奉天总领事馆拜见林总领事进行请愿，要求总领事"为维护我在满既得权益，而迈出切实的一步"。[②] 同时又在榊原氏的陪同下进行了现场考察，听取了详细的说明，并与本事件的相关人士交换意见。对此次"榊原农场事件"，"满洲青年联盟"认为："现今榊原农场地域已依公法获得商租权，是日本人的模范商租地，而如今被侵入该地域，无端铺设铁路，且无视我方之抗议，此东北官宪之态度十分无理。对此，我联盟必须做出对应，并向相关当局要求保护我方之既得利益。"[③] 同时，又在旅顺、大连沙河口、抚顺、沈阳、长春等地以各支部为依托举行报告会，竭力歪曲事实，制造中国"排日"的社会舆论。

---

① 孙邦主编《"九·一八"事变》，吉林人民出版社，1993，第 177 页。
② 菊池宽『満鉄外史』満鉄社員会、1942、345 頁。
③ 満州青年聯盟史刊行会編『満州青年聯盟史』、243 頁。

三 "新满蒙确立运动" 与侵略东北的舆论先锋

"满洲青年联盟" 成立后，活动范围若仅仅局限于中国东北地区是很难达成其扩大舆论影响、推动日本国内政治进程的目的的。于是印发小册子扩大传播范围以及派遣演说团回日本国内煽动舆论便提上了日程，这都是通过推行所谓的 "新满蒙确立运动" 展开的。

1931 年 2 月 11 日，联盟理事山口重次（满铁铁道部营业课员）在理事会上提出 "新满蒙确立运动" 的提案，主要有四项内容：第一，编辑作为唤起舆论用的资料《满蒙问题及其真相》等小册子，并且散发出去；第二，为了统一在满日本人的舆论，由各部分别召开 "时局市民大会"；第三，为了唤起日本国内的舆论，派出回日游说团；第四，在发生万一的情况下，三千名会员将以身殉难。① 概括地说就是通过印发小册子、举行演讲会、组织游说团等做法，达到统一在满日侨认识，并鼓噪日本国内情绪，为进一步侵略行动做舆论准备的目的。

各支部以此为宗旨积极开展活动，我们以 "满洲青年联盟" 的沙河口支部为例，其活动参与情况见表 2。

表 2 "满洲青年联盟" 沙河口支部涉及 "满蒙时局问题" 的活动及代表派遣

项目	时间	地点
满蒙问题演说会	1931 年 6 月 21 日	大正小学
第一次上京委员报告演说会	1931 年 8 月 31 日	
时局问题演说会（与在乡军人合办）	1931 年 9 月 20 日	大正小学
第二次本国派遣报告演说会	1931 年 10 月 24 日	大正小学
时局问题演说会	1931 年 10 月 1 日	沙河口社员俱乐部
第四次本国派遣报告演说会	1932 年 2 月 2 日	沙河口社员俱乐部
"民族协和" 演说会	1932 年 4 月 26 日	沙河口社员俱乐部
时局活动摄影大会	1932 年 7 月 25 日	沙河口小学
事变纪念宣传画展览会及演说会	1932 年 9 月 18 日	沙河口社员俱乐部

---

① 〔日〕草柳大藏：《满铁调查部内幕》，第 407 页。

续表

项目	时间	地点
自警团组织		
爱国日	1931 年 11 月 14 日、15 日二次	
军队警官及满铁社员慰问(与各种教化团体合办)	数次	

资料来源：满州青年聯盟史刊行会编『满州青年聯盟史』原书房、1933、933 - 935 頁。

"新满蒙确立运动"分三阶段展开，第一阶段就是发行小册子《满蒙问题及其真相》。

1931 年 5 月共印发 1 万份《满蒙问题及其真相》，散发给日本国内政府当局、国会议员、各地报纸和杂志社、青年团及其他各种团体等，不仅是日本本土，还有中国东北和朝鲜各个方面，号称要"同时唤起国民对华舆论高潮"。

这本小册子的主要内容是：①汉民族主张对满蒙拥有领土主权的历史根据何在？②日本的既得权益源于其历史事实，是正当且最少限度的权益；③"二十一条"条约，是日本权益拥护的"正当防卫手段"；④东三省政府今日的基础是依何国而成的？⑤满蒙之和平依何人而维持，满蒙今日的文化依何人而兴隆？⑥遭蹂躏的日本既得权益；⑦中国方面的"暴力压迫"和斗争的在满邦人；⑧从根本上颠覆日本权益的中国新政策；⑨应该抛弃满蒙吗？①

在小册子中他们大肆宣扬"日本在满洲的既得权益是外交上的成果并非侵略的结果"②，强调"在中国军阀压迫之下的当地人民，受尽了涂炭之苦"，"排斥日货的抗日运动是外国勾结军阀所策划的阴谋"，等等。③"满蒙不仅作为我国国防第一线和国军的军需产地有它的重要性，而且作为发展产业的原料产地和食品供应地，对我国的生存来说也是极为重要的地区。"④所谓日本的"特殊权利""可以光明正大地向世界各国申明，当然更可以向

① 满州青年聯盟史刊行会编『满州青年聯盟史』、408 - 433 頁。
② 〔日〕草柳大藏：《满铁调查部内幕》，第 408 页。
③ 〔日〕草柳大藏：《满铁调查部内幕》，第 408 页。
④ 〔日〕关宽治、岛田俊彦：《满洲事变》，王振琐、王家骅译，上海译文出版社，1983，第 151 页。

中国提出。从政治上和超政治上都有这样做的根据和理由"。主张"在全部既得权益将废于一旦之虞"的今天，"吾人要奋起促使九千万同胞的猛省"。①

为了进一步宣传他们的主张，扩大影响，"满洲青年联盟"把"新满蒙确立运动"推向第二阶段，提出"拥护条约，确保生存权"。具体做法是举办演说会，号称"打开困难局面问题大会"，这些演说会的宗旨有三方面：排日的真相、对满政策批判、时局打开策略。②

第一次以"时局市民大会"为名的演说会于 1931 年 6 月 13 日 7 点在大连歌舞伎剧院召开，安排 15 名代表发言（见表 3）。③ 最后由结城清太郎致闭幕词。④

表 3　6 月 13 日第一次"时局市民大会"出场的演讲者及演讲题目

演讲题目	发言者
悖德忘恩	山路德松
成为一纸空文"二十一条"	牛岛芳松
遭受蹂躏的我之权益	藤森圆乡
觉醒吧，共存共荣之梦	甲斐又雄
不当课税问题的真相	安东支部代表：仙波清
奉天暴行事件的真相	奉天支部代表：鲤沼忍
万宝山事件的真相	长春支部代表：小泽开策
正当及当然之权益	黑柳一晴
是否应当抛弃满蒙	太田藤三郎
静观时局坚定信念	高须祐三
此时此刻	佐藤运藏
和平还是铁血	冈田猛马
现阶段青年之责任与义务	中西敏宪
奋起打开时局	金井章次
后援之词	宝性确成

---

① 〔日〕关宽治、岛田俊彦：《满洲事变》，第 151 页。
② 満州青年聯盟史刊行会編『満州青年聯盟史』、454 頁。
③ 満州青年聯盟史刊行会編『満州青年聯盟史』、454－455 頁。
④ 満州青年聯盟史刊行会編『満州青年聯盟史』、455 頁。

会上最后表决通过五条决议（即"五条行动纲领"）：①打破满蒙的多头政治，实现有力的统制机关；②设置在满日本人公法的舆论机关；③排除姑息性的铁路交涉，以条约为基调开展正统外交；④根绝无视国际信义的"排日"教育；⑤满蒙现住诸民族和睦相处。①

第二次演说会于 6 月 20 日 7 点在沙河口大正小学讲堂举行，此次会上有 22 人分别发表了强硬主张。

接下来"满洲青年联盟"又先后向旅顺、鞍山、奉天等地陆续派遣游说团，开办演说会，大肆宣扬所谓的"满蒙危机"，鼓吹武装侵占满蒙，叫嚣"生存权确保"。

积极的"对满政策"的确立是运动第二阶段的核心目标。除了自 1931 年 6 月 13 日开始在满洲重要城市举办演说外，为了阐述"五条行动纲领"，"满洲青年联盟"又在 7 月 23 日向东北和日本国内发行了 5000 份名为《满蒙三题》的小册子，其所谓"三题"是指：满蒙问题的重要性；丧失了权益的在满日本人；满蒙各民族的"和睦"。②

关于"满蒙问题的重要性"，小册子通过"日本民族生活的危机""日本资本主义的现阶段和中国革命""日本资本主义和满蒙""在满蒙的特殊权益的内容及其效果"这四方面展开的。主要是强调"满蒙问题的重要性，对日本及日本民族的生存在国防及经济上具有决定性的地位"。"导致日本民族的生活破产、日本亡国命运的经济危机指的就是对满洲的拥有还是丧失，那就是能确保日本重工业原料之我国在支权益丧失。"③

"新满蒙确立运动"的第三阶段是向日本国内派遣代表，以图"唤醒政府和国民"，争取国内舆论。"在满日人……迫切要求采取积极政策，去解决以往悬案，他们召开了满洲日本人大会以壮声势，并派出代表去东京在国内造舆论。"④

此次派遣回日的代表团由 5 名代表和 3 名其他人员组成，计划用 31 天时间，在东京、大阪开展活动。这 5 名代表包括"满洲青年联盟"代表 3

---

① 满州青年联盟史刊行会编『満州青年聯盟史』、456 頁。
② 满州青年联盟史刊行会编『満州青年聯盟史』、459－466 頁。
③ 满州青年联盟史刊行会编『満州青年聯盟史』、459 頁。
④ 〔日〕草柳大藏：《满铁调查部内幕》，第 260 页。

人，分别是联盟本部理事冈田猛马、长春支部长小泽开策、安东支部干事永江亮三；还有通过公选产生的代表 2 人，即满蒙研究会理事、联盟本部顾问高冢源一和联盟开原支部顾问佐竹令信。其他人员是领队、会计和联络各 1 人。

　　他们于 1931 年 7 月 13 日从大连出发，从 18 日到 30 日在东京活动。代表团在东京期间的活动日程及相关情况见表 4。

表 4　代表团在东京 13 日期间的活动日程

时间		活动内容	相关情况
7 月 18 日	上午 10 点 30 分	拜访若槻礼次郎首相	去首相官邸拜访，重点陈述了满洲经济状态、在满日本人与中国人之间的"纠葛"、希望政府树立"坚定的"对满政策
	下午 1 点	参加满洲朝鲜问题国民大会	由东亚振兴会主办，在上野公园自治会馆举行
7 月 20 日	上午 7 点	拜访政友会总裁犬养毅	听取了代表们关于满洲现状的介绍，犬养毅对"币原的软弱外交"表示忧虑
	上午 10 点	拜访南次郎陆相	南陆相表示"对满蒙的重要性我与诸君完全同感……我等日本人应该一起督促政府，努力贯彻一直以来作为舆论急先锋的既定方针"
	离开陆相官邸之后	拜访原修次郎拓务相	就朝鲜人、煤炭课税问题及其他诸问题做了陈述
	下午 3 点	拜访币原喜重郎外相	双方会谈 2 小时。代表们主要表达"如何保障在满洲的既得利益、满洲日中条约的贯彻、在满朝鲜人的保护对策、治外法权、抚顺煤矿的课税问题"，币原外相反驳说："日中之间的交涉困难，好比是很多中国人都知道威尔逊总统的十四条，而日本人中有几个人知道呢？诸位代表不要被报纸的报道和部分人的恶意宣传所迷惑啊"
	下午 5 点	参加青山会馆召开的市民有志大会	在会上报告了万宝山事件、关税问题、满洲问题的今昔以及拜见首相、外相始末

续表

时间		活动内容	相关情况
7月21日	下午1点	访问小矶国昭军务局长	在陆军省拜见小矶局长,双方就满蒙现状进行长达2小时的意见交流
	辞别小矶局长之后	访问民政党本部	拜见佐藤情报部长,陈述满蒙现状,双方交换意见
	下午6点	参加满洲朝鲜问题有志大会	在上野精养轩召开,参加者为朝野有名望人士800多人。会上由预备役陆军中将菊地武夫主持,内田良平致开幕词。最后的决议是"对在满蒙同胞和朝鲜人实行保护;执行现行条约,确保拥有帝国特殊权益的满蒙"
7月23日	上午10点	拜访谷正之亚洲局长	阐述了关于朝鲜人问题、不当课税和领海12哩等相关问题
	正午时分	参加日华俱乐部招待会	向出席招待会的政界财界60余名人士做了"关税问题"、"万宝山事件的真相"的演讲
	下午3点	与山本条太郎、松冈洋右会谈	到山本条太郎府邸拜见二人。双方就"对满蒙政策"的相关话题交换意见
	夜	参加满洲朝鲜问题大会	在青山会馆由满洲朝鲜问题国民同盟会主办,通过蛊惑性发言鼓动了参加大会的2000余人,全场主战气氛高涨
7月24日	上午10点	接待沿海州朝鲜人会长来访	桦太、沿会州的朝鲜人会长朴炳一,听取陈情
	正午、夜	参加床次竹二郎、内田良平(黑龙会)招待会	参加床次竹二郎的午餐招待会和内田良平的晚餐招待会,双方交换意见
7月25日	下午6点	出席满蒙问题大会	在浅草快声座举办,代表们呼吁"当务之急是打开满蒙现状",努力鼓动舆论
	上午10点	与军部当局会谈	前往参谋本部拜访建川美次部长,极力渲染恶化满洲形势,建川部长表示"军部已经下定最后的决心",并鼓动联盟"努力鼓动舆论","向有关当局进行积极有力的游说"

① 满州青年聯盟史刊行会编『满州青年聯盟史』、483页。

续表

时间		活动内容	相关情况
7 月 27 日	上午 8 点	拜访牧野伸显内大臣	在镰仓的住所拜访牧野内大臣，详细阐述满洲问题的真相，并热盼他向宫内转告
	上午	访问各处	访问东京商工会议所、政友会本部、丸之内电气俱乐部、自治研究会
7 月 28 日	下午 6 点	参加东京日日新闻社主办的大讲演会	发表演讲，表达了"忧国忧民"的心情
7 月 29 日		访问研究会事务所	介绍"万宝山事件"的相关情况
	正午	会见民政党干部	参加丸之内常盘举行的民政党干部招待会，交流 2 小时
	下午 6 点	参加朝野知名人士组织的欢迎会	由各界 50 多位名人发起的欢迎会在日比谷市政会馆举办。就"满洲"的相关问题彼此进行交流和对话

资料来源：满州青年聯盟史刊行会編『満州青年聯盟史』原書房、1933、478 – 486 頁。

由上述介绍可以看出在东京滞留的 13 日期间，"满洲青年联盟"的代表们先后访问政府要员、各界名流、有影响的社会团体，力图达成共识、扩大宣传的影响力。同时召开大会、发表演讲也是代表团在日本活动的重要内容。此外还到参谋本部与少壮派法西斯军官交换意见，谋求与军部的"合流"。

7 月 31 日之后代表团来到大阪，相继访问了大阪商工会议所、大阪朝日新闻、有恒俱乐部（银行家团体）、神户商工会所、下关商工会所等处，不断散布其强硬主张，在关西地区掀起一股舆论热潮。

代表团的这些活动在日本列岛掀起了一阵武装侵占"满蒙"的浪潮，将武装侵略中国东北的舆论推到了顶峰，将日本人用武力侵占中国东北的情绪煽动到了极致，当然也将这个组织的右翼法西斯本性表演得淋漓尽致。

代表团 8 月 10 日返回大连后，第二天就迫不及待地召开报告大会，汇报在日本国内活动的情况。在会上，冈田猛马说："我们代表是得到了 130 万在满同胞的后方支援而进行活动的"；佐竹令信说："内阁诸公已经一致主张强硬外交"；高冢源一说："我们要发挥三千年来熏陶而成的国民性和日本精神，纵使祖国日本反对，也要饮泣宣布满洲的独立"。①

继大连之后，游说团又接连不断地在东北各地进行巡回讲演，"讨伐张学良政权"的声浪甚嚣尘上。

在日本国内，由"满洲青年联盟"代表团引发的舆论热潮在持续发酵。9月10日，在东京青山会馆召开"满蒙"相关各派联合大会，出席的团体有对外同志会、满洲问题国民同盟、解决满洲朝鲜问题同盟、东亚联盟义会、"满洲青年联盟"、满蒙研究会、全满洲日本人自主同盟、北满洲侨民大会等。大会决议"打开时局的关键就是断然匡正对方的非法行为，为堂堂正正地贯彻我之主张而采取武力"。② 由此可见，九一八事变前的舆论已经是达到公开叫嚣"武力解决满蒙"了。

四　与关东军勾结，积极参与九一八 事变和建立伪满洲国

"满洲青年联盟"的活动若仅限于宣传游说、进行侵略舆论宣传是远远不能满足其欲望的，与关东军勾结，积极参与九一八事变，可以说是最能彰显其右翼组织本质的。

因为"新满蒙确立运动"开展的反响极大，在中国东北地区和日本国内带来了"一股热潮"，"满洲青年联盟"也开始得到关东军相关人员的关注。1931年8月23日，"满洲青年联盟"在旅顺将校集会所和关东军的幕僚们举行了第一次会谈。

石原莞尔在会上说："如果一旦发生事变，关东军有在两天之内消灭张学良军队的准备。"对此，"满洲青年联盟"的理事山口重次回答说："若是发生事变，我三千会员将为满洲建国而全力以赴。"③ 这之后的第25天就发生了九一八事变。

9月18日夜，关东军发动了九一八事变。第二天凌晨，"满洲青年联

---

① 〔日〕关宽治、岛田俊彦：《满洲事变》，第209~210页。
② 满州青年聯盟史刊行会编『满州青年聯盟史』、502页。
③ 〔日〕草柳大藏：《满铁调查部内幕》，第408页。

盟”就在大连召开紧急动员大会，会上，决定由冈田猛马、鲤沼忍担任舆论唤起工作，通过了“战时行动准则”，包括立即向国内派遣游说团、统一各团体的行动和积极参军参战三项内容。①

九一八事变后，“关东军让满洲青年联盟的会员承担满洲的产业、交通、通信的恢复和掌握商务会、农务会等政略工作。联盟成员还参与东北交通委员会的设立，矿山、电话局、被服厂、兵工厂等官营事业的复兴，行政机构的重建，并与关东军协议策定《地方自治指导部设置要项》。”②

根据分工，山口重次专门从事铁道复兴工作，主要是沈海线、齐克线的复兴。由于九一八事变的爆发，中国方面经营的沈海铁路、奉山铁路停运，粮食和生活必需品都运不进来，军需物资的运输也被切断。关东军参谋板垣征四郎找到了“满洲青年联盟”干事小山贞知，小山又找到同是干事的山口重次。为了尽快打通沈海铁路的运输，山口重次赶赴奉天，组建沈海铁路保安维持会，在 10 月 14 日便使该段铁路恢复通车。

此外，“满洲青年联盟”由山口重次和小泽开策策划设置了“东北交通委员会”来统辖全满铁路，其首席顾问是满铁理事十河信二，顾问由满铁地方部卫生课长金井章次充任，山口重次担任秘书。③

是安正利担负矿山及诸工厂的复兴工作，他邀请了一批在旅顺工大时的同窗好友，组织专家十几人，组成了“产业委员会”，以参谋部特约人员的资格去电话局、纺织工厂、迫击炮工厂等处负担起修复的工作。④

对“满洲青年联盟”的大力配合，关东军给予了相当高的评价，石原莞尔参谋对山口重次说：“真是奇迹般的复兴啊。今后，所有战后处理的事情都委任给满洲青年联盟了。”⑤

九一八事变后，“满洲青年联盟”迅速向奉天集结。10 月，金井理事长到奉天，担任“奉天地方维持会”的最高顾问。在奉天的大和旅馆设置“满洲青年联盟”时局办事处，主持事变后的复兴建设，并决定将本部迁至

---

① 〔日〕草柳大藏：《满铁调查部内幕》，第 408 页。
② 宫脇淳子『世界史のなかの満洲帝国』，208 页。
③ 〔日〕草柳大藏：《满铁调查部内幕》，第 418～419 页。
④ 〔日〕草柳大藏：《满铁调查部内幕》，第 417 页。
⑤ 〔日〕草柳大藏：《满铁调查部内幕》，第 417 页。

"满洲"政治中心地——奉天，12 月 1 日在奉天浅间町 3 号设立。[①]

九一八事变后，联盟运动也进入高潮期，新建立了铁岭、辽阳、普兰店 3 个支部，1932 年时又建立了凤凰城支部，支部数达到 24 个，[②] 会员高达 5000 多人。

随着东北全境的迅速陷落，采用何种方式进行统治便成为最急需解决的事情，对此关东军和政府双方进行博弈。这其中，从九一八事变到伪满洲国建立的 7 个月时间里一心想要制造出一种以"民族和睦"为基础的"既成事实"的一股势力就是"满洲青年联盟"。[③] 而他们对所谓"既成事实"的解释就是完全同意时任关东军司令官本庄繁发给朝鲜总督宇垣一成的电文中表达的"值此天赐良机，只有建立新政权并与之交往，别无上策"[④] 的观点。

以"满洲青年联盟"理事长金井章次为中心组织特别委员会，时任满铁本社总务部文书课课长中西敏宪起草了一份《满洲自由建国方案》，主张采取大总统制的政治形式，由日本派出总务长官。[⑤] 该方案经审议后于 10 月 23 日向关东军司令官提出。关东军接到"中西方案"之后，马上在奉天的金六饭店宴请了金井以下的所有"满洲青年联盟"干部。由石原和坂垣对"中西方案"提出了各种各样的询问。第二天，石原就对金井表示"采纳你们的方案了"。[⑥]

此外，金井章次还先后担任辽宁省伪地方维持会首席顾问、伪奉天省政府最高顾问、伪间岛省省长等职。

与大雄峰会一起策划成立"自治指导部"，是"满洲青年联盟"协助关东军夺取中国东北政权的重要活动之一。关东军邀请"满洲青年联盟"和大雄峰会帮助成立一个对建立地方行政机构有指导作用的过渡性机构——

①　满州青年聯盟史刊行会編『满州青年聯盟史』、531 页。
②　即大连、旅顺、金州、瓦房店、熊岳城、大石桥、营口、鞍山、奉天、辽阳、安东、本溪湖、抚顺、铁岭、开原、哈尔滨、吉林、四平街、公主岭、鸡冠山、长春、凤凰城、普兰店、大连沙河口 24 个支部。
③　〔日〕草柳大藏：《满铁调查部内幕》，第 406～407 页。
④　〔日〕草柳大藏：《满铁调查部内幕》，第 404 页。
⑤　〔日〕草柳大藏：《满铁调查部内幕》，第 421 页。
⑥　〔日〕草柳大藏：《满铁调查部内幕》，第 421 页。

"自治指导部"。①

"满洲青年联盟"的中西敏宪和大雄峰会的中野琥逸，根据关东军的具体要求，分别起草了一份"自治指导方案"。

中野琥逸是奉天的一名律师，隶属大雄峰会，该组织主张"把满洲从中国本土分割出来，以建设五族协和的王道乐土"，②"满洲青年联盟"的思想也一样。中野的《地方自治制度之我见》一文于 10 月 20 日完成。

"满洲青年联盟"的中西敏宪时任满铁总公司人事课课长，接到去奉天的要求后，他想到"可能是要制订新国家的计划，也许是要商量有关宪法草案的问题"，于是特意委托文书课的人员，把凡是制定"宪法"时可供参考的各种资料，全收集起来。③ 这样中西到奉天之后仅用三天时间就把草案写出来了。

在这两份方案的基础上，关东军于 1931 年 11 月 1 日制定了《地方自治指导部条例》，规定在"中央"与地方两级机构中，"中央"设"自治指导部"，地方设"自治指导委员会"和"自治执行委员会"，"由中央派出自治指导委员分赴各县从事县级自治的指导和监督"。

"自治指导部"由于冲汉担任部长，设在奉天市木曾町大雄峰会的集体宿舍里的办事处也很快建立起来。"满洲青年联盟"和大雄峰会分别抽调大批人员，经短期培训后作为指导员下到各地"指导"地方事情。他们的这些活动为伪满洲国建立奠定了组织基础。

伪满洲国建立后，联盟的山口重次、小泽开策及汉奸于静远、阮振铎等人在关东军参谋石原莞尔和关东军司令官本庄繁的支持下筹建"协和党"，制定了以"协和主义"取代和打破三民主义、共产主义，"实现满蒙现住民族之协和"，"确立国家统制经济"，"致力于治安维持"等为目标的"协和党"纲领，④ 并将大批联盟成员拉入"协和党"。1932 年 7 月，伪满官办的思想教化政治团体——"协和会"成立，"协和党"被吸纳入会。1932 年 10 月 2 日，第 6 次联盟议会决定解散联盟。

---

① 〔日〕草柳大藏：《满铁调查部内幕》，第 428 页。
② 〔日〕草柳大藏：《满铁调查部内幕》，第 432 页。
③ 〔日〕草柳大藏：《满铁调查部内幕》，第 433 页。
④ 赵冬晖、孙玉玲主编《苦难与斗争的十四年》（上卷），中国大百科全书出版社，1995，第 336 页。

结　语

纵观"满洲青年联盟"的发展历程，充分体现了面对来自美、英、俄等国际方面的阻力和中国政府收回主权的压力，在满日本人的"不安感"，他们把"满洲"视为日本的"特殊权益"，并为此而"奋斗"。他们为日本侵略东北做了充分的舆论宣传，这一点恰好也迎合了军方的需求，他们与关东军相配合，推动军部法西斯在侵略的路上走下去。所以，认为九一八事变的发生是关东军的单独行为那是片面的，因为"无论军部怎样企图独自行动，如果社会上对军部的抉择不支持，即或是在精神上不支持，它是不会走得太远的"。①

The Right-wing Organization in the Period of
Japanese Colonial Rule "Guandong State"

—A Review of the "Manchurian Youth Union"

Wang jian

Abstract　"Manchurian Youth Union" was founded in November 13, 1928, which was one of the major right-wing organizations during the Japanese colonial rule of "Guandong state". By expanding a membership, establishing branch offices, holding various reports and toastmasters, to create public opinion on "Anti-Japanese" among Chinese and to instigate Anti-Chinese sentiment among Japanese in China. Through the "New Manchu established movement", producing leaflets and sending a commission back to Japan lobbying domestic personage, the movement became pioneers of public opinion that invaded Northeast China. Having collaborated with the Kwantung Army, plunged into the "September 18th Incident" and established "Manchuria country", promoted the

---

①　〔日〕草柳大藏：《满铁调查部内幕》，第297页。

expansion of aggression.

Keywords   Manchurian Youth Union; Sakakibara Farm Incident; New Manchu Established Movement; The Kwantung Army

日本殖民扩张主义下的"协和会"
与"新民会"[*]

王紫薇^{**}

【内容提要】 日本殖民主义在中国的扩张，大致可以分为三个阶段，每一阶段殖民扩张的理念都有所差异。与此同时，所谓的"国民组织"在殖民扩张中发挥了重要的作用，它们既是日本殖民主义扩张中的重要策略，也是策略的执行者，直接影响着殖民统治。本文选择了其中规模较大、成立时间较长、发展比较稳定的"协和会"与"新民会"为研究对象，从二者的共性与特性入手，对其在日本殖民扩张进程中发挥的作用、取得的效果以及彼此的关系进行考察。

【关键词】 殖民扩张　协和会　新民会

从战后开始到现在，关于日本殖民统治的研究成果越来越丰富。特别是近年来，随着殖民史实的不断挖掘整理，在殖民统治中发挥了重要作用的"协和会"与"新民会"也进入研究视野，引起学者的广泛关注。但是对于二者的研究因为研究角度和研究者的立场所限，而有所偏重，又同时呈现孤立的态势。

在笔者看来，关于历史事实的研究，无论方向聚焦于何处，研究方法都要秉承将其放置在历史的大背景下来解读这一重要原则。深挖历史事实，是为了增强论证的说服力；将其置身于大的环境和背景下来解读，是为了避免

* 本文为东北师范大学哲学社会科学校内重大培育项目（编号：17ZD010）的阶段性成果。

** 王紫薇，文学博士，浙江师范大学外国语学院副教授，研究方向为近代日本思想文化。

认知的偏颇。关于历史事实的研究应该是"务实"和"务虚"相结合的。所谓的"务实"就是刚刚提及的对历史事实的挖掘，力争无限接近历史，"务虚"则指的是要将历史事实置于历史环境中，找寻表象背后的实像。也就是说学术研究既要就事论事，又要超脱于事实看到其背后隐藏的东西。就事论事是研究的基础，将其与环境、背景所联系，是研究的深入。如果能透过事实的梳理，探寻事物之间抽象的联系，对其进行客观解读，更是研究的升华，也是研究的价值所在。

因此，笔者拟将"协和会"和"新民会"置于日本殖民扩张主义不断推进的大背景下，对二者进行考察。

一 殖民扩张主义的变迁

纵观历史，日本的殖民扩张主义在中国大致经历了如下三个阶段的变迁。

第一阶段：从"满蒙领有论"到"满蒙独立论"（1929～1931 年）。

1929 年 5 月，日本关东军通过"重点解决满蒙问题"的决议，意即通过武力占领，解决"满蒙"问题①。以此为背景，关东军参谋石原莞尔在同年 7 月参加参谋旅行的时候，起草了《作为恢复国运之根本的满蒙问题解决案》，并且完成了"关东军满蒙领有计划"的制订，提出了"满蒙领有论"。在石原看来，之所以使用"领有"一词，是要让"满蒙"隶属于日本，主权在日本，这与"占有"是有本质差别的，占有是指在别国领土上行使自己的权力。

石原莞尔之所以提出"满蒙领有论"，原因如下：一是解决日本国内的经济问题；二是觊觎东北丰富的物资；三是建立针对苏联共产主义意识形态的"赤化隔离带"；四是为"最终战争论"中的日美一战做准备。

为了实现"满蒙领有"，石原策划了九一八事变，希望以此为契机，将自己的殖民扩张理论转变为现实，但结果并不如意。关东军虽然默认了九一八事变，但并没有认可"满蒙领有"。无奈之下，为了给自己的殖民扩张理论寻找新的出路，石原试图将"满蒙"变为独立国家，并和关东军的三宅

① 川田稔『満洲事変と政党政治』講談社、2010、4～7 頁。

光治、板垣征四郎等人商量，提出了《满蒙问题解决策案》。主张在东北四省和内蒙古地区，建立接受日本援助，以宣统皇帝溥仪为首，维持当地治安的政权，至此正式放弃原有的"关东军满蒙领有计划"。1931 年 12 月，日本政府发布《省部协定第一案》，决定"先使满蒙成为从支那本土政府中分离独立出来的政府统辖的地域，然后逐渐引导其成为帝国的保护国"①。

虽然"满蒙领有计划"从提出到放弃的时间非常短暂，但是相关理论的出现并不是一时兴起之作，甚至可以说蓄谋已久。早在 1905 年，日本参谋本部的小矶国昭就在《帝国国防资源》中提出过"为了进行总体战，必须从中国获取原料和资源"② 的论调，也就是说从中国获取原料和资源是进行总体战的前提。1918 年颁布的《军需工业动员法》也提出，如果不能将中国全境纳入日本的自给自足经济圈，则应该首先"领有满蒙"。由此看来，"满蒙领有论"并不是突发奇想，而是其殖民扩张的第一步而已。但是殖民者也明白，单纯的"领有"一定会遭到中国民众的反抗，引发不满，所以 1927 年 6 月 1 日，日本关东军提出了《关于对满蒙问题的意见》，开始强调在"满蒙"地区"开垦土地，开采矿山，畜牧业和诸工业要以日支共存共荣为趣旨"③，由此可见日本对华殖民扩张主义从一开始就是具有欺骗性和迷惑性的。

之所以放弃"满蒙领有"，建立伪满洲国，目的在于"所有守国之远图，经邦之长策，当兴日本帝国，协力同心，以期永固"④，守何国，经何邦，其意不解自明。而在我们看来这只不过是殖民扩张政策以退为进的一种表现形式，是殖民扩张策略上的调整，其本质不会有丝毫的改变。

第二阶段："东亚联盟论"与"东亚协同体论"的盛行（1933～1940年）。

首次使用"东亚联盟"一词的是 1933 年 3 月伪满协和会制定的《满洲国协和会会务纲要》。《纲要》中提出："满洲国协和会根据王道主义，向国

---

① 冯玮：《从"满蒙领有论"到"大东亚共荣圈"——对日本殖民扩张主义的再认识》，《抗日战争研究》2002 年第 2 期，第 117 页。

② 冯玮：《从"满蒙领有论"到"大东亚共荣圈"——对日本殖民扩张主义的再认识》，第117 页。

③ 関東軍『対満蒙政策に関する意見』、1927 年 6 月 1 日、アジア歴史資料センター、C01003764000。

④ 溥仪：《即位诏书》，1934 年 3 月 1 日，伪满皇宫博物馆。

民彻底普及建国精神，团结有明确信念之国民，排除反国家思想和反国家运动，以期建成民族协和理想之地。同时向全国普及民族协和运动，进而将民族协和运动扩展到整个东亚，结成东亚联盟，以重建东洋文化，确保东亚之永久和平。"①

1938年末，石原莞尔以"国防共同、经济一体化、政治独立"为条件，提出"日满华提携"。1939年成立东亚联盟协会，发行机关杂志《东亚联盟》。1941年，近卫内阁提出"恐有可能违反建国精神、晦冥皇国主权，诸如此类的国家联合理论是不允许存在的"②，"东亚联盟运动"事实上处于非法阶段，1942年以后以"东亚联盟同志会"的名义继续活动，但因为政府禁令，其影响力已远远不如从前。

"东亚联盟"所言"国防共同"主要是积蓄军事力量，由日本统一指挥东亚各国的军事力量，和美国进行"最终战争"；"经济一体化"是通过物资流通，实现联盟内部资源的充分供给，为夺取"最终战争"的胜利进行物质条件的准备；"政治独立"是指联盟内部的成员国主权独立，但各国宣战、缔约、媾和等最基本的权利要由日本天皇决定。以上条件其实是为日本全面控制中国及东亚各国提供理论依据。石原认为，日本要想成为亚洲甚至世界的盟主，必须结成"东洋文明圈"，而"东亚联盟"就是实现这一目标的途径之一。

同一时期另一具有代表性的殖民扩张理论是"东亚协同体论"，最早提出这一理论的是记者杉原正巳，但对其进行大肆宣传并进一步阐述的则是东京大学教授蜡山政道。1933年10月成立的昭和研究会是"东亚协同体论"最大的支持者，当时日本很多知识分子受到了这一理论的影响。

持"东亚协同体论"者强调在战争中"东亚协同体"出现的历史必然性，"东亚协同体"建设的原理和方向是：扬弃被大家视作西欧国家原理中心、排他、闭锁的民族主义；解放亚洲；与纳粹法西斯的不同；日本"指导"的作用；主张有必要同时进行与"协同体"建设表里一体的日本国内的改革。但是这一理念并没有得到认可，而且随着近卫新体制运动中大政翼

---

① 山口重次『満洲建国の歴史』栄光出版社、1973、254頁。

② 石原莞爾『戦争史大観』青空文庫、https：//www.aozora.gr.jp/cards/000230/files/55635_49037.html。

赞会的创立，被取而代之，"东亚协同体论"也逐渐转变为"大东亚共荣圈"这一构想。下文还将有所提及，此处不再赘述。

"东亚联盟论"和"东亚协同体论"在主张上有许多相似之处，所以也存在着"在理解东亚新秩序问题上，联盟、联合、协同体都可以使用"[1] 的认知，认为实质相同，只是采用了不同的说法而已。但是从不同层面来看，"东亚联盟论"是以石原莞尔为首的关东军对"东亚新秩序"的理解，而"东亚协同体论"则是当时日本国内的知识分子对国策的理解和建议。"东亚联盟论"具有明确、完整、统一的政治理论，建立了相对规范、严谨的组织机构，存续时间较长，应该占据着这一时期的主流位置。

第三阶段："大东亚共荣圈"理论的确立（1940～1945年）。

"大东亚共荣圈"理论可以说是日本殖民扩张主义中最具有代表性的理论，也可以说是殖民扩张理论的"集大成之作"。最早提出这一想法的是当时日本陆军省军务局军事课的岩畔豪雄中佐和参谋本部第一部第二课的堀场一雄。当时因为"东亚联盟"的关系，"东亚"一词无论是在日本国内还是在日本殖民统辖范畴内都具有很大的影响力。岩畔和堀场二人认为只是东亚的话，范围过于狭小，因此在东亚的基础上添加了"大"字，同时为了强调不只是军事上的镇压，更要加强经济上的"合作"，所以提出了"共荣"的概念。

1938年11月3日，日本政府发表了第二次近卫声明，其主要内容是"以日满华三国合作，在政治、经济、文化等方面建立互助的关系为根本"，建立"东亚新秩序"，"大东亚共荣圈"构想登场。1940年初，制订了《综合国策十年计划》，在这一计划中所提出的"协同经济圈"，其实就是"大东亚共荣圈"的雏形。1940年7月26日制定了《基本国策纲要》，提出了作为国策基本方针的建设"大东亚新秩序"的构想。7月27日紧接着提出《顺应世界形式变化之时局处理纲要》，规定"大东亚"的范围，除了"日满华"以外，"南方"也在这一范围之内，"南进"被提上日程。1940年8月，松冈洋右正式提出"大东亚共荣圈"这一概念。1941年，东条英机出任日本首相后，关于"大东亚共荣圈"的殖民扩张理论更是尘嚣日上。太平洋战争的爆发，其实就是"大东亚共荣圈"建设的真正开始。与此同时，

---

① 中山優「新秩序の東洋的性格」『東亜聯盟』1号、1939年10月。

为了更好地指导"大东亚共荣圈"的建设，1942 年日本还成立了"大东亚省"，负责"大东亚共荣圈"内各国的事务。

"大东亚共荣圈"是建立在"日满华"经济协同体的基础之上，以东南亚为资源供给地区、南太平洋为国防圈的区域。与之前以"日满华协同体"为中心所构建的"东亚新秩序"相比，扩大了殖民扩张的范围，但其内容的实质无非还是资源的掠夺，为侵略战争提供物质准备。日本宣扬的所谓建立"大东亚共荣圈"的理由是要"将东亚从西方的殖民统治中解放"，实现日本与其他多民族的"和衷共济、共存共容、邻保互助"，相互尊重彼此独立，最终实现"大东亚"的繁荣稳定。但是被强行纳入"大东亚共荣圈"的其他独立国家其实都在日本军队的掌控之下，毫无独立和自由可言。

随着第二次世界大战日本的战败，"大东亚共荣圈"这一理论走到了末路，日本近代的殖民扩张主义也随之画上了句号。

综上所述，日本殖民扩张主义的变迁与政治局势、殖民利益的变化息息相关。日本的殖民扩张主义具有以下三个特点。首先是殖民扩张的地域越来越广阔。从"满蒙"延伸至"日满华一体"，再拓展到"东亚"，最后遍布"大东亚"。其次是殖民扩张的领域也越来越大，从最初的经济掠夺到政治胁迫，再到后来的文化霸权，被纳入殖民扩张区域的国家已经全方位地陷入殖民深渊。最后是殖民扩张的隐蔽性和欺骗性越来越强，从"五族协和"到"日满华一体"，再到"大东亚的共荣共存"，用所谓的"历史责任感"和"历史使命感"对内煽动民族情绪、点燃盲目的爱国热情，对外麻痹身处殖民统治下的普通民众，使其丧失自我认知和民族认同、国家认同，沦为殖民扩张主义理论的追随者和践行者。无论殖民扩张主义如何变迁，其殖民的实质、获取经济利益这一殖民目标都是一致的。

二 "协和会"与"新民会"的共性

推行殖民扩张主义的主体有政府、军队，这一点毋庸置疑，在西方国家殖民扩张的过程中也是极常见。但是在日本殖民扩张的过程中，国民组织的作用是不容忽视的。这一所谓的"国民组织"是一个群体概念，并非某一个体。以伪政权林立的中国境内为例，当时除伪满洲国以外，先后还有伪蒙疆联合自治政府（"蒙疆政权"）、伪冀东防共自治政府（"冀东政权"）、伪中华民国临时政府（"华北政务委员会"）、伪中华民国维新政府、伪中华民国国民政府（汪伪政权）等。这些日伪政权内部大都设置用以动员全体国民，稳定民心，辅助殖民政策推进的"国民组织"。如伪满洲国的"协和会"、伪中华民国临时政府的"新民会"、伪中华民国维新政府的"大民会"。若将视野拓展到日本殖民扩张的其他区域，菲律宾的"新比岛效力团"、朝鲜的"国民总力联盟"、印尼的"爪哇奉公会"也都属于这一范围。

殖民扩张主义尽管是一个复杂的认识过程，但殖民国家的最终利益目标是不变的。因此，宏观的殖民扩张战略取向是趋同的，而微观的战略选择则会不断进行调整。这些所谓的"国民组织"既是日本殖民主义扩张中的重要策略，也是策略的执行者，直接影响着殖民统治。下文选择了其中规模较大、成立时间较长、发展比较稳定的"协和会"与"新民会"为研究对象，从二者的共性与特性入手，对其在日本殖民扩张进程中发挥的作用、效果以及彼此的关系进行考察。

（一）成立历史与大纲宣言

从"协和会"和"新民会"创立的历史来看，二者是有相似性的。由于傀儡政权的奴性，日伪政权很难得到民众支持这一点毋庸置疑。殖民者意识到在占领区所面临的不仅是军事上的抵抗，还有民众在意识上的抵触和抗拒，而后者靠枪炮是无法解决的。后者的问题若得不到解决，傀儡政权即使建立也难以维系。因此，在组建傀儡政府之前，就开始谋划成立以俘获民心为目的的思想团体。单从这一点来看，"新民会"和"协和会"就如出一辙，都是为了在思想意识上奴化民众，为殖民扩张披上"独立自治"的"合法"外衣。

"协和会"在"协和党"的基础上组建而成。在殖民者看来，在维持伪满洲国治安的同时，必须为思想战做准备，"坚定不可动摇的国民思想的统一和宣传宣抚工作均属当务之急"①。要完成这一任务，与政治意图明显的政党相比，思想教化功能强大的实践组织更符合殖民统治需求。这样非但不会对关东军统治构成威胁，同时还可以成为殖民势力的"左膀右臂"，为其殖民扩张摇旗呐喊。

---

① 满洲国史编纂刊行会『满洲国史（各論）』谦光社、1973、76-77页。

"新民会"是在借鉴"协和会"模式的基础之上，组建的所谓"国民组织"。在"新民会"的组建过程中，得到了原"协和会"成员小泽开作和张燕卿的支持，二人都曾是"协和会"筹备委员会的成员。小泽开作可以说是"协和会"成立过程中的骨干力量，因与关东军意见不一致而脱离"协和会"，受邀指导"新民会"的建设后，将在"协和会"未能完全实现的"一腔抱负"寄希望于"新民会"。张燕卿曾任"协和会"理事长、伪满外务大臣，熟谙伪满洲国内部结构以及日伪政府与"协和会"之间的深层关系，以此经验为基础，担任"新民会"筹备委员会委员长，在日伪政府与"新民会"中间起到了润滑剂和纽带的作用。原本二者建立的初衷就如出一辙，再加上"协和会"原有力量的加入，导致"新民会"无论是宣言、章程纲领，还是组织结构都与"协和会"有颇多相似之处。

表 1　"协和会"与"新民会"的创立宣言

"协和会"（1932 年 7 月 18 日）	"新民会"（1937 年 12 月 24 日）
本会的目的是遵守建国精神，以王道为主义，以民族协和为念，从而巩固我国之基础，谋求王道政治之宣化	与新政权表里一体。首先拥护新政权为反共战线之斗士，进而培养民力，实现友邻之共荣，而终极之目标为贡献于人类之幸福与世界之和平

无论是位居东北的"协和会"，还是身处华北的"新民会"，在组织成立之初为站稳脚跟，都急于剖白心迹，表明与日伪政府"表里一体"的立场。二者看似是独立的组织，其实均受制于殖民者，因此在宣言和章程中就无可避免地彰显殖民者的意图，并对其进行美化。

伪满洲国的"建国"理想就是实现"日满一德一心、民族协和、王道乐土、道义世界"，在华北地区则将其诠释为"实现友邻之共荣"。殖民侵略者占领中国东北、华北地区，但是其殖民意图不止于此，觊觎已久的是以"日满华一体"为基础，将侵略魔爪伸向整个亚洲，取得与老牌殖民帝国相抗衡的资本。为了鼓吹"大东亚战争"的"正义性"和殖民政权的"合法性"，提出"建立道义世界"，也就是"贡献于人类之幸福与世界之和平"。

"协和会"于 1932 年成立，经历了 1936 年的"二位一体"制改革，其纲领一直秉承不变，但依据时局要求，"协和会"每年的活动方针会有所变化。而"新民会"则根据华北局势，对其纲领进行了三次比较重要的调整（见表 2）。

表2 "协和会"与"新民会"的纲领方针

时间	"协和会"	时间	"新民会"
1932 年 7 月	1. 宗旨：以实践王道为目的,铲除军阀专制的余毒。2. 经济政策：努力振兴农政,改革产业,以期保障国民生存,排斥共产主义的破坏和资本主义之垄断。3. 国民思想：重礼教而享天命,谋求民族协和与国际敦睦		
1936 年 7 月	满洲帝国协和会作为唯一永久,举国一致之实践组织机构,与政府表里一体。1. 发扬建国精神。2. 实现民族协和。3. 提高国民生活。4. 彻底宣德达情。5. 完成国民动员,以谋求实现建国理念,创建道义世界	1937 年 12 月	1. 维持新政权,以图畅达民意。2. 开发产业,以安民生。3. 发扬东方文化道德。4. 于"剿共灭党"旗帜下,参加反共战线。5. 促进友邦缔盟之实现,以贡献人类之和平
1940 年 2 月	鉴于我国作为东亚新秩序的核心枢轴,其地位越来越重要,因此,运动目标如下。1. 在思想、政治、经济等各层面集中体现建国精神。2. 伴随实施统制经济,调整及安定民生。3. 应该根据国际态势,快速扩充国民组织	1940 年 3 月	1. 发扬新民精神,以表现王道。2. 实行"反共",复兴文化,主张和平。3. 振兴产业,改善民生。4. 善邻缔盟,建设东亚新秩序
1941 年 3 月	在统制经济愈发严峻的现实下,要严防共产党的"捣乱",因此运动的基本目标是国民邻保组织的确立和青少年训练的彻底,依据重点集中主义的方针进行举国性质的国民运动。运动重点：1. 昂扬国家意识；2. 提高国民生活；3. 集结发挥国民总力		
1942 年 1 月	主旨：应当将会务运动看作国民运动而展开,昂扬国民志气,完成时局所交代的任务,与盟邦诸国民团体相提携,为实现大东亚共荣圈而挺身而出	1942 年 10 月	1. 发扬新民精神。2. 实行和平"反共"。3. 完成国民组织。4. 团结东亚民族。5. 建设世界新秩序

资料来源：根据《满洲国史（分论)》《协和运动》《汉奸组织新民会》等相关内容整理而成。

从表2中我们可以看出,伪满洲国建立初期,殖民扩张理论虽然已经从"满蒙领有论"变成了"满蒙独立论",但是在殖民者标榜的"独立"旗帜下所建立的"协和会",其纲领与"满蒙领有论"如出一辙。强调要振兴农政，进行产业改革，只不过是想将东北富饶的物资据为己有；防止共产主义的"破坏"，其实就是发挥"赤化隔离带"的作用。由此来看，殖民扩张主义形式上的变迁、策略上的调整，无非是做给被统辖区域的民众看的一场秀而已，其本质是不变的。

在 20 世纪 30 年代以"东亚联盟论"为主体的殖民扩张期间，"协和会"强调的是"与政府表里一体"，"宣德达情"，在"新民会"中则被诠释为"维持新政权，以图畅达民意"；"协和会"表态要"提高国民生活"，"新民会"则表明要"开发产业，以安民生"；"协和会"号召"发扬建国精神"，而"新民会"则提倡"发扬东方文化道德"；"协和会"的最终目的是"谋求实现建国理念，创建道义世界"，"新民会"则更为直接——"促进友邦缔盟之实现，以贡献人类之和平"。在"日满华一体"的协同体中，为了掩饰对物资的觊觎，而美其名曰是为了"提高国民生活"，"以安民生"；为了将"独立政权"纳入自己麾下，而鼓吹"建国理念"、"道义世界"和"东方文化道德"，伪满洲国以"民族协和、王道主义"为建国理念，这两点也被认为是"殖民理念双璧"。率先提出"王道主义"的橘朴曾经说过，"王道"确实是无法割离于中国的思想乃至社会生活的一种理想，是中国"共和思想"的根本。之所以将殖民理念与中国传统文化搭上关系，只不过是日本殖民者在形式上试图和英美法等帝国主义殖民统治划清界限，混淆视听，为推行新的殖民模式——"日满华一体"的"东亚新秩序"扫清障碍。"协和会"与"新民会"所标榜的这一切不过是为了粉饰殖民事实，掩盖"日满华一体"是以日本为核心，"东亚联盟"是以日本为盟主这一事实。

伴随侵略战争的扩大，日本进入总体战，被纳入"大东亚共荣圈"的伪满洲国、伪中华民国国民政府开始全方位为侵略战争服务。作为殖民统治"左膀右臂"的"协和会"与"新民会"更是不甘示弱，抓住一切机会，卖力表演。

"协和会"提出，作为"东亚新秩序"核心枢轴的伪满洲国，地位越来越重要，所以"在思想、政治、经济等各层面集中体现建国精神"；"新民会"则表态"要发扬新民精神，以表现王道"，"善邻缔盟，建设东亚新秩序"。为了助力"大东亚共荣圈"的形成，防止国民觉醒，"协和会"提醒会务人员注意共产党的"捣乱"；在汪伪政府领导下的"新民会"则明确表示"反共"的立场。"协和会"提出"昂扬国家意识","提高国民生活","集结发挥国民总力","开展国民运动";"新民会"则概括地提出"完成国民组织"。"协和会"的最终目的是"完成时局所交代的任务,与盟邦诸国民团体相提携",因为其范本的地位,要"为实现大东亚共荣圈而挺身而出";而"新民会"则是"善邻缔盟,建设东亚新秩序","团结东亚民族",进而"建设世界新秩序"。"协和会"提倡"日满亲善、日满提携",而"新民会"则直接将其转化为"日华亲善、日华提携",其最终目的都是培养殖民统治下的民众的亲日化。由此看来,"协和会"和"新民会"在组织发展的最后阶段,都将自身置于"大东亚共荣圈"的范围之内,并为此不遗余力地鼓吹助威。

(二) 理论基础与指导思想

理论基础与指导思想是组织行动的指南,也是组织活动的理论体系。日本殖民扩张主义的特征是"求同存异",即政治上"存异"(当然政治上的存异也只不过是殖民者刻意营造出来的假象而已,实际上政治也牢牢地操控在殖民者的手中),文化上"求同"。通过文化上的"求同"来增强殖民扩张的迷惑性和欺骗性。要想在文化上"求同",就必须寻找与中华文化的契合点,并在此基础上对其进行选择性地解读或者曲解,使其与殖民扩张主义的需求吻合。

"协和会"的指导思想是"王道主义",代表人物是郑孝胥;"新民会"的指导思想是"新民主义",代表人物是缪斌。

关东军制定的《对满蒙方案》中明确指出:"必须彻底普及王道主义、民族协和建国精神及日满融合之观念,倾注日本文化,排除三民主义和共产主义,弹压赤化的侵袭。"[①] 这样就明确了由"王道主义"到"王道政治",再到"皇道政治",成为伪满洲国的"建国"指导思想和基本"国策"。

"协和会"首任会长郑孝胥,从小受到严格的封建家教亦即儒家学说的影响,曾有过赴日留学数年的经历。1932 年 1 月伪满政府发布的《建国宣言》中,便融合吸收了他的"王道建国"主张。伪满建立以后,郑孝胥撰写发表了大量阐发其"王道思想"主张的文章,其中主要有《王道救世要

---

① 『現代史資料』(11 卷)、みすず書房、1963、639 頁。

义》《王道或问》《管见》《满日结合与旧道德》《国民教育谈》《王道讲义》等，为"王道"和"皇道"树碑立传。

郑孝胥提出以"孝慈友恭义顺睦"来"修身齐家治国平天下"，[①] 他的代表作《王道救世要义》，把儒学糟粕与卖国主义融为一体，从理论上系统地为日本的殖民主张大放厥词。郑孝胥认为："果行王道，必先荡涤爱国之思想，而以博爱为主。必先革除军阀之教育，而以礼仪为先。""王道之学，谓之内圣外王之学，王道之大，而不能求之于大。王道之远，而不能求之于远。然则王道安在乎，今以一言蔽之曰，在于人己之间而已。内圣者，王道之属于己者也。外王者，王道之属于人者也，更引孔孟之言以证之。"[②] 这些理论被殖民者刻意发挥为"圣贤的王道，是日满华亲善"，"论语是皇道的训解……东西方古往今来的大道是一贯的。除非日本和中华相互提携亲善，否则东亚建设是不可预期的，中华民族也是无法生存的。此时何须争虚面子和权势，而应效法古人之教训来树立道德的信念。共同相信论语，东亚就能一体，齐心协力平定世界上的战乱，将民众从战争的惨祸中拯救"。[③]

郑孝胥的"王道主义"归根结底在于为伪满的殖民体制谋划一种理想化的殖民统治秩序，让东北人成为循规蹈矩的"顺民"，心甘情愿地接受日伪的殖民统治。

"新民会"理论的代表人物缪斌鼓吹"新民精神"就是"王道"，"王道"应该一统天下，新政权就是"王道政治"的实践者。

"王道"的实行，就是克己复礼。克己包括格物、致知、诚意、正心、修身五项，复礼包括齐家、亲乡、治国、平天下四项。这一认识是建立在《大学》的基础之上，并加入缪斌自己的理解而形成的，他认为克己是个人修行，复礼是基于天道行大义。

仅从字面来看，缪斌的理论既符合中国的传统文化，又具有一定的先进性，符合人们追求的理念。但是对其理论进行分析，缪斌所主张的复礼，不

---

① 郑孝胥：《普及建国精神之教育资料》（第二集），伪文教部，1933，第 52 页。
② 刘晶辉：《民族、性别与阶层——伪满时期的"王道政治"》，社会科学文献出版社，2004，第 270 页
③ 〔日〕原重治：《同信〈论语〉足能定日满华如一体》，胡正宗译，《协和运动》1941 年第 8 期，第 143 ~ 144 页。

过是为了让民众专事修身之道，不完成修身之道是没有资格谈及齐家、亲乡、治国和平天下的，此时要接受"有德者"的统治。"有德便有土，不分种族、国家、有教无类，反对狭义的民族主义和国家。主张日满华联盟，进而建立大亚细亚联盟，然后实现万邦协和、王道天下的理想境界。"① 在缪斌的"新民主义"看来，日本是"有德者"，是强国，大和民族是优秀民族，他们实行的自然是"王道政治"；日本在中国的侵略，是为了消除中国的种种弊端，如国民党的弊政、国共两党的内战。如果反对殖民统治，守土卫国就是狭隘的民族主义在作祟。

两人为了表明日本侵略战争的正当性，为殖民政权站台背书，将殖民统治描画成"王道政治"，殊不知，这正是在中国传统文化的表壳下填充殖民逻辑的最佳例证。在日本殖民统治者看来，"王道政治即哲人政治，并非支那旧有的王道思想，而是具有必须显现天皇圣意的意义"。② 所以被殖民者所操控的"王道政治"是借用王道的壳，填充的却是军国主义皇道之实的特殊"王道"。

中国传统文化内涵很快被替换为日本法西斯皇道的本质，成为明显区别于中国封建社会"王道"的一种存在。这样，以殖民政治土壤为根基，以中国的儒家思想为外壳，以日本皇道为本质的思想主张，最终还是由日本人按照自己的意志完成了。从"满蒙领有"到"东亚联盟"，再到"大东亚共荣圈"，这一系列的殖民扩张主义不也是如此吗？在殖民模式上，貌似赋予了各国独立自主的外壳，最终无论是政治还是经济，乃至文化无一不是操纵在殖民者手里。

（三）机构设置与具体活动

从组织结构来看，"协和会"与"新民会"也有颇多相似之处。在机构设置上大同小异，明显有模仿的痕迹，可以说是一丘之貉。

例如，二者都是在中央设立专门机构，对地方活动进行统一指导，在"协和会"叫作"中央本部"，而在"新民会"则被称作"中央指导部"，在中央内部根据工作分工不同，再进行详细的划分。设置独立的监察机构对

---

① 王强：《汉奸组织新民会》，天津社会科学院出版社，2006，第36页。
② 满洲帝国协和会『満州帝国協和会組織沿革史』不二社、1982、180頁。

会务活动的动向进行审查、研讨会务运动的发展方向等。在省、道、县（市）设立基层机关机构，听从中央指示。地方按照地域、职业等标准组建分会。通过联合协议会，进行所谓的"民意协商"，但只不过是欲盖弥彰，体现殖民者"民意"的障眼法而已。

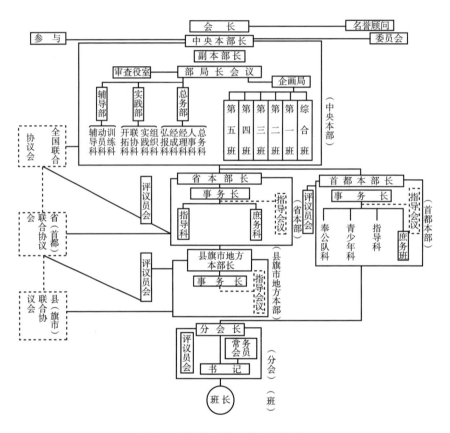

图 1 "协和会"机构组织概要

资料来源：吕作新『協和会の概貌』満洲帝国協和会、1938、70 頁。

"新民会"会长由"临时政府"主席兼任，但由于"临时政府"主席一职空缺，所以由就任副会长的张燕卿代行会长一职；被称为"新民会之父"的小泽开作则成为中央指导部总务部长。二人的"协和会"背景导致"新民会"开展的工作也与"协和会"有几分相似之处。"新民会"1938 年的工作大纲中就曾明确指出"与满洲帝国协和会密切提携，必要时则加以

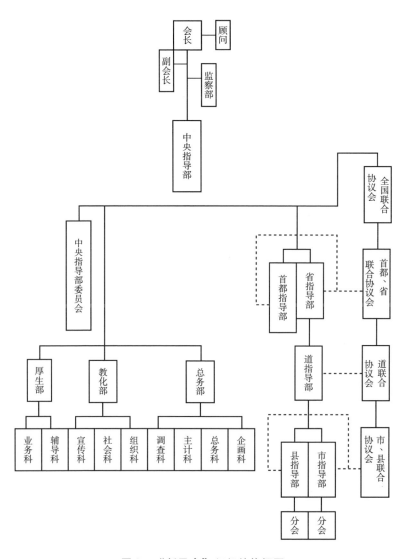

图2　"新民会"组织结构概要

资料来源：広中一成『ニセチャイナ』社会評論社、2013、336頁。

协助"。①

　　日本侵略扩张的推进其实是全方位、多角度、有步骤的，在文化教育、经济产业、政治理念等方面对日伪政权进行扶植，而日伪政权也会根据日本

---

①　曾业英：《略论日伪新民会》，《近代史研究》1992年第1期，第256页。

侵略扩张的推进，在不同阶段调整主要工作方向，有所偏重。

在第一阶段，因为"协和会"与"新民会"成立之际，恰逢殖民扩张理论的交替时期，为了扶持刚刚成立的日伪政权，"协和会"与"新民会"的主要工作都是组织发展。组织发展的主要内容有两点：一是要扩大组织成员，吸纳更多人加入，扩大组织影响力；二是要保证组织的实质领导权掌握在日本人手里。通过大量吸收成员，培养亲日的中国人和"知华知满"的日本人，对殖民者唯命是从，然后再将他们安插在日伪政府的各级机构，借此增强殖民政策的执行力。东条英机曾说："结成维护新政权，并和新政权为表里一体关系的建国民众团体是十分必要的"，"鉴于新政权不可能把民众诱导到亲日满，所以要结成与政府表里一体的民众团体，让日本人参加到这个团体中"①，只有这样才能加强日本人对团体的指导，让团体行动更好地为殖民策略服务。也正是基于这样的考虑，无论是在哪个团体中，权力都掌握在日本人或亲日派手中。

在殖民扩张政策中，军部的意见举足轻重，甚至可以说早就左右了殖民扩张主义的方向，因此"协和会"与"新民会"在发展中，也受到军部势力的强烈影响。"协和会"初期的政治基础就是建立在关东军的权力地盘之上，而"新民会"则接受了华北日军特务部的支持和指导。

第二阶段主要是教化工作。就如同东条英机所说的"把握民意，让他们支持我们战争的进行"②，"协和会"和"新民会"利用一切方式对殖民政策进行宣传，希望借此实现"身份认同"和"文化认同"。

为了宣扬"大东亚共荣圈"思想，殖民统治者大肆鼓吹"皇国史观"，推进奴化教育，摧残民族文化。譬如，推行日本的社会文化和习俗，形成以大和民族为核心的东亚民族，通过"纪元节"和"天皇节"等日本独有节日的设定，泯灭国家意识和民族意识，建构错误的身份认同；面向青年人，组建青少团，开设青年训练所，以各自纲领为基础，昂扬青年的战争意识；对妇女活动进行掌控，妄图通过妇女将殖民理念渗透到家庭中，强调忍耐和承受，有效地磨灭反抗斗志；普及日语和日本文化的教育，淡化民族文化和民族语言；实行民族分离主义，离间民族关系。虽然"协和会"提出的是

---

① 王强：《汉奸组织新民会》，第 30 页。
② 王强：《汉奸组织新民会》，第 30 页。

"五族协和",但实质是以大和民族为中心,其他民族必须接受大和民族的领导,同时在其他民族中,朝鲜族则显得受到优待,高人一等;在"协和会"和"新民会"内部构造上,按照民族、行业等标准设立分会,其实也是实行分而治之,不但便于殖民管理,而且可以让殖民教化全方位、多角度渗透到基层组织,以防遗漏。

当然所有的教化不只落脚于形式上的宣传,为了迷惑民众、掌控民心,开展义诊、讲授农业知识、改良种子、种植疫苗等活动。通过这样的生活实际指导,使日伪政权的"国家意识"贯彻于民众之中。

无论是思想上的宣传,还是生活上的指导,都是为了培养盲从于殖民者,愿为殖民利益赴汤蹈火的"愚民顺民"。

第三阶段为"大东亚共荣圈"服务,开展增强战力运动。在太平洋战争期间,日本殖民者采用了"以华制华、以战养战"的方针。所谓的"以华制华"就是分裂中国,培养可以为自己所用的殖民势力,日伪政权就是"以华制华"这一政策的产物,"协和会"和"新民会"凭借其庞大的组织机构,成为"制华"的有力工具。与"以华制华"这一政治性的方针相比,"以战养战"更注重经济层面的殖民效果。殖民者用掠夺的物力、财力、人力,为其大肆宣扬的"大东亚共荣圈"和"大东亚战争"服务。

这一时期,无论是"协和会"还是"新民会",都积极开展了各种经济活动,因为其目的无非是"发挥中国的总体力量,分担完成战争的责任"。①经济活动内容分为促进生产、统制物资、组织献纳等多种形式,这些内容是环环相扣的。促进生产,想方设法提高产量,为战争储备更多的物资。虽然产量增加了,但是实行了配给统制,一是配给统制,一是价格统制。大部分农产品被充作军用物资,民需部分所剩无几,严重影响了民众的生活;而价格统制对中小工商业者打击极大。同时组织各种献纳,门类庞杂,大到捐赠军用飞机,小到马粮,从物资上对侵略战争进行援助。站在殖民者的角度,这样做不仅掠夺物资为其所用,而且增强被殖民统治的民众的"身份认同",更便于被其所驱使。日伪政权沦为战备物资基地,不得不成为日本发动的太平洋战争的买单者。

除了组织结构和具体会务运动的开展之外,因为服务于同一殖民者,

① 林柏生:《分担完遂战争责任中国自动发挥总力》,《新民报》1942 年 12 月 23 日。

"协和会"与"新民会"的性质和任务相似，决定了二者必然会狼狈为奸、同流合污。

例如，1943 年新民会召开临时"全国联合协议会"，讨论强化华北参战体制，同时推戴汪精卫为名誉会长，"协和会"机关杂志《协和运动》编辑委员松冈参事应邀出席会议。① 1945 年，"协和会"召开"全国会员大会"后，将决议发给"新民会"。二者通过政策上的沟通，希望在举措上达成共识。②

与此同时，"新民会"与"协和会"也进行了人事交流。一方面，1943年"协和会"派遣青少年团员参加汪伪政府的阅兵式，参观"新民会"，并表示"新民会的性格和使命，是谁都知道的，尤其是和我国的协和会是气同道和精神一体的……他们接待我们更是拿很亲近诚恳的态度，说话的时候总是忘不了如兄如弟的表示"，③ 营造二者兄弟般的形象。另一方面，由"新民会"转入"协和会"20 名会务职员，"曾经在华北地区第一线上活跃的各位为了充实工作经验，实现满华的合作和一体化的运营，被赋予这样的责任，期待着出现显著的成果"④。这些会务职员经过"协和会"中央训练所的培训大部分分配在了热河省。通过人员的沟通和交流，二者在会务运动的开展上保持一致，串通一气，互通有无。

1940 年 11 月，曲秉善代表协和会赴北平参加"新民会"的协议会时，在会议的第一天代表"协和会"致辞，大意如下："伪满协和会是伪满政府的精神母体，伪满的联合协议会是伪满的宣德达情机关，伪满由于协和会而飞跃发展。新民会是伪华北各机关的精神母体，新民会的协议会是华北人民的宣德达情机关，华北由于新民会而突飞猛进。新民会与协和会的性质和任务完全相同，并且华北与伪满在地理上、经济上大有密切关系，希望今后新民会和协和会更进一步地密切联络，为建设东亚新秩序而共同奋斗。祝新民会的发展和协和会的成功"。⑤ 曲秉善不仅向华北人民大肆宣传"协和会"，而且代表"协和会"与"新民会"勾结，表明协力日本帝国主义侵略的立场。

综上所述，"新民会"与"协和会"不仅本质相同，是殖民机构的精神

① 「編集後記」『協和運動』2 号、1943 年 2 月。
② 佐藤岩之進「総蹶起誓ひの日」『協和運動』3 号、1945 年 3 月。
③ 尉鳳翥「南京派遣青年隊の手記」『協和運動』7 号、1943 年 7 月。
④ 菅原達郎「巻頭語」『協和運動』7 号、1943 年 7 月。
⑤ 中央档案馆编《伪满洲国的统治与内幕》，中华书局，2000，第 132 页。

母体，也是殖民者的综合性侵略工具，作为"国民总动员体制"的核心组织，成为殖民者实施侵略、征服中国策略中的重要实施者；其表象也是如出一辙，推进奴化工作，掠夺物资，成为当地社会生活中的毒瘤。二者沆瀣一气，最终一起走向灭亡也是历史必然的规律。

三 "协和会"与"新民会"的特性

因为服务于同一殖民扩张主义，"协和会"和"新民会"无论是组织结构还是会务运动都有很多相似之处，这并不难理解。二者成立时间比较早，所处区域不同，所以在存续期间也有一些特殊的地方。

因为成立时间比较早，而且伪满洲国被视作日本殖民模式的试验田，所以在某种程度上，可以说"协和会"是模板，为其他类似组织的发展提供了可借鉴的经验。"协和会"作为新的殖民模式的"急先锋"，许多政策经过"协和会"的实践之后，才真正推行开来。在伪满洲国，以"协和会"为中心，构建殖民体系，将更多的组织和个人纳入直接或间接控制的势力范围。因此，"协和会"无论是在日本的整个殖民扩张体系中，还是在伪满这一傀儡政权内部，其地位都举足轻重，这一点从"协和会"创立之初的人员构成就可窥见一二。

满洲国协和会工作人员①

根据满洲国协和会章程及附则第一次推选工作人员如下：

名誉总裁：溥仪（"执政"）

名誉顾问：本庄繁（关东军司令官）

会长：郑孝胥（伪国务总理）

名誉理事：桥本虎之助（关东军参谋长）

驹井德三（伪国务院总务厅总务长官）

板垣征四郎（时任关东军高级参谋，同年8月被任命为"执政"顾问）

中央事务长：谢介石（伪外交总长）

理事长：张燕卿（伪实业部总长）

---

① 满洲国协和会『满洲国协和会之概要』满洲帝国协和会、1933、4 页。括号内文字为"协和会"领导层人员在伪满政府所担任的职位，由笔者根据相关资料整理而成。

理事：（略）

相对而言，虽然"新民会"被视作"协和会"在华北地区的延续，但在初期成员的构成上，与"协和会"相比明显缺少重量级人物。

新民会工作人员①

新民会第一任工作人员如下

会长：空缺

副会长兼指导部长：张燕卿

总务部长：小泽开作

中央委员：盐月学

秘书科长：张格

"协和会"地处东北，所谓对共产主义思想的"防范"，主要是针对苏联。而"新民会"位居华北，反共基地的中心位置决定其防共工作的对象是中国共产党，防共是"新民会"的重要工作任务。1940 年 10 月，"新民会"在召开的第一次"全国联合协议会"上强调"反共是第一要务"；1941年，与华北政务委员会联合组成"华北防共委员会"，号称要集合所有的反共势力，消灭共产赤化思想。在日本准备发动太平洋战争时，新民会再一次在联合协议会上提出，"华北最大的敌人是共产党势力"，会务运动把"剿灭共产党"作为重点。

在会务运动中，通过各种宣传，开展"剿共灭党"（后考虑到汪精卫的国民党身份，去除掉"灭党"字样）思想战，肃清共产主义思想的"毒害"。为了对抗共产党开展的游击战，将工作重心转移到农村。一边在农村大肆发展成员，一边对民众进行监控，削弱共产党的群众基础；通过举办合作社，对抗日根据地实行严密的经济封锁，并使用小恩小惠，笼络民心。开展多次"治安强化运动"，打击共产党在华北地区的力量，限制共产党发展，为"大东亚共荣圈"的推进扫清"障碍"。

---

① 冈田春生『新民会外史　前編』五稜出版社、1986、36 頁。

虽然"协和会"与"新民会"各有其特殊的地方，但本质为殖民扩张理论的践行者这一点是相同的。

结　语

通过以上的梳理，我们可以发现日本的殖民扩张理论是有继承性、联系性、隐蔽性和欺骗性的，那么在此扩张理论的指导下推进的"协和会"与"新民会"运动也具有相似性、迷惑性、因地制宜和因时制宜的独特性。

"领有满蒙"是以日本为中心，扩张其殖民范围，满足殖民需求的第一步。"东亚联盟论"在殖民扩张主义中占有重要的地位，却是非正式的对外政策，而"大东亚共荣圈"则与此不同，是日本的基本国策。这些殖民扩张理论不但地位、影响力有所差异，在具体的侵略手段和步骤上也是有一定差别的。例如，"东亚联盟"主张以"日满华为中心"建立日本的统治圈，采取政治独立的诱骗方法，扶持傀儡政权，巩固在当地的统治，积蓄力量，进而扩大侵略范围，争取"最终战争"的胜利。"大东亚共荣圈"则是在此基础之上的延伸，将范围扩张到整个东南亚地区。"日满华一体"的地域性政策发展为整个亚洲的政策。如果说"东亚联盟"时期，殖民者对于经济上的掠夺还知道遮遮掩掩，哪怕只是掩耳盗铃，也不愿意自己的侵略意图暴露在光天化日之下，而到了"大东亚共荣圈"阶段，为战争压力所迫，殖民者毫不顾忌地撕下了最后的一点遮羞布，公开宣扬，在相当长的时期内，不考虑一般民众的生活，采取经济榨取的方针。殖民统治者的野心至此显露无遗。

无论这些殖民扩张理念如何变化，征服"满蒙"，继而征服中国，最后征服世界，这是日本殖民扩张的步骤，确立日本的霸权是其最终的目的。支持日本政府的侵华政策，而且认为日本是亚洲的领导，都是日伪政权的共同之处。作为日伪政权中特殊存在的"协和会"和"新民会"，之所以被描绘成独立于"政府"之外，由全体民众参与的大众化"国民组织"，就是为了便于其在政治、经济、思想文化等方面粉墨登场，和军部配合上演历史双簧。但亵渎历史的人终将被历史所唾弃，这一点已经被历史所证明。

The Consonance Union and New Democracy Society in the Colonial Expansionism

Wang Ziwei

Abstract　The expansion of Japanese colonialism in China can be divided in three phases with different ideas. Meanwhile, so called "national organization" played profound role in the progress of colonial expansion, which was important strategy and executor in the progress. This article studies the Consonance Union and the New Democracy Society, which are the largest and oldest among those so called "national organization". Observing the similarity and characteristic of these two so called "national organization", this article analyses the function, relationship and result of these two so called "national organization" in the progress of the colonial expansion.

Keywords　Colonial Expansion; The Consonance Union; New Democracy Society

征稿启事

　　《近代中国东北与日本研究》是由东北师范大学日本研究所主办、社会科学文献出版社协办的综合性学术集刊，于2018年创刊，面向国内外公开发行。

　　《近代中国东北与日本研究》面向国内外高校教师、硕博群体和科研机构的研究人员，致力于打造中国东北史与日本史科研成果的展示平台。

　　《近代中国东北与日本研究》以明治维新以后日本对中国东北的侵略、殖民渗透为主要方向，侧重文学、历史、经济、政治、语言等领域，同时涵盖中国东北史、日本近代史的研究成果。刊物将收录以上研究方向的高质量原创学术论文。

　　刊载内容包括传统及前沿学术命题的讨论、重点学术论文的约稿、重大国际学术会议论文的优选、优秀硕博士论文研究思想介绍、学术新书的书评、国外优秀学术期刊的研究动向介绍、国内外专家学术访谈。

　　在学术论文的录用中，本刊将努力做到六个兼顾：应用性命题与理论性命题的兼顾；传统课题、前沿课题、跨学科研究的兼顾；教学命题与学术命题的兼顾；专家学者的学术论稿与青年学者的思想发现的兼顾；传统研究方法与新方法论运用的兼顾；深度与广度的兼顾。

　　主要栏目包括：日本侵华史、日本对东北的殖民开发和经济掠夺、日本在中国东北的殖民文化、东北人民的抗日斗争、日俄帝国主义在中国东北的矛盾等，每期的主题可有不同侧重或延伸。

　　本刊真诚欢迎致力于日本研究和中国东北研究的国内外专家学者投稿。稿件要求如下：第一，原创性论文要求具有较新的理论观点或者采用新的研究角度、研究方法；第二，国外引进的论文译稿或为作者本人原创或在国外发表过，篇幅较长的文章经作者同意后可摘译，并需附上作者的授权证明；第三，书评应针对近年出版的有学术影响的中外文理论或应用型研究类图书的评论，包括对图书的选题、价值、特点、研究方法等的评述；第四，访谈对象应为国内外知名学者；第五，所有稿件均须提供英文题目、摘要、关键词（3~5个）、参考文献。字数控制在 7000~10000 字，重点学术研究论文不超过 1.5 万字。

　　投稿邮箱：zhongf928@ nenu. edu. cn
　　通讯地址：长春市人民大街 5268 号
　　　　　　　东北师范大学日本研究所
　　邮政编码：130024
　　网址：http：//rbyjs. nenu. edu. cn
　　微信公众号：东师日研
　　电话：0431 – 85099741

图书在版编目（CIP）数据

近代中国东北与日本研究.第2辑/陈秀武主编.——
北京：社会科学文献出版社，2019.5
ISBN 978 - 7 - 5201 - 4585 - 5

Ⅰ.①近… Ⅱ.①陈… Ⅲ.①日本 - 侵华事件 - 研究
- 东北地区 Ⅳ.①K265.607

中国版本图书馆 CIP 数据核字（2019）第 054746 号

近代中国东北与日本研究（第 2 辑）

主　　编／陈秀武
副 主 编／付丽颖　冯　雅

出 版 人／谢寿光
责任编辑／郭红婷

出　　版／社会科学文献出版社·当代世界出版分社 （010）59367004
　　　　　地址：北京市北三环中路甲 29 号院华龙大厦　邮编：100029
　　　　　网址：www.ssap.com.cn
发　　行／市场营销中心 （010）59367081　59367083
印　　装／三河市东方印刷有限公司

规　　格／开　本：787mm × 1092mm　1/16
　　　　　印　张：14.25　字　数：238 千字
版　　次／2019 年 5 月第 1 版　2019 年 5 月第 1 次印刷
书　　号／ISBN 978 - 7 - 5201 - 4585 - 5
定　　价／69.00 元

本书如有印装质量问题，请与读者服务中心（010 - 59367028）联系